全国船舶工业职业教育教学指导委员会"十三五"重点规划教材

U0645180

船舶振动与噪声

主　编　任晋宇　张　二
主　审　徐得志　雷　敏

哈尔滨工程大学出版社
Harbin Engineering University Press

内 容 简 介

本书详细介绍了船舶振动与噪声的相关专业知识,紧密结合船舶振动与噪声的工程应用案例和中国船级社《船上振动控制指南》,分章节讲解了船舶振动的概念、振动及声学基础、船舶振动及其原因、船舶机械振动及轴系振动、船舶振动与噪声控制流程、船舶振动与噪声测量基础,以及绿色船舶相关规范。通过对本书的学习,学生可以掌握船舶振动与噪声控制相关工程应用知识,为将来从事船舶振动与噪声控制的相关设计生产工作奠定扎实的基础。

本书可以作为高职高专院校船舶工程技术专业教材,也可以作为从事船舶振动与噪声控制相关工作的工程技术人员的参考书目。

图书在版编目(CIP)数据

船舶振动与噪声/任晋宇,张二主编. —哈尔滨:
哈尔滨工程大学出版社,2020.8
ISBN 978 - 7 - 5661 - 2691 - 7

Ⅰ.①船… Ⅱ.①任… ②张… Ⅲ.①船舶振动
②船舶噪声 Ⅳ.①U661.44

中国版本图书馆 CIP 数据核字(2020)第 133328 号

选题策划 史大伟 薛 力
责任编辑 张植朴 刘海霞
封面设计 李海波

出版发行 哈尔滨工程大学出版社
社 址 哈尔滨市南岗区南通大街 145 号
邮政编码 150001
发行电话 0451 - 82519328
传 真 0451 - 82519699
经 销 新华书店
印 刷 哈尔滨市石桥印务有限公司
开 本 787 mm×1 092 mm 1/16
印 张 12.75
字 数 326 千字
版 次 2020 年 8 月第 1 版
印 次 2020 年 8 月第 1 次印刷
定 价 35.00 元
http://www.hrbeupress.com
E-mail:heupress@ hrbeu.edu.cn

船舶行指委"十三五"规划教材编委会

前　　言

　　本书是高等职业教育船舶与海洋工程专业规划教材,涉及船舶专业各领域知识,包含船舶结构力学、流体力学、船舶机械安装制造、管系安装工艺、轴系校中工艺、声学、噪声测量技术等多门学科内容。

　　船舶的设计建造,既关注船舶振动噪声对乘员健康的影响和对敏感仪器设备的威胁,也关注船舶噪声对海洋生物的危害。本书紧密结合船舶振动与噪声控制工程实践和学科发展前沿,重点培养学生分析和解决船舶振动与噪声控制工程问题的能力,为学生进行振动与噪声控制工程设计、科学研究与技术管理打下坚实的基础。

　　本书适用于船舶工程技术专业、轮机工程技术专业、船舶电气工程技术专业,以及船舶检验、船舶舾装、焊接技术及其自动化、游艇设计与制造等船舶技术类专业。

　　本书内容包括绪论、振动及声学基础、船舶振动及其原因分析、船舶机械振动及其轴系振动、船舶振动与噪声控制流程、船舶振动与噪声测量基础,以及绿色船舶相关规范。本书涵盖了船舶设计、生产、制造及试验检测等各个环节,同时将国内外一些典型船舶减振降噪的应用和措施编制成案例,突出了理论知识与实践相结合的特点。本书旨在向学生全面讲授船舶振动与噪声的产生机理与控制方法,重点介绍船舶结构动力学基础、船舶典型声源及其辐射特性、船舶振动与噪声测试技术和信号处理技术、船舶结构减振降噪技术,以及相关技术的国内外最新研究进展。

　　本书可以作为高职高专院校船舶工程技术专业教材,也可以作为从事船舶振动与噪声控制相关工作设计的工程技术人员的参考书目。

　　本书主编为武汉交通职业学院任晋宇和中国人民解放军海军工程大学张二,主审为武汉交通职业学院徐得志和中国船舶重工集团有限公司第 701 研究所雷敏。中国船级社武汉规范研究所陈志飚、武汉交通职业学院陈文祥、中国舰船研究设计中心田波、武昌船舶重工集团有限公司吴亮、武汉交通职业学院徐静、武汉第二船舶设计研究所周海波、武汉交通职业学院师光飞、武汉船舶职业技术学院朱显玲参与了编写。

　　限于编者经验和水平,书中难免有疏漏与不足之处,恳请读者批评指正!

编　者

2020 年 5 月

目　　录

第1章 绪 论

1.1 船舶振动的概念

振动是指物体在平衡位置(或平均位置)附近做持续的往复运动的物理现象。做往复运动的物体,称为振动体。振动体离开平衡位置的最大距离,称为振幅。振动体完成一个往复运动所需的时间,称为周期,周期的单位通常用秒(s)表示。单位时间内完成的往复运动的次数,称为频率,频率的单位通常用赫兹(Hz)表示,此时单位时间用秒度量,1 Hz 表示每秒振动一次。如振动体为船舶,则称之为船舶振动。物体一般都具有受外界干扰作用而产生振动的固有力学特性,具有该特性的物体称为振动系统,反映系统振动的固有力学特性的主要参量是系统的固有频率。

系统振动是因外界激励(或干扰)作用而产生的,外界激励和系统自身固有特性结合,决定振动响应的剧烈程度。当船舶在水域航行时,船体结构不可避免地受到外界激励的作用,出现振动现象。比如,船舶航行时,主机给船体施加激励力,船体产生振动;波浪的冲击力,也会引起船舶振动。

作用于船舶的激励,有瞬时激励和持续激励两种。例如,重物偶然性撞击,为瞬时激励;持续作用于船体的波浪,为持续激励。激励是一种动载荷,其要素为大小、方向、作用位置。这三个要素中至少有一个会随时间变化。

遍及全船的振动,称为总振动;仅在某个范围内发生、不波及全部船体的部分振动,称为局部振动。因外界激励特性的不同、激励力的大小差别,船舶可能发生总振动,亦可能发生局部振动。

早在 19 世纪后期,船体振动问题就引起了人们的注意。近年来,随着航运事业的发展,主机功率不断提高、船舶吨位逐渐增大、新船型陆续出现,等等,这些变化或使引起船体振动的激励力加大,或使抵抗振动的船体结构动刚度变小,导致较大的船体振动的产生,使船体振动问题更加突出。

1.2 振动发生的原因及振动学分类

振动现象的产生是系统固有特性和外部影响因素相结合的结果。所谓固有特性,即结构的弹性特性、惯性特性。外部影响因素是指作用于系统的力、位移、速度、加速度等。振动学中,一般将引起物体振动的外部因素称为激励。机械振动仅在外界激励作用下才会发生,没有外界激励,系统是不会发生机械振动的。船舶振动属于机械振动的范畴。对于一个给定的振动系统,外界激励是输入,物体的振动是响应(输出),两者可由系统固有特性联系在一起,如图 1 - 1 所示。

| 激励(输入) | ➡ | 系统固有特性 | ➡ | 振动响应(输出) |

图 1-1　激励、振动系统和响应的关系

　　根据图 1-1,可将振动学研究的问题归结为三类:振动分析,即已知激励和系统固有特性,求振动响应;系统识别,即已知激励和振动响应,求系统固有特性;振动环境预测,即已知系统固有特性和振动响应,求激励。船舶振动问题错综复杂,船舶振动学研究的问题主要涵盖上述三个方面。

　　根据振动系统的物理特性,可将物体振动现象分为两类:线性振动和非线性振动。

　　将做线性振动的系统称为线性振动系统,线性振动系统的质量特性是保持不变的,弹性恢复力和系统阻尼力与物体振动响应呈线性关系;不满足前述条件之一的系统为非线性系统。

　　根据作用于系统的激励是否具有确定性的特点,亦可将物体振动现象分为两类:确定性振动和随机振动。

　　作用于系统的激励可用确定的时间函数来描述,系统的物理特性与时间变量无关,其响应是确定性的,称为确定性振动;不满足前述条件的振动属于随机振动。

第2章 振动及声学基础

2.1 概 述

2.1.1 单自由度系统的简化

船舶结构振动问题分析的基本步骤:将实际结构抽象成振动力学模型,针对振动力学模型建立相应的运动微分方程,求解运动微分方程,分析解的特性而获得结构振动特性和规律,依据结构振动特性和规律复核或修改结构设计。实际工程结构是非常复杂的,影响振动的因素很多,研究工程结构的振动规律时,必须将实际工程结构简化、抽象成简单或"标准化"的振动力学模型。简化的基本方法是将复杂的几何形体简化成简单的几何图形,如一维的梁、二维的板等,将分布在空间几何体中的质量集中在有限的几个节点处,形成没有体积的点质量 M,系统的弹性特性用 K 表示,系统的阻尼特性用 C 表示。在简化过程中,抓住振动的主要因素、忽略次要因素,将实际工程结构简化成与所用振动分析理论相符的振动力学模型,求出简化模型的参数值(M、K、C)。

按振动系统的参数(M、K)特性,可将振动分析理论分为两类:离散振动系统理论和连续振动系统理论。

具有集中质量特性、集中弹性特性的振动系统,称为离散振动系统,如质量 – 弹簧系统。

具有分布质量特性、分布弹性特性的振动系统,称为连续振动系统,如梁、板等结构。

图 2 – 1(a)所示为安装在弹性梁上的电动机,可将其简化成图 2 – 1(b)所示模型。这是将连续质量系统简化成离散质量系统的例子,梁和电动机的质量均集中在中点,认为梁的其余部位没有质量,仅有弹性特性。该模型可进一步简化成质量 – 弹簧系统,如图 2 – 1(c)所示。简化模型的参数值是质量 $\widehat{M}$、弹性刚度 K。

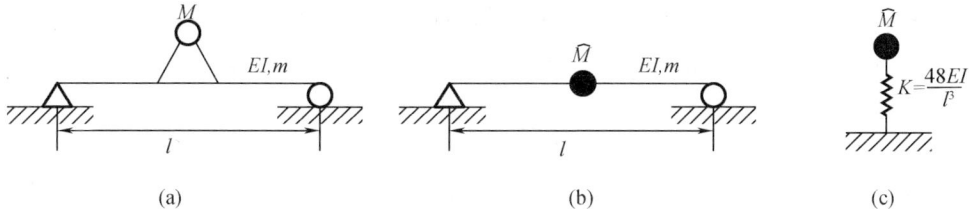

图 2 – 1 安装在弹性梁上的电动机简化示意图

系统在空间的任何瞬时位置,均可由一个广义坐标单值予以确定,则此系统称为一自由度系统或单自由度系统。单自由度振动系统的振动是最简单的一种振动。最简单的自由振动系统就是由一个弹簧和一个具有一定质量的物体所构成的系统,如图2-2所示。任何单自由度系统均可简化成图2-2所示的质量-弹簧系统振动力学模型。图2-2中的 M、K、C 分别为单自由度系统振动质量(集中质量)、系统刚度(弹簧)、系统阻尼(阻尼器), $P(t)$ 为作用在系统上的激励力, x 为质量 M 的垂向位移。一般不考虑弹簧的质量效应,振动质量仅限于在平面内发生垂向位移,确定系统的状态只需一个坐标参量。

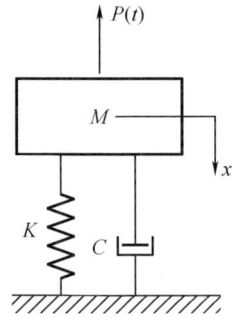

图2-2 质量-弹簧系统振动力学模型

在工程中有不少单自由度系统的振动问题,许多相当复杂的系统往往也可简化为等效的单自由度系统,即质量-弹簧系统振动力学模型。另一方面,单自由度振动系统的振动,可揭示振动现象的若干重要性质,建立振动方面的基本概念,是研究更复杂的多自由度系统振动、弹性体振动及船舶振动的基础。

2.1.2 多自由度系统的简化

任何瞬间,系统的位置都必须有两个或两个以上的广义坐标才能唯一确定状态的系统称为多自由度系统。多自由度系统属于离散振动系统,一般由实际工程中的连续振动系统简化而来。

在波浪中运动的船舶,由于外载荷的作用,船体结构会发生变形,在波浪的作用下,船舶整体会有进退、横荡、升沉、横摇、纵摇和艏艉摇6种可能的运动。此时,船舶系统有无限多个可能的状态(变形及位置),有无限多个自由度。要确切地描述船舶在任一瞬间的变形及位置状态,必须有无限多个广义坐标。

实际工程中的振动系统,当受到环境载荷限制和人为限制(假定)时,自由度会减少。对振动系统所做的限制,称为约束。除2.1.1节所介绍的单自由度系统的简化方法外,对振动系统施加人为约束,也是简化系统的一种常用方法。

如将船舶视为刚体,船舶就没有变形;船舶在波浪中仅有进退、横荡、升沉、横摇、纵摇和艏艉摇6种可能的运动,系统简化为仅有6个自由度。此时要确切地描述船舶在任一瞬时的状态,只需6个广义坐标(如 x、y、z、θ_x、θ_y、θ_z)就能完全确定任意瞬间它在空间的状态。

当研究船舶在波浪中的运动时,人们往往在视船体为刚体的情形下,仅关心船舶的升沉和纵摇运动,认为其他运动并不同时发生(进一步假定),此时系统简化为只有两个自由度,只需要两个广义坐标(z 和 θ_z)就可以确定船舶在波浪中的任意瞬间状态。

再如具有多个圆盘的转轴,如图2-3(a)所示,与转轴相比,圆盘质量很大,对转轴系统进行振动分析时,常认为转轴和圆盘的质量集中在圆盘所在的位置(集中质量),转轴仅是有弹性刚度的横梁,从而简化成图2-3(b)所示的多自由度系统。

工程上各种机械和结构物,都是由杆、梁、板、壳等元件组成的弹性体,由于它们的质量与刚度都具有分布的性质,包含无限个质点,故其任何瞬间的空间位置都需要无限多个广义坐标才能确定,理论上它们都是无限自由度系统。

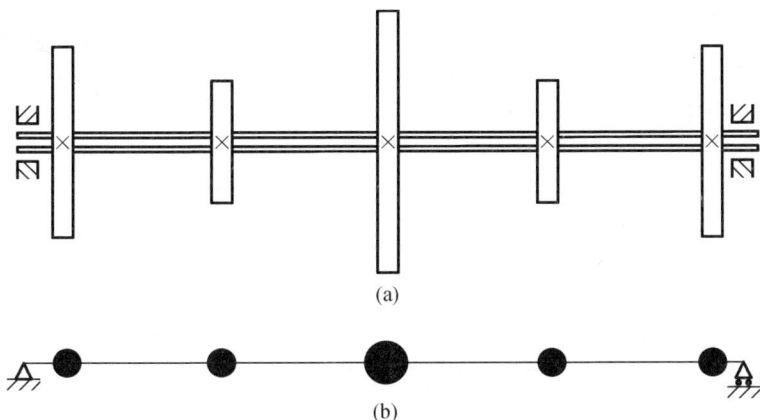

(a)

(b)

图2-3 转轴系统及其简化

在很多情况下,对弹性体进行振动分析时,只需要得到弹性体主要的(即频率较低的)振动特性与规律即可满足工程需求和精度。这时可通过离散弹性体,将弹性体质量集中到若干个典型节点处,将弹性体的振动问题,从无限自由度简化为有限多个自由度系统进行分析。例如,研究一根简单的梁的横向弯曲振动问题时,可将梁的质量凝聚在 n 个有限的离散的质点上,用 n 个质点处的垂向位移 $w_1,w_2,\cdots,w_n$ 做广义坐标代替连续的动挠度曲线来近似描述该梁的振动(图2-4)。

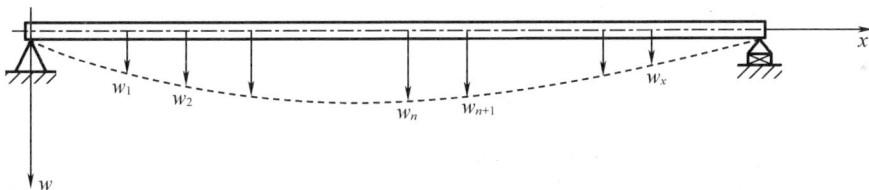

图2-4 两端简支梁振动系统及其简化

根据实际工程所要求的精度来确定简化(离散)结构的自由度数目。简化的一般原则是,广义坐标应尽可能取能反映结构特征的节点,质量和刚度特性应和原系统等效。讨论多自由度系统的振动对研究工程结构和机械振动具有极重要的现实意义。

2.1.3 声学的基本概念

声即声音,通常指人耳能够感觉到的空气振动。广义地说,声音是各种弹性介质中的机械波,包括人耳不能感知的振动。本书主要研究流体介质的声波,包括气体介质和液体介质,它们的声学规律是一样的。固体介质的情况要复杂一些。

介质是由分子和原子组成的,但是声学现象的研究一般不涉及介质的微观结构,而把介质看作由许多连续分布的单元组成的连续体。这些单元比我们考虑的问题尺度小得多,可以作为质点处理。同时这些单元和微观结构相比又大很多,单元内分子的运动非常复杂,没有声波的时候分子处于动态平衡状态。单元的物理状态是由这些分子的状态共同决定的,声学研究中并不深究介质的物理状态和分子的运动关系,而是把介质的物理状态作为基本的研究对象。

声音是由物体的振动产生的,产生声音的物体称为声源。声源的振动,先在其附近的局部介质中产生扰动,使一部分介质发生弹性变形,并开始离开平衡位置运动。这个扰动必然推动周围的介质,一方面使周围介质也发生运动,同时周围介质的反作用力又使先产生扰动的介质回到平衡位置。由于,介质具有惯性,回到平衡位置后介质会"过冲",产生相反方向的扰动。每一部分介质的扰动都会推动周围介质运动,同时周围介质产生反作用力,使运动的介质又趋向于平衡位置。于是,在介质弹性和惯性的联合作用下,声源附近的介质先在平衡位置附近振动。距离声源越远的介质的振动越为滞后。这样各部分的介质都在平衡位置附近振动,不断地压缩和膨胀,伴随着介质的密度和压强的不断变化。这种由近及远向周围传播的机械振动就是声波。

存在声波的空间称为声场。在声场中质点振动,有位移 u 和速度 v。它们都是矢量,是空间位置和时间的函数。由于声波的扰动,介质的压强 p 会随时间和空间变化。如果把没有声波时的静压强计作 p_0,它可以是大气压、静水压等,则声波扰动后的压强与静压强的差 $p(r,t) = p'(r,t) - p_0$,称为声压,也称为逾量压强和逾压。介质的密度会变化,介质的温度也会随声波的扰动而变化。

在这些物理量中,声压最容易测量,而且它是一个标量,因此声学中声压是最常用的一个物理量。声压的单位是牛顿每平方米(N/m^2),称为帕(Pa)。大气压大约是 10^5 Pa。帕对于气象工作和工业应用是很小的单位,因此引入较大的压强单位巴(bar),1 bar = 10^5 Pa,或使用兆帕(MPa),1 MPa = 10^6 Pa;但是通常在声学研究中又嫌帕(Pa)大,故常用微帕(μPa),1 μPa = 10^{-6} Pa。

声音传播的时候,介质振动的频率即介质质点每秒振动的次数,是声音的频率 f,它是声波的基本参数,单位是赫兹(Hz)。频率的倒数是周期($T = 1/f$),它是完成一次振动所需要的时间。现代声学研究的频段为 $10^{-4} \sim 10^{14}$ Hz。频率低于 20 Hz 的声波称为次声,大气中重力对于频率低于 0.003 Hz 的声波有重要的作用,这种声波称为重力波。至今人类测量到的次声的最低频率达到 0.000 1 Hz。人耳能听到的声音的频率范围为 20 Hz~20 kHz,这一范围的声波称为可听声。频率高于 20 kHz 的声波称为超声。狗、海豚、蝙蝠等可以听到一些超声。人虽然不能听到次声和超声,但是它们在人类的活动中起着重要的作用,是声学研究的重要领域。

2.2 自 由 振 动

2.2.1 单自由度自由振动

1. 无阻尼自由振动

图 2-5 所示为单自由度系统无阻尼自由振动。

当系统受某种干扰——如使质量 M(以质量 M 表示该振动体)偏离其原来的静力平衡位置而有一初始位移或初始速度的,质量 M 将在其平衡位置附近做垂向往复运动,此时系统只受重力和弹性恢复力作用,不再受其他外力作用,这类运动称为单自由度系统无阻尼自由振动。

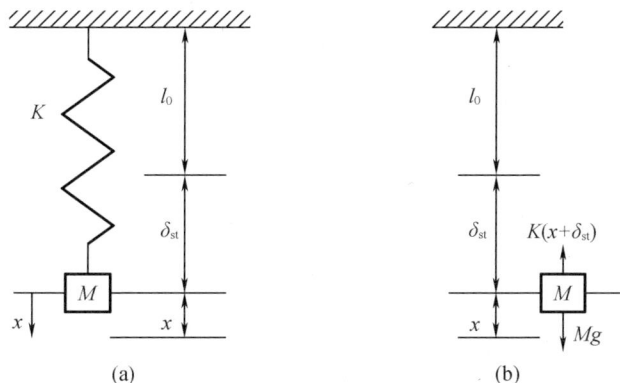

图 2-5 单自由度系统无阻尼自由振动

取质量 M 垂向位移为广义坐标,记为 x,取质量 M 静平衡位置为坐标原点,设广义坐标向下为正,建立如图 2-5 所示的坐标系。位移 x、速度 $\dot{x}$、加速度 $\ddot{x}$ 向下为正。

质量 M 悬挂于弹簧下端,弹簧上端固定。设弹簧刚度为 K,不计弹簧本身质量。质量 M 处于静平衡位置时,弹簧的静伸长量为 δ_{st},由弹性定律有

$$Mg = K\delta_{st} \tag{2-1}$$

质量 M 在运动过程中的受力如图 2-5(b)所示,图 2-5(b)为振动质量分离体受力图。根据牛顿第二定律得

$$zsM\ddot{x} = -K(x + \delta_{st}) + Mg \tag{2-2}$$

将式(2-1)代入式(2-2)得

$$M\ddot{x} + Kx = 0 \tag{2-3}$$

$$w_n^2 = \frac{K}{M} \tag{2-4}$$

式中,w_n 为单自由度系统的固有频率,利用式(2-4)可将式(2-3)改写为

$$\ddot{x} + w_n^2 = 0 \tag{2-5}$$

式(2-3)和式(2-5)即为单自由度系统无阻尼自由振动的运动方程式的两种表达形式。

由以上运动方程式的推导过程可以发现:常值力(比如重力)的作用只影响线性系统的静力平衡位置,而对围绕静平衡位置的振动方程没有实质性影响;对线性系统,若将坐标原点取在系统的静平衡位置,在建立振动微分方程式时,可不考虑常值力的作用(上例中即不考虑重力作用产生静伸长变形对弹性恢复力的影响而建立运动方程);在画质量分离体受力图时,不考虑重力;计算质量分离体受力图中的弹性力时,不考虑静伸长变形,弹性力等于刚度系数乘以质量的位移。

当时间为 0 时,质量 M 所具有的速度、所处的位置,称为振动初始条件。现求解式(2-5),可得

$$x(t) = x_0 \cos w_n t + \frac{\dot{x}_0}{w_n} \sin w_n t \tag{2-6}$$

式中,x_0、$\dot{x}_0$ 分别为时间为 0 时,质量 M 的初始位移和初始速度。式(2-5)可等价为下列形式的简谐波函数:

$$x(t) = A\sin(w_n + \alpha) \tag{2-7}$$

式中

$$A = \sqrt{x_0^2 + \left(\frac{\dot{x}_0}{w_n}\right)^2}$$

$$\alpha = \arctan\frac{x_0 w_n}{\dot{x}_0}$$

式(2-7)的解表明,单自由度系统无阻尼自由振动是一种简谐振动。w_n 为单自由度系统的固有频率,A 为振幅,α 为初相角。

简谐振动有如下特点:质量 M 关于平衡位置的运动是对称的;质量 M 通过平衡位置时,速度最大、加速度等于 0;质量 M 处于最大振动位移位置时,速度为 0、加速度最大。

工程中常用每秒振动的次数表示固有频率,其与圆频率的关系如下:

$$f = \frac{w_n}{2\pi} = \frac{1}{2\pi}\sqrt{\frac{K}{M}}$$

f 的单位为 1/s(记为 Hz),w_n 的单位为 rad/s。每振动一次的时间称为固有周期,即

$$T = \frac{1}{f} = \frac{2\pi}{w_n} = 2\pi\sqrt{\frac{M}{K}}$$

固有频率是单自由度系统无阻尼自由振动极其重要的参数。固有频率仅取决于系统的固有性质,即取决于质量 M 和弹簧刚度 K 本身,而与初始条件无关。确定固有频率往往是解决工程振动的首要问题。无阻尼自由振动的振幅,仅取决于系统的初始条件(初始位移和初始速度);对于无阻尼线性振动系统,其自由振动的振幅 A 不随时间改变,始终为定值。

对于固有频率的计算方法,主要有如下几种:静伸长法、能量法、微分方程法等。

静伸长法:要求得固有频率,需已知质量 M 和弹簧刚度 K。当系统较为复杂时,质量 M 和弹簧刚度 K 不是直接给出,而是需要通过较多计算获得的,易获得的是振动体静变形。此时,可利用静变形求取固有频率,此即静伸长法。

能量法:当单自由度系统做无阻尼自由振动时,系统的机械能守恒。应用机械能守恒定律,可以获得又一种求固有频率的方法,该方法称为能量法。

微分方程法:采用牛顿第二定律、能量法或其他动力学理论,得到系统的振动微分方程,依固有频率定义求出固有频率,该方法称为微分方程法。

2. 有阻尼自由振动

在无阻尼自由振动中,略去了系统振动中所受的阻力,认为系统仅受重力和弹性恢复力作用,系统机械能守恒,质量 M 的振幅保持不变。这是一种假设的理想状况,实际存在的振动系统,质量 M 的振幅总是随时间增长而衰减,最终趋于静止,系统的总机械能趋于 0,这是阻尼作用的结果。实际振动系统不可避免地存在阻尼,本节将介绍阻尼对振动的影响。单自由度系统有阻尼自由振动力学模型如图 2-6 所示。

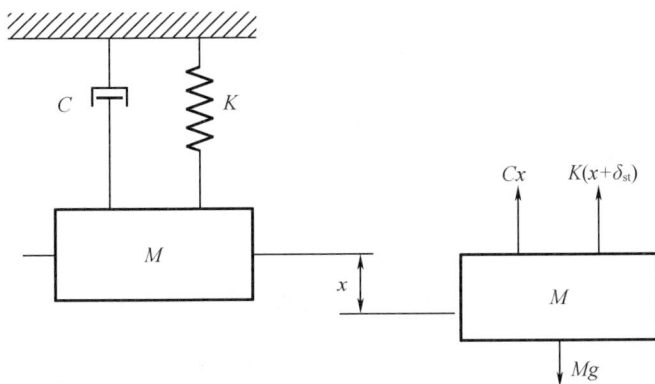

图2-6 单自由度系统有阻尼自由振动力学模型

从能量的角度看,阻尼是运动中的物体所具有的动能不断耗散的一种物理现象。为描述这种物理现象,定义阻尼力,认为阻尼力对运动中的物体做负功,从而使动能不断耗散。产生阻尼的原因很多,如两物体之间的干摩擦,气体或液体的介质阻尼,材料和结构的内部阻尼等。因而阻尼的机理也是十分复杂的,要精确描述阻尼力往往是十分困难的。

最常用的阻尼理论是黏性阻尼理论。黏性阻尼理论认为,阻尼力的大小与物体运动速度成正比、方向与运动速度方向相反,即

$$F_d = -C\dot{x} \qquad (2-8)$$

式中,C 为阻尼系数,其负号表示阻尼力与运动速度方向相反,始终阻碍系统的运动,因而消耗了系统的能量。

物体沿润滑表面滑动或在流体中低速运动时所产生的阻尼,通常可以视为黏性阻尼。黏性阻尼在工程实践中最常见,又易于数学处理,为了方便起见,本节中讨论有阻尼系统的振动时仅考虑黏性阻尼。其他形式的阻尼,可通过每个周期消耗能量相等的原理,化为等效黏性阻尼。

基于黏性阻尼理论的单自由度系统有阻尼自由振动力学模型如图2-6所示。该系统由黏性阻尼器(以阻尼系数 C 表示黏性阻尼器)、弹簧(以弹性刚度 K 表示弹簧)和质量(以质量 M 表示振动体)构成。阻尼力 F_d 按式(2-8)确定,系统上无外界激励力 $P(t)$ 作用。

对于图2-6所示的有阻尼自由振动系统,取质量 M 的垂向位移为广义坐标,记为 x,质量 M 静平衡位置为坐标原点,设广义坐标向下为正,建立坐标系,质量分离体的受力图如图2-6所示。

由牛顿第二定律和质量分离体受力图可知,此系统的运动微分方程为

$$M\ddot{x} = Mg - C\dot{x} - K(x + \delta_{st}) \qquad (2-9)$$

式中,δ_{st} 为平衡位置时弹簧的静伸长量。

由静平衡条件可知

$$Mg = K\delta_{st}$$

令 $2n = \dfrac{c}{K}$、$w_n = \sqrt{\dfrac{K}{M}}$,化简系统的运动方程式,得

$$\ddot{x} + 2n\dot{x} + w_n^2 x = 0 \qquad (2-10)$$

此即黏性阻尼单自由度系统运动微分方程的标准形式。

求解可得

$$x(t) = A_1 \mathrm{e}^{s_1 t} + A_2 \mathrm{e}^{s_2 t}$$

式中,A_1、A_2 为由初始条件确定的积分常数。s_1、s_2 为微分方程(式(2-10))的特征方程的两个根,表达式如下:

$$s_{1,2} = -n \pm \sqrt{n^2 - w_n^2} \tag{2-11}$$

为了分析方便,引入一个无量纲的参数 ζ,此为相对阻尼系数(或称阻尼比、无因次阻尼系数),令

$$\zeta = \frac{n}{w_n}$$

则 $s_{1,2}$ 可写为

$$s_{1,2} = -\zeta w_n \pm w_n \sqrt{\zeta^2 - 1}$$

下面讨论系统对应 $\sqrt{n^2 - w_n^2}$ 的值是实数、虚数或 0 三种情形时的运动情况。

(1)当 $\zeta > 1$ 时

此时,s_1、s_2 为两个不相等的负实根,即

$$s_1 = -w_n(\zeta - \sqrt{\zeta^2 - 1}) < 0$$

$$s_2 = -w_n(\zeta + \sqrt{\zeta^2 - 1}) < 0$$

质量的运动方程为

$$x(t) = A_1 \mathrm{e}^{-w_n(\zeta - \sqrt{\zeta^2-1})t} + A_2 \mathrm{e}^{-w_n(\zeta + \sqrt{\zeta^2-1})t}$$

质量运动的时间历程曲线为指数衰减曲线,$x(t)$ 将随着 t 的增加而趋近于 0,质量 M 最多经过平衡位置一次,不会发生连续的往复运动,即不发生振动,称此种状态为过阻尼状态。

(2)当 $\zeta = 1$ 时

此时,特征方程的根为两个相等的实根,即

$$s_1 = s_2 = -\zeta w_n = -w_n$$

则运动方程式的解为

$$x(t) = (A_1 + A_2 t)\mathrm{e}^{-\zeta w_n t}$$

初始条件为 $t = 0$,$x = x_0$,$\dot{x} = \ddot{x}_0$,则

$$x(t) = [x_0 + (\dot{x}_0 + w_n x_0)t]\mathrm{e}^{-\zeta w_n t} \tag{2-12}$$

若振动初始条件使得 $A_2 = 0$,式(2-12)为单调指数衰减曲线,$x(t)$ 将随着 t 的增加而趋近于 0,始终为正值或负值(取决于初始扰动),质量 M 没有持续的往复运动发生,即不发生振动。

若振动初始条件使得 $A_2 \neq 0$,式(2-12)亦为衰减曲线,质量 M 最多经过平衡位置一次,不会发生持续的往复运动,称此种状态为临界阻尼状态。

系统处于临界阻尼状态时的阻尼系数,称为临界阻尼系数,记为 C_c,且有

$$C_c = 2M\sqrt{\frac{K}{M}} = \sqrt{MK} = 2Mw_n \tag{2-13}$$

由式(2-13)可以看到,临界阻尼系数 C_c 仅依赖于系统本身的物理参数。可以用临界阻尼系数定义无因次阻尼系数 ζ,即

$$\zeta = \frac{C}{C_c}$$

(3)当 $\zeta < 1$ 时

此时,特征方程具有两个复数根,构成一对共轭复数,即

$$s_{1,2} = -\zeta w_n \pm i w_n \sqrt{\zeta^2 - 1}$$

或

$$s_{1,2} = -\zeta w_n \pm i w_d$$
$$w_d = w_n \sqrt{\zeta^2 - 1}$$

式中,w_d 为有阻尼自由振动频率。

此时,有

$$x(t) = (A_1 e^{iw_d t} + A_2 e^{-iw_d t}) e^{-\zeta w_n t} \tag{2-14}$$

$$x(t) = (A_1' e^{iw_d t} + A_2' e^{-iw_d t}) e^{-\zeta w_n t} \tag{2-15}$$

式中,A_1'、A_2' 为积分常数,由初始条件决定。

设初始条件为 $t = 0, x = 0, \dot{x} = \dot{x}_0$,则由式(2-11)得

$$A_1' = x_0$$

$$A_2' = \frac{\dot{x}_0 + \zeta w_n x_0}{w_d}$$

故式(2-15)可写为

$$x(t) = \left(x_0 \cos w_d t + \frac{\dot{x}_0 + \zeta w_n x_0}{w_d} \sin w_d t \right) e^{-\zeta w_n t} \tag{2-16}$$

或

$$x(t) = A e^{-\zeta w_n t} \cos(w_d t - \theta) \tag{2-17}$$

其中

$$A = \sqrt{x_0^2 + \left(\frac{\dot{x}_0 + \zeta w_n x_0}{w_d} \right)^2}$$

$$\theta = \arctan\left(\frac{\dot{x}_0 + \zeta w_n x_0}{w_d x_0} \right)$$

此时,质量 M 将在平衡位置附近做持续的往复运动,即发生振动,称此种状态为欠阻尼状态。欠阻尼状态时,阻尼系数 $C < C_c$。有阻尼自由振动,通常指欠阻尼状态系统的振动。

式(2-17)表明,有阻尼自由振动已不是等幅的简谐振动,它有如下振动特点:

①振幅按指数规律衰减,随时间的延长而趋于0。

②振幅周期变大,振动频率变小。与无阻尼振动状态相比,有阻尼自由振动周期变大,振动频率将变小。

③相邻的两个振幅之比是常数。

2.2.2 多自由度自由振动

1. 运动微分方程的建立

两自由度系统是最简单的多自由度系统,本节从两自由度系统入手,介绍多自由度系统建立微分方程的方法。

图 2-7 所示的多自由度系统,由两个独立参变量即可完全确定系统在任一瞬时的状态,是有黏性阻尼的两自由度受迫振动系统。分别取振动质量 M_1、M_2 的绝对位移为广义坐标,有图 2-7 所示的广义坐标系。图 2-7 中,$F_1(t)$、$F_2(t)$ 为分别作用在 M_1、M_2 上的外加激励力,C_1、C_2 和 C_3 为黏性阻尼器系数。

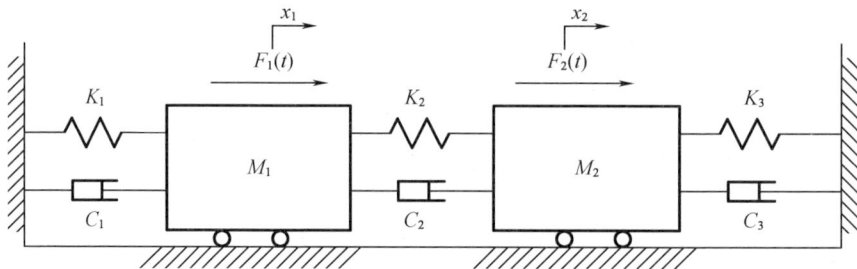

图 2-7 有黏性阻尼的两自由度受迫振动系统

常见的运动微分方程的建立方法有如下几种。

（1）达朗贝尔(d'Alembert)原理法

达朗贝尔原理法是建立多自由度系统运动微分方程的基本方法之一。该方法的主要特点是,在系统上附加惯性力(或力矩)后,将动力问题转化成平衡问题,按静力学平衡原理获得运动微分方程。采用达朗贝尔原理法时,需要画出每个质量分离体的受力图。对于具有较多约束的多自由度系统,需分析、计算众多的约束力。如坐标系选择不当,可能极为烦琐,且易发生错误。

（2）拉格朗日(Lagrange)方程法

应用拉格朗日方程,可使建立运动微分方程的工作格式化。利用拉格朗日第 2 类方程和虚功原理,推导多自由度系统的运动微分方程,稍后本节将详细介绍。

（3）柔度影响系数法

求出系统受单位力后产生的位移,利用其建立运动微分方程的方法,称为柔度影响系数法。对于某些弹性振动系统,该法有其独特的优点。应用柔度影响系数法时,要使用达朗贝尔原理将动力问题转化为平衡问题。

下面对拉格朗日方程法做详细介绍。

拉格朗日第 2 类方程适用于完整约束的系统。完整约束,是不随时间而变化的约束。对于具有阻尼力和外界干扰力作用的 n 个自由度的非保守系统,其拉格朗日方程为

$$\frac{\mathrm{d}}{\mathrm{d}t}\left(\frac{\partial T}{\partial \dot{q}_i}\right) - \frac{\partial T}{\partial q_i} + \frac{\partial V}{\partial q_i} = Q_i \quad (i = 1, 2, \cdots, n) \tag{2-18}$$

式中 T——系统的动能;

V——系统的势能；

q_i、$\dot{q}_i$——系统的广义位移和广义速度；

Q_i——系统的非有势广义力，可以根据虚位移原理求得。

非有势广义力 Q_i 所做的虚功为

$$\delta W = \sum_{i=1}^{n} Q_i(t)\delta q_i \qquad (2-19)$$

式中　δq_i——第 i 个广义坐标 q_i 的虚位移；

n——系统的自由度数目。

设作用于系统的非有势力有 m 个，记为 $F_j(t), j = 1, 2, \cdots, m; F_j(t)$ 作用点的位置记为 $r_j; q_1, q_2, \cdots, q_n$ 是广义坐标的函数。

其虚位移为

$$\delta r_j = \sum_{i=1}^{n} \frac{\partial r_j}{\partial q_i}\delta q_i \qquad (2-20)$$

$F_j(t)$ 所做的虚功为

$$\delta W = \sum_{j=1}^{m} F_j(t) \cdot \delta r_j = \sum_{j=1}^{m} F_j(t) \cdot \sum_{i=1}^{n} \frac{\partial r_j}{\partial q_i}\delta q_i = \sum_{i=1}^{n} \left(\sum_{j=1}^{m} F_j(t) \cdot \frac{\partial r_j}{\partial q_i} \right)\delta q_i \quad (2-21)$$

式中, δr_j 为 $F_j(t)$ 作用点的虚位移。

令式(2-19)等于式(2-21)即可求得非有势广义力为

$$Q_i = \sum_{j=1}^{m} F_j(t) \cdot \frac{\partial r_j}{\partial q_i}$$

若 $Q_i(t) = 0, 1, 2, \cdots, n$, 则式(2-18)为无阻尼系统的拉格朗日方程。

对于由 N 个质点组成的具有 n 个自由度的系统，广义坐标为 $\boldsymbol{q} = [q_1, q_2, \cdots, q_n]^{\mathrm{T}}$, 在完整和稳定约束的条件下，第 k 个质点的位置和速度可以表示为

$$r_k = r_k[q_1, q_2, \cdots, q_n]$$

$$\dot{r}_k = \sum_{i=1}^{n} \frac{\partial r_k}{\partial q_i}\dot{q}_i$$

而

$$\dot{r}_k^2 = \sum_{j=1}^{n}\sum_{i=1}^{n} \frac{\partial r_k}{\partial q_j} \cdot \frac{\partial r_k}{\partial q_i}\dot{q}_i\dot{q}_j \quad (k = 1, 2, \cdots, N)$$

则系统的动能为

$$T = \frac{1}{2}\sum_{k=1}^{N} m_k \dot{r}_k^2 = \frac{1}{2}\sum_{j=1}^{n}\sum_{i=1}^{n} \left(\sum_{k=1}^{N} m_k \frac{\partial r_k}{\partial q_j} \cdot \frac{\partial r_k}{\partial q_i} \right)\dot{q}_i\dot{q}_j = \frac{1}{2}\sum_{j=1}^{n}\sum_{i=1}^{n} M_{ij}\dot{q}_i\dot{q}_j$$

式中

$$M_{ij} = \sum_{k=1}^{N} m_k \frac{\partial r_k}{\partial q_j} \cdot \frac{\partial r_k}{\partial q_i} \qquad (2-22)$$

它是 n 个广义坐标的函数。

系统的势能为

$$V = V(x_1, x_2, \cdots, x_N) = V(q_1, q_2, \cdots, q_n) \qquad (2-23)$$

对于系统在平衡位置附近的微幅振动，可将 V 在平衡位置附近做泰勒展开。在势能的

表达式中,保留 q 的二阶小量,而略去其余高阶微量,并取 $V(0)=0$,即平衡位置作为势能的零势点,于是式(2-23)可写为

$$V = \frac{1}{2}\sum_{j=1}^{n}\sum_{i=1}^{n}K_{ij}q_iq_j$$

由式(2-22)、式(2-23)可知,系统的动能与势能是广义坐标的二次型,它们的矩阵形式为

$$T = \frac{1}{2}\dot{q}^{\mathrm{T}}M\dot{q}$$

$$V = \frac{1}{2}q^{\mathrm{T}}Kq$$

由以上推导可知,矩阵 M 和 K 的元素 m_{ij} 和 k_{ij} 是常量,而且 $m_{ij}=m_{ji}$,$k_{ij}=k_{ji}$,即 M 和 K 均为实对称矩阵。

2. 多自由度系统的振动特性

为了不失一般性,以两自由度系统为例,讨论多自由度系统的自由振动的求解方法及其振动特性。对于图2-7所示的两自由度系统,令阻尼矩阵 $C=0$,外载荷向量 $F=0$,则无阻尼自由振动运动微分方程为

$$\begin{bmatrix} M_1 & \\ & M_2 \end{bmatrix}\begin{bmatrix} \ddot{x}_1 \\ \ddot{x}_2 \end{bmatrix} + \begin{bmatrix} K_1+K_2 & -K_2 \\ -K_2 & K_2 \end{bmatrix}\begin{bmatrix} x_1 \\ x_2 \end{bmatrix} = \begin{bmatrix} 0 \\ 0 \end{bmatrix} \tag{2-24}$$

简记为

$$M\ddot{x} + Kx = 0$$

这是二阶常系数线性齐次常微分方程组。对于两自由度振动系统,有更一般形式的自由振动微分方程组,即

$$\begin{bmatrix} M_{11} & M_{12} \\ M_{21} & M_{22} \end{bmatrix}\begin{bmatrix} \ddot{x}_1 \\ \ddot{x}_2 \end{bmatrix} + \begin{bmatrix} K_{11} & K_{12} \\ K_{21} & K_{22} \end{bmatrix}\begin{bmatrix} x_1 \\ x_2 \end{bmatrix} = \begin{bmatrix} 0 \\ 0 \end{bmatrix} \tag{2-25}$$

(1)频率方程及固有频率

设无阻尼自由振动运动微分方程的解为

$$\begin{cases} x_1 = A_1\sin(w_{\mathrm{n}}t+\theta) \\ x_2 = A_2\sin(w_{\mathrm{n}}t+\theta) \end{cases} \tag{2-26}$$

简记为

$$x = A\sin(w_{\mathrm{n}}t+\theta)$$

则无阻尼自由振动运动微分方程可简记为

$$(K - w_{\mathrm{n}}^2M)A = 0 \tag{2-27}$$

式(2-27)为一齐次的线性代数方程组,欲使其有非零解,系数行列式必须为0,即

$$|K - w_{\mathrm{n}}^2M| = 0 \tag{2-28}$$

式(2-28)即为图2-7所示振动系统的频率方程或称为特征方程。式(2-28)的推导并没有涉及系统的自由度数目,这意味着其亦是多自由度系统频率的一般形式。

使用两自由度系统的运动微分方程的一般形式,将其展开,得特征方程的展开形式为

$$D(w_n^2) = \begin{bmatrix} K_{11} - w_n^2 M_{11} & K_{12} - w_n^2 M_{12} \\ K_{21} - w_n^2 M_{21} & K_{22} - w_n^2 M_{22} \end{bmatrix} \tag{2-29}$$

这是关于 w_n^2 的二次多项式,解之可得两个根

$$\left.\begin{array}{c} w_{n1}^2 \\ w_{n2}^2 \end{array}\right\} = \frac{1}{2} \frac{K_{11}M_{22} + K_{22}M_{11} - K_{12}M_{21} - K_{21}M_{12}}{M_{11}M_{22}} \pm$$

$$\frac{1}{2}\left[\left(\frac{K_{11}M_{22} + K_{22}M_{11} - K_{12}M_{21} - K_{21}M_{12}}{M_{11}M_{22}}\right)^2 - 4\left(\frac{K_{11}K_{22} - K_{12}K_{21}}{M_{11}M_{22}}\right)\right]^{\frac{1}{2}}$$

分别称 w_{n1}、w_{n2} 为第 1 阶和第 2 阶固有频率。具有 n 个自由度的系统,有 n 个固有频率,将其按大小排列,分别称为第 1 阶、第 2 阶、……、第 n 阶固有频率。

(2)固有振型及其正则化

①固有振型。对于两自由度振动系统,将其固有频率的解代入振动微分方程的解中,可得

$$\left(\begin{bmatrix} K_{11} & K_{12} \\ K_{21} & K_{22} \end{bmatrix} - w_{n1}^2 \begin{bmatrix} M_{11} & M_{12} \\ M_{21} & M_{22} \end{bmatrix}\right)\begin{bmatrix} A_1^{(1)} \\ A_2^{(1)} \end{bmatrix} = \begin{bmatrix} 0 \\ 0 \end{bmatrix}$$

$$\left(\begin{bmatrix} K_{11} & K_{12} \\ K_{21} & K_{22} \end{bmatrix} - w_{n2}^2 \begin{bmatrix} M_{11} & M_{12} \\ M_{21} & M_{22} \end{bmatrix}\right)\begin{bmatrix} A_1^{(2)} \\ A_2^{(2)} \end{bmatrix} = \begin{bmatrix} 0 \\ 0 \end{bmatrix} \tag{2-30}$$

可以求得对应于 w_{n1}^2 和 w_{n2}^2 的振幅向量 A_1 和 A_2,对应于同一固有频率的各质量振幅之间有确定的比值,即

$$\beta^i = \frac{A_2^{(i)}}{A_1^{(i)}} = -\frac{K_{11} - w_{ni}^2 M_{11}}{K_{12} - w_{ni}^2 M_{12}} = -\frac{K_{21} - w_{ni}^2 M_{21}}{K_{22} - w_{ni}^2 M_{22}} \quad (i=1,2) \tag{2-31}$$

式(2-31)表明,当系统按某一固有频率振动时,各质量振幅比只取决于系统本身的物理量,而与初始条件无关。在振动过程中,系统各广义坐标的位移之相对比值均可由该振幅比确定。该比值确定了整个振动系统的振动形态,称为主振型或固有振型。

与 w_{n1} 对应的振型比为 $\begin{bmatrix} \dfrac{A_1^{(1)}}{A_1^{(1)}} \\ \dfrac{A_2^{(1)}}{A_1^{(1)}} \end{bmatrix} = \begin{bmatrix} 1 \\ \beta^1 \end{bmatrix}$,称为第 1 阶主振型;

与 w_{n2} 对应的振型比为 $\begin{bmatrix} \dfrac{A_1^{(2)}}{A_1^{(2)}} \\ \dfrac{A_2^{(2)}}{A_1^{(2)}} \end{bmatrix} = \begin{bmatrix} 1 \\ \beta^2 \end{bmatrix}$,称为第 2 阶主振型。

系统以某一阶固有频率和相应的主振型做振动时,称为系统的主振动。因此,两自由度系统的第 1 阶主振动和第 2 阶主振动分别为

$$x_1^{(i)} = A_1^{(i)} \sin(w_{ni}t + \theta_i) \quad (i=1,2)$$

$$x_2^{(i)} = A_2^{(i)} \sin(w_{ni}t + \theta_i) = \beta^{(i)} A_1^{(i)} \sin(w_{ni}t + \theta_i) \quad (i=1,2)$$

系统做主振动时,各广义坐标的瞬时值具有确定的比值,是一种有确定的频率和振型

的简谐振动。

系统并非在任何情况下都会做主振动形式的运动,一般情况下,为两种主振动的叠加,即

$$x_1 = A_1^{(1)} \sin(w_{n1}t + \theta_i) + A_1^{(2)} \sin(w_{n2}t + \theta_i)$$

$$x_2 = A_2^{(1)} \sin(w_{n1}t + \theta_i) + A_2^{(2)} \sin(w_{n2}t + \theta_i)$$

$$= \beta^{(1)} A_1^{(1)} \sin(w_{n1}t + \theta_i) + \beta^{(2)} A_1^{(2)} \sin(w_{n2}t + \theta_i)$$

当系统的振动是由两种或两种以上的不同频率的主振动的线性组合而成时,其结果不一定是简谐振动,这是有别于单自由度系统自由振动的振动特性的地方。

②固有振型的正则化。固有振型表示系统中各广义坐标的相对位移关系,即表示它们之间的比例关系,并非是唯一确定的量。为便于分析,常对固有频率的取值方法做出某种规定,按规定进行计算,使振型向量 $\boldsymbol{\rho}^{(r)}$ 的元素为单值,这个计算过程称为正则化。

将 $\boldsymbol{\rho}^{(r)}$ 乘常数因子 $\boldsymbol{c}^{(r)}$ 后,使

$$\boldsymbol{\varphi}^{(r)} = \boldsymbol{c}^{(r)} \boldsymbol{\rho}^{(r)}$$

如果

$$M_r = \boldsymbol{\varphi}^{(r)\mathrm{T}} \boldsymbol{M} \boldsymbol{\varphi}^{(r)} = 1$$

则称 $\boldsymbol{\varphi}^{(r)}$ 为正则振型。正则振型是一种标准形式的固有振型,它使公式推演方便,表达简洁,易于计算。正则振型的常数 $\boldsymbol{c}^{(r)}$ 可由下式确定,即

$$c^{(r)} = \frac{1}{\sqrt{\boldsymbol{\rho}^{(r)\mathrm{T}} \boldsymbol{M} \boldsymbol{\rho}^{(r)}}}$$

$$\boldsymbol{\varphi}^{(r)} = c^{(r)} \boldsymbol{\rho}^{(r)} = \frac{\boldsymbol{\rho}^{(r)}}{\sqrt{\boldsymbol{\rho}^{(r)\mathrm{T}} \boldsymbol{M} \boldsymbol{\rho}^{(r)}}}$$

3. 固有频率的近似计算方法

固有频率为振动系统极为重要的参数,求解固有频率是系统振动分析的一个基本问题。精确地求解多自由度系统的全部固有频率,计算工作量大,且无必要。方法简便、耗时短的固有频率近似计算方法,可以帮助工程师迅速地获得系统的振动特性参数,为工程设计提供有效支撑。本节介绍几种固有频率的近似计算方法。

(1)瑞利法

当系统做第 r 阶主振动时,系统各点(各广义坐标)按固有频率和固有振型做简谐运动,有

$$q = \boldsymbol{\rho}^{(r)} P_r \sin(w_{nr}t + \theta_r) \tag{2-32}$$

第 r 阶主振动的最大动能和最大位能分别为

$$T_{\max} = \frac{1}{2} w_{nr}^2 P_r^2 \boldsymbol{\rho}^{(r)\mathrm{T}} \boldsymbol{M}_r \boldsymbol{\rho}^{(r)} \tag{2-33}$$

$$V_{\max} = \frac{1}{2} P_r^2 P_r^2 \boldsymbol{\rho}^{(r)\mathrm{T}} \boldsymbol{K}_r \boldsymbol{\rho}^{(r)} \tag{2-34}$$

对于保守系统,最大动能与最大位能相等,有

$$w_{nr}^2 = \frac{\boldsymbol{\rho}^{(r)\mathrm{T}} \boldsymbol{K}_r \boldsymbol{\rho}^{(r)}}{\boldsymbol{\rho}^{(r)\mathrm{T}} \boldsymbol{M}_r \boldsymbol{\rho}^{(r)}} = \frac{K_r}{M_r}$$

因此,如已知系统的固有振型,可以利用固有振型直接求得固有频率,无须求解系统的振动微分方程。如能假设出 r 阶固有振型 $P_r^2\boldsymbol{\rho}^{(r)}$ 的近似向量为 $\boldsymbol{\psi}$,则可得系统的第 r 阶固有频率的近似值为

$$w_{nr}^2 = R(\boldsymbol{\psi}) = \frac{\boldsymbol{\psi}^{\mathrm{T}}\boldsymbol{M}\boldsymbol{\psi}^{(r)}}{\boldsymbol{\psi}^{(r)\mathrm{T}}\boldsymbol{K}\boldsymbol{\psi}^{(r)}} \qquad (2-35)$$

该方法称为瑞利法,式(2-35)称为瑞利商。

(2)瑞利-里兹法

对一个 N 自由度系统,仅仅求出第1阶固有频率往往不能满足实际要求,需要求出第2阶、第3阶或更多阶固有频率,此时可以采用瑞利-里兹法(简称里兹法)。

假设 s 个互相独立的 n 维向量 $\boldsymbol{\Phi}_1,\boldsymbol{\Phi}_2,\cdots,\boldsymbol{\Phi}_s$,以其线性组合构造包含 s 个待定常数 a_i $(i=1,2,\cdots,s)$ 的近似振型 $\boldsymbol{\psi}$,即

$$\boldsymbol{\psi} = \boldsymbol{\Phi}a = [\boldsymbol{\Phi}_1,\boldsymbol{\Phi}_2,\cdots,\boldsymbol{\Phi}_s]\begin{bmatrix} a_1 \\ a_2 \\ \vdots \\ a_s \end{bmatrix} = \sum_{i=1}^{s}\boldsymbol{\Phi}_i a_i \qquad (2-36)$$

式中 $\boldsymbol{\Phi}$——由 $\boldsymbol{\Phi}_1,\boldsymbol{\Phi}_2,\cdots,\boldsymbol{\Phi}_s$ 选定的所构成的 $n\times s$ 维矩阵;

a——由待定常数 $a_1,a_2,\cdots,a_s$ 所构成的 s 维向量。

将式(2-36)代入式(2-35),有

$$R(a) = \frac{a^{\mathrm{T}}\boldsymbol{\Phi}^{\mathrm{T}}\boldsymbol{K}\boldsymbol{\Phi}a}{a^{\mathrm{T}}\boldsymbol{\Phi}^{\mathrm{T}}\boldsymbol{M}\boldsymbol{\Phi}a} \qquad (2-37)$$

或

$$w_n^2 = \frac{a^{\mathrm{T}}\overline{\boldsymbol{K}}a}{a^{\mathrm{T}}\overline{\boldsymbol{M}}a}$$

式中 $\overline{\boldsymbol{K}}$——广义刚度矩阵,$\overline{\boldsymbol{K}} = \boldsymbol{\Phi}^{\mathrm{T}}\boldsymbol{K}\boldsymbol{\Phi}$;

$\overline{\boldsymbol{M}}$——广义质量矩阵,$\overline{\boldsymbol{M}} = \boldsymbol{\Phi}^{\mathrm{T}}\boldsymbol{M}\boldsymbol{\Phi}$。

由瑞利商函数的极值性质导出关于 a 的线性代数方程组,即

$$\frac{\partial w_n^2}{\partial a} = \left[\frac{\partial w_n^2}{\partial a_1},\frac{\partial w_n^2}{\partial a_2},\cdots,\frac{\partial w_n^2}{\partial a_s}\right]^{\mathrm{T}} = 0 \qquad (2-38)$$

代入广义刚度矩阵及广义质量矩阵,得

$$\frac{2\overline{\boldsymbol{K}}a(a^{\mathrm{T}}\overline{\boldsymbol{M}}a) - (a^{\mathrm{T}}\overline{\boldsymbol{K}}a)\cdot 2\overline{\boldsymbol{M}}a}{(a^{\mathrm{T}}\overline{\boldsymbol{M}}a)^2} = 0$$

化简得

$$(\overline{\boldsymbol{K}} - w_n^2\overline{\boldsymbol{M}})a = 0 \qquad (2-39)$$

于是 N 个自由度的问题化简为 s 个 $(s<N)$ 个自由度的特征值问题。由式(2-39)的非零解条件得频率方程为

$$D(w_n^2) = |\overline{\boldsymbol{K}} - w_n^2\overline{\boldsymbol{M}}| = 0$$

从而求得 s 个固有频率 $w_1, w_2, \cdots, w_s$，此即原来 n 个自由度系统的前 s 个固有频率的近似值。一般较低阶的固有频率精度较高。如果需求最初 b 个固有频率，宜取假定振型的数量为 $s = 2b$。

用里兹法求得的固有频率近似值总是比相应阶的固有频率的精确解高，即具有正误差，因为该方法相当于给系统施加了 $n - s$ 个约束。

2.3 强 迫 振 动

2.3.1 单自由度强迫振动

1. 简谐激励作用下的强迫振动

自由振动是在初始干扰(初始速度、初始位移)下产生的振动，振动时无外界激励的持续作用。初始干扰是外界激励瞬时干扰的结果，如爆炸、撞击、突加载荷等。实际工程结构振动，除瞬时干扰产生的自由振动外，还有许多振动是在外界激励的持续作用下产生的。本节讨论单自由度系统外界激励持续作用下的振动。外界激励持续作用下的振动称为强迫振动。

(1)无阻尼系统强迫振动

①运动微分方程及其解。

在图 2-5 所示的无阻尼自由振动力学模型上，加上外界激励 $P(t)$，即为无阻尼系统强迫振动力学模型。

建立如图 2-8 所示的坐标系，画出质量分离体受力图，由牛顿第二定律有

$$M\ddot{x} + Kx = P(t) \qquad (2-40)$$

设 $P(t)$ 为简谐干扰力，即

$$P(t) = P_0 \sin wt$$

式中 P_0——激励力幅值；

w——激励力频率。

简谐激励力作用下的运动微分方程为

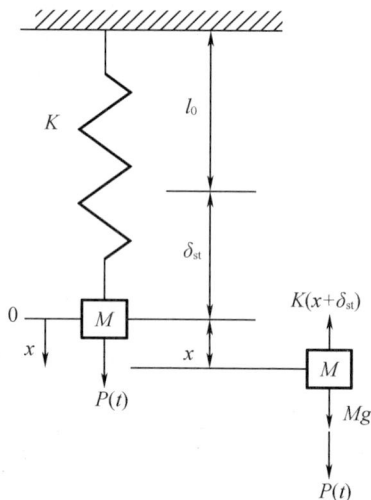

图 2-8 无阻尼单自由度系统强迫振动

$$M\ddot{x} + Kx = P_0 \sin wt \qquad (2-41)$$

$$\ddot{x} + w_n^2 x = \frac{P_0}{M} \sin wt \qquad (2-42)$$

式(2-41)和式(2-42)是非齐次常微分方程，它的全解由通解和特解组成。对应于齐次方程的通解 x_1，即无阻尼自由振动解，由 2.2.1 节知

$$x_1 = A_1 \cos w_n t + A_2 \sin w_n t$$

设满足非齐次方程的特解为

$$x_p = B \sin wt$$

将其代入式(2-42)，得

$$B = \frac{\dfrac{P_0}{K}}{1 - \left(\dfrac{w}{w_n}\right)^2} = \frac{x_{st}}{1 - \left(\dfrac{w}{w_n}\right)^2}$$

$$x_{st} = \frac{P_0}{K}$$

式中，x_{st}为静力位移，是质量在激励力幅值 P_0 作用下的位移值。

在简谐力作用下，单自由度系统振动的全解为

$$x = A_1 \cos w_n t + A_2 \sin w_n t + \frac{x_{st}}{1 - \left(\dfrac{w}{w_n}\right)^2} \sin wt$$

式中，A_1、A_2 由振动系统的初始条件决定。设 $t = 0$ 时刻，质量 M 的初始位移和初始速度分别为 $x(0) = x_0$、$\dot{x}(0) = \dot{x}_0$，求得

$$\begin{cases} A_1 = x_0 \\ A_2 = \dfrac{\dot{x}_0}{w_n} - \dfrac{x_{st}}{1 - \left(\dfrac{w}{w_n}\right)^2} \dfrac{w}{w_n} \end{cases} \qquad (2-43)$$

$$x = x_0 \cos w_n t + \frac{\dot{x}_0}{w_n} \sin w_n t - \frac{x_{st}}{1 - \left(\dfrac{w}{w_n}\right)^2} \frac{w}{w_n} \sin w_n t + \frac{x_{st}}{1 - \left(\dfrac{w}{w_n}\right)^2} \sin wt \qquad (2-44)$$

式（2-44）中的前两项是按照固有频率振动的自由振动项，当初始条件 $x = \dot{x}_0 = 0$ 时，该两项消失；第三项也是按照固有频率振动，但与初始条件无关，是伴随强迫振动而发生的振动分量，称为伴随自由振动；第四项按照激励力的频率振动，与初始条件无关。前三项称为暂态振动，当系统存在阻尼时，将随时间的延长而衰减为0；第四项称为稳态振动或稳态强迫振动，即

$$x = \frac{x_{st}}{1 - \left(\dfrac{w}{w_n}\right)^2} \sin wt \qquad (2-45)$$

②动力放大系数与共振。

对式（2-45）进行分析，可以发现，无阻尼系统稳态振动的振幅，仅与系统的静力位移 x_{st}、频率比 $\dfrac{w}{w_n}$ 有关，与系统的初始条件无关。定义无阻尼系统动力放大系数为

$$\alpha = \left| \frac{1}{1 - \left(\dfrac{w}{w_n}\right)^2} \right|$$

无阻尼系统在简谐激励力作用下响应的振幅为

$$A = \alpha \cdot x_{st}$$

当 $\dfrac{w}{w_n} = 1$ 时，α 趋于无穷大。此时，称系统发生共振，质量的振幅趋于无穷大。当振幅趋于无穷大时，意味着实际系统将会发生破坏，应该尽量避免共振现象。为避免共振现象，

一般要求使 w 与 w_n 相差 $10\% \sim 20\%$。

③拍振现象。

受简谐激励力作用而振动的系统,在零初始条件下,其响应是伴随自由振动和稳态强迫振动之和。由式(2-44)有

$$x = -\frac{x_{\mathrm{st}}}{1 - \left(\dfrac{w}{w_n}\right)^2} \frac{w}{w_n} \sin w_n t + \frac{x_{\mathrm{st}}}{1 - \left(\dfrac{w}{w_n}\right)^2} \sin wt \qquad (2-46)$$

当激励力频率 w 与固有频率 w_n 十分接近但并不相等时,会出现一种所谓的"拍振"现象。由式(2-46)有

$$x = \frac{x_{\mathrm{st}}}{1 - \left(\dfrac{w}{w_n}\right)^2} \left(\sin wt - \frac{w}{w_n} \sin w_n t\right) \qquad (2-47)$$

设 $w - w_n = 2\Delta$,由于 w 与 w_n 十分接近,因此 Δ 与它们相比是一种微量。于是式(2-47)可进一步改写为

$$\begin{aligned}
x &= \frac{x_{\mathrm{st}}}{\left(1 - \dfrac{w}{w_n}\right) \cdot \left(1 + \dfrac{w}{w_n}\right)} \left(\sin wt - \frac{w}{w_n} \sin w_n t\right) \\
&\approx \frac{2x_{\mathrm{st}}}{4\dfrac{\Delta}{w_n}} \cos\left(\frac{w + w_n}{2}\right)t \cdot \sin\left(\frac{w - w_n}{2}\right)t \\
&\approx -\frac{x_{\mathrm{st}} w_n}{2\Delta} \sin \Delta t \cdot \cos wt \qquad (2-48)
\end{aligned}$$

由于 Δ 与 w 相比是一个微量,故 $\sin \Delta t$ 的周期 $\dfrac{2\pi}{\Delta}$ 远大于 $\cos wt$ 的周期 $\dfrac{2\pi}{w}$。在这种情况下,可以认为式(2-48)表示一个频率为 w 的振动。但其振幅按 $\sin \Delta t$ 的规律随时间而变化,时而大,时而小,振幅变化的周期为 $\dfrac{2\pi}{\Delta}$,这种现象称为拍振现象(图2-9)。

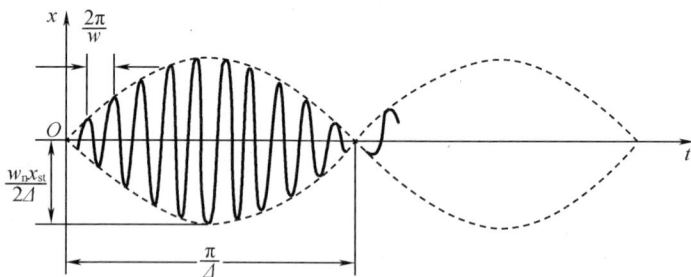

图2-9 单自由度系统的拍振现象

由于 Δ 很小,$\dfrac{w_n x_{\mathrm{st}}}{2\Delta}$ 可能是一个极大值,因此拍振的振幅最大值可能会很大,从而造成系统的破坏。故拍振现象亦是一种应该避免的现象。

拍振的周期 $\dfrac{\pi}{\Delta}$ 随着 w 趋近于 w_n 的程度而增大。在 $w = w_n$ 的极端情况下,拍振的周期

将趋于无穷大。此时式(2-48)中的 $\sin \Delta t$ 可以代之以 Δt。于是

$$x = -\frac{x_{st} w_n t}{2} \cdot \cos w_n t$$

此即共振情况,振幅随着时间的延长而增大,如图2-10所示。

(2)有阻尼系统强迫振动

①运动微分方程及其解。

在图2-6所示的有阻尼自由振动力学模型上,加上外界激励力 $P(t)$,即为有阻尼系统的强迫振动力学模型。

建立如图2-11所示的坐标系,画出质量分离体受力图,由牛顿第二定律有

$$M\ddot{x} + C\dot{x} + Kx = P(t) \tag{2-49}$$

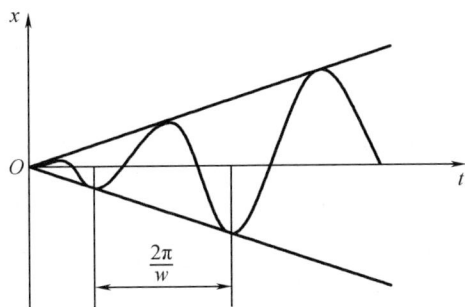

图2-10　无阻尼单自由度系统振幅随着时间的延长而增大

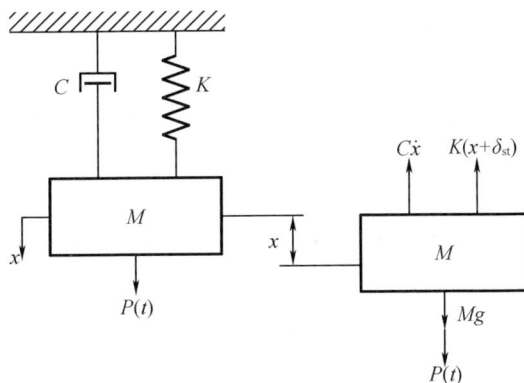

图2-11　有阻尼单自由度系统强迫振动

设 $P(t)$ 为简谐干扰力,即

$$P(t) = P_0 \sin(wt + \beta)$$

式中　P_0——激励力幅值;

　　w——激励力频率;

　　β——激励力的相位角。

简谐激励力作用下的运动微分方程为

$$M\ddot{x} + C\dot{x} + Kx = P_0 \sin(wt + \beta) \tag{2-50}$$

$$\ddot{x} + 2\zeta w_n \dot{x} + w_n^2 x = \frac{P_0}{M}\sin(wt + \beta) \tag{2-51}$$

式(2-50)和式(2-51)是非齐次常微分方程,它的全解由通解与特解组成。对应于齐次方程的通解是有阻尼自由振动,由2.2.1节知

$$x(t) = e^{-\zeta w_n t}(A_1' \cos w_d t + A_2' \sin w_d t)$$

式中,w_d 为有阻尼自由振动频率。

设满足非齐次方程的特解为

$$x_p = A_1 \sin(wt + \beta) + A_2 \cos(wt + \beta) \tag{2-52}$$

将其代入式(2-51),并令等式左右两端 $\sin(wt+\beta)$ 和 $\cos(wt+\beta)$ 前的系数相等,可解

得特解的系数 A_1 和 A_2，即

$$\begin{cases} A_1 = x_{st} \cdot \dfrac{1 - \gamma^2}{(1 - \gamma^2)^2 + (2\zeta\gamma)^2} \\[3mm] A_2 = x_{st} \cdot \dfrac{-2\zeta\gamma}{(1 - \gamma^2)^2 + (2\zeta\gamma)^2} \end{cases} \tag{2-53}$$

式中

$$x_{st} = \frac{P_0}{K}, \quad \gamma = \frac{w}{w_n}, \quad \zeta = \frac{n}{w_n}, \quad n = \frac{C}{2M}$$

式（2-52）亦可写成为

$$x_p = A\sin(wt + \beta - \theta) \tag{2-54}$$

由式（2-52）和式（2-53）得

$$A = x_{st} \cdot \frac{1}{\sqrt{(1 - \gamma^2)^2 + (2\zeta\gamma)^2}}$$

$$\theta = \arctan \frac{2\zeta\gamma}{1 - \gamma^2}$$

全解为通解与上述特解之和。对于黏性小阻尼系统，即

$$x(t) = e^{-\zeta w_n t}(A_1' \cos w_n t + A_2' \sin w_d t) + A\sin(wt + \beta - \theta)$$

设 $t = 0$ 时的初始条件为 $x(0) = x_0$ 和 $\dot{x}(0) = \dot{x}_0$，利用初始条件，可以求出其全解为

$$x(t) = e^{-\zeta w_n t}\left(x_0 \cos w_d t + \frac{\dot{x}_0 + n x_0}{w_d}\sin w_d t\right) -$$

$$e^{-\zeta w_n t} A\left[\sin(\beta - \theta)\cos w_d t + \frac{w\cos(\beta - \theta) + n\sin(\beta - \theta)}{w_d}\sin w_d t\right] - A\sin wt + \beta - \theta$$

此解由三项组成：第一项为自由振动项，它完全由初始条件决定；第二项为伴随自由振动项，它由激励力引起，但振动频率与有阻尼自由振动的频率相同；第三项是激励力引起的纯强迫振动。第一项、第二项均属于自由振动部分，它们随时间的增长而趋于 0，是一种衰减的、瞬态的振动；第三项是频率与激励力相同的简谐振动，是一种稳态的强迫振动。

对于大阻尼或临界阻尼的情形（即 $\zeta > 1$ 时），自由振动部分的形式有所改变，但稳态强迫振动仍由式（2-54）给出。

②动力放大系数与频响特性。

对式（2-54）进行分析，可以发现，有阻尼系统稳态振动的振幅是一个确定的稳定值，是系统的静力位移 x_{st}、频率比 γ 及阻尼比 ζ 的函数，与系统的初始条件和时间无关。定义有阻尼系统动力放大系数为

$$\alpha = \frac{1}{\sqrt{(1 - \gamma^2)^2 + (2\zeta\gamma)^2}} \tag{2-55}$$

以 α 为纵坐标，频率比 $\gamma\left(\gamma = \dfrac{w}{w_n}\right)$ 为横坐标，对于不同阻尼比 ζ，可作出图 2-12 所示的曲线，称其为位移幅值的频响曲线，又称为幅频响应曲线或幅频特性曲线，有时亦称为共振曲线。

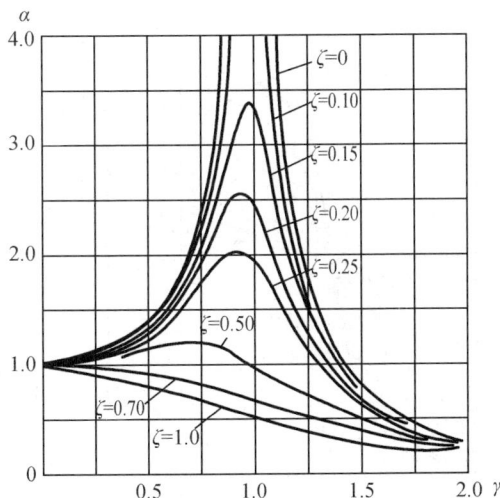

图 2 – 12 有阻尼强迫振动幅频特性曲线

a. 当 $\zeta = 0$，若 $\gamma = 1$，即 $w = w_n$ 时，$\alpha \to \infty$，系统振幅发生无限增大的现象，称为共振现象。

有阻尼时，α 的最大值不是发生在 $\gamma = 1$ 处。由式（2 – 55）可求得

$$\alpha_{\max} = \frac{1}{2\zeta \sqrt{1 - \zeta^2}}$$

共振时（即 $\gamma = 1$ 或 $w = w_n$），由式（2 – 55）可得 $\alpha_{\gamma=1}$ 的值，即

$$\alpha_{\gamma=1} = \frac{1}{2\zeta}$$

可见有阻尼存在时，共振振幅与最大振幅有一定的差距，且阻尼越大，其差距越大。由图 2 – 12 还可以看出，阻尼比越大，动力系数越小。对小阻尼的情况，在共振区域内（通常指 $\frac{w}{w_n} = 1$ 附近的频率区域），阻尼对 α 的影响极大；在远离共振区的地方，阻尼对 α 的影响极小。因此，在阻尼较小的情况下，计算远离共振区的强迫振动时通常不考虑阻尼的影响，即假定是无阻尼的。

b. 当阻尼比 $\zeta > \frac{1}{\sqrt{2}}$ 时，$\alpha \leqslant 1.0$，即振幅 A 恒小于静力位移 x_{st}。由图 2 – 12 还可以看出，当 γ 很小时，即干扰力频率 w 远小于固有频率 w_n 时，$\alpha \approx 1.0$。此时干扰力的作用可视为静力的作用。当 γ 很大时，即 $w \gg w_0$ 时，α 趋于 0，即系统的位移振幅将趋于 0。

有阻尼强迫振动时，响应与激励的相位不一样，前者滞后于后者一个相位角 θ。以 θ 为纵轴，频率比 γ 为横轴，以阻尼比 ζ 为参变量所表示的图形如图 2 – 13 所示，称此为相位的频率响应曲线或相频特性曲线。由图 2 – 13 可见，阻尼不同时，相频特性也不同。可是在共振（即 $\gamma = 1$）时，不论阻尼大小，相位差总是等于 90°。这一特性可以用来确定系统的固有频率，是测固有频率的相位共振法的理论基础。

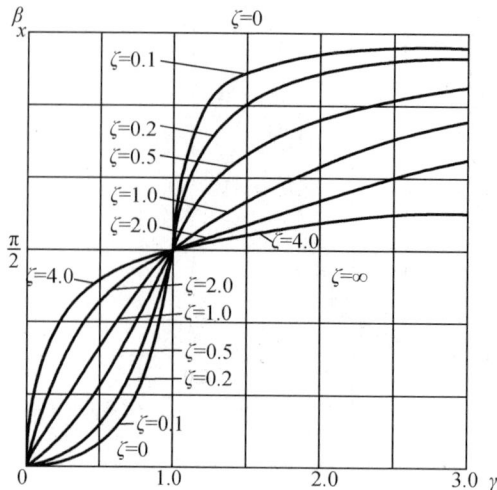

图 2－13　有阻尼强迫振动相频特性曲线

2. 简谐位移激励作用下的强迫振动

作用于振动系统的激励,除力激励外,还有位移激励。例如,船体振动对船舶上的各种仪表设备形成位移激励;地震对地面上的工程建筑物形成位移激励等。位移激励通常是作用在系统的支座上而引起物体振动,振动物体并不是直接受激励力作用。在振动系统中,位移激励一般体现为支座的运动。随激励产生的原因不同,支座运动规律多种多样,本节仅讨论支座的运动为简谐的情况。

(1)运动微分方程及其解

图 2－14 所示为受支座运动激励的单自由度系统的振动力学模型。以垂向位移为广义坐标,建立如图 2－14 所示的坐标系。图中 x 为质量 M 在支座位移激励下所产生的振动绝对位移,y 为支座的运动激励。二者相对于同一固定的参考坐标系。按阻尼力(取黏性阻尼)、弹性力的特性,画出质量分离体受力图,则

$$y = Y\sin wt \tag{2-56}$$

式中,Y 为支座运动的幅值。

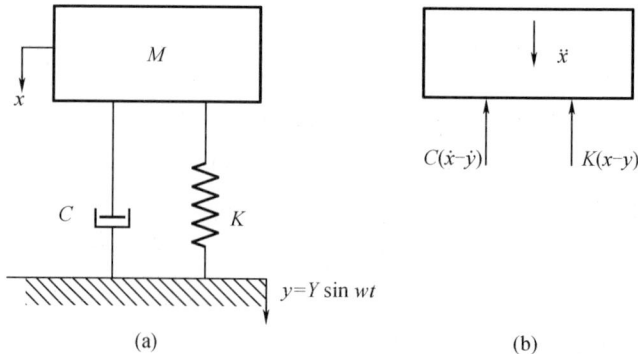

图 2－14　受支座运动激励的单自由度系统的振动力学模型

对分离体受力图 2－14(b)应用牛顿第二定律,有

$$M\ddot{x} = -C(\dot{x} - \dot{y}) - K(x - y) \qquad (2-57)$$

①以质量的振动绝对位移为求解函数

研究振动质量的振动绝对位移,将式(2-57)整理后得

$$M\ddot{x} + C\dot{x} + Kx = C\dot{y} + Ky \qquad (2-58)$$

将式(2-57)与式(2-58)比较,可以发现,支座运动激励引起的振动,可以等效为在振动质量上作用激励力 $P(t)$、支座固定不动的振动系统。等效激励力为

$$P(t) = C\dot{y} + Ky$$

当支座运动为式(2-57)所表示的简谐运动时,有

$$P(t) = CYw\cos wt + KY\sin wt = \sqrt{C^2 Y^2 w^2 + K^2 Y^2}\sin(wt + \beta)$$

$$\beta = \arctan\frac{Cw}{K}$$

振动质量的稳态强迫振动解为

$$x = X\sin(wt + \beta - \theta)$$

$$X = \alpha \cdot x_{\text{st}}$$

$$x_{\text{st}} = \frac{Y\sqrt{C^2 w^2 + K^2}}{K} = Y\sqrt{4\zeta^2\gamma^2 + 1}$$

$$\alpha = \frac{1}{\sqrt{(1-\gamma^2)^2 + 4\zeta^2\gamma^2}}$$

$$\theta = \arctan\frac{2\zeta\gamma}{1-\gamma^2}$$

$$\beta - \theta = -\arctan\frac{2\zeta\gamma^3}{1-\gamma^2 + (2\zeta\gamma)^2}$$

②以质量的振动相对位移为求解函数

研究质量与支座之间的相对运动,设两者之间的相对位移为

$$z = x - y$$

则式(2-57)可改写为由相对位移 z 表示的运动微分方程,即

$$M\ddot{z} + C\dot{z} + Kz = -M\ddot{y} \qquad (2-59)$$

将式(2-59)与式(2-49)比较,可以发现,支座运动激励引起的振动,依然可以等效为在振动质量上作用激励力 $P(t)$、支座固定不动的振动系统。等效激励力为

$$P(t) = -M\ddot{y}$$

当支座运动为式(2-56)所表示的简谐运动时,有

$$P(t) = Mw^2 Y\sin wt$$

振动质量的稳态强迫振动解为

$$z = Z\sin(wt - \theta)$$

$$Z = \alpha \cdot z_{\text{st}}$$

$$z_{\text{st}} = \frac{Mw^2 Y}{K} = \gamma^2 Y$$

$$\alpha = \frac{1}{\sqrt{(1-\gamma^2)^2 + 4\zeta^2\gamma^2}}$$

$$\theta = \arctan \frac{2\zeta\gamma}{1 - \gamma^2}$$

（2）强迫振动响应特性

①质量绝对位移的传递响应特性

定义振动质量的绝对位移幅值和基础位移幅值之比为绝对位移传递函数 $H_1(w)$，由振动质量的稳态强迫振动解，有

$$H_1(w) = \frac{X}{Y} = \sqrt{\frac{1 + (2\zeta\gamma)^2}{(1 - \gamma^2)^2 + (2\zeta\gamma)^2}} \qquad (2-60)$$

则

$$X = YH_1(w)$$

分析式（2-60）可得，绝对位移响应有如下特点：

a. 当 $\gamma \ll 1$ 时，$H_1(w) \approx 1$，$\theta = 0$。这表明振动质量的绝对位移基本上与支座的位移相同，振动过程中，两者之间的相对距离无变化。

b. 当 $\gamma = 1$ 时，$H_1(w)$ 迅速增大，即系统达到共振。实际上 γ 为式（2-61）所示的值时，$H_1(w)$ 值最大，即

$$\gamma = \frac{\sqrt{\sqrt{1 + 8\zeta^2} - 1}}{2\zeta} \qquad (2-61)$$

c. 当 $\gamma = \sqrt{2}$ 时，$H_1(w) = 1$，并且与阻尼无关。

d. 当 $\gamma > \sqrt{2}$ 时，$H_1(w) < 1$，γ 越大，$H_1(w)$ 越小。这表明在此范围内，支座的简谐激励传递到质量块时，振动有衰减，该特点可用于指导隔振设计。

e. 当 $\gamma \gg 1$ 时，$H_1(w) \to 0$。这表明质量 M 在空间处于"静止"状态，不会因为支座运动而振动。

②质量相对位移的传递响应特性

定义振动质量的相对位移幅值和基础位移幅值之比为相对位移传递函数 $H_2(w)$，由振动质量的稳态强迫振动解，得

$$H_2(w) = \frac{Z}{Y} = \frac{\gamma^2}{\sqrt{(1 - \gamma^2)^2 + (2\zeta\gamma)^2}} \qquad (2-62)$$

分析式（2-62）可知，相对位移响应有如下特点：

a. 当 $\gamma \ll 1$ 时，即当支座的振动频率 w 远小于系统的固有频率 w_n 时，$H_2(w) \approx 0$，质量完全跟随支座振动，两者没有相对运动。

b. 当 $\gamma \gg 1$ 时，即当支座的振动频率 w 远大于系统的固有频率 w_n 时，$H_2(w) \approx 1$。此时阻尼的影响甚小，相位差 $\theta = 180°$。一般在 $\gamma \geqslant 4$ 时，即可认为 $H_2(w) \approx 1$。这意味着质量 M 的绝对位移趋近于 0，在空间处于"静止"状态，不会因支座运动而振动，即悬在空中不动。

3. 任意激励力作用下的强迫振动

（1）任意力激励载荷

在许多实际问题中，系统受到的激励是一个任意的时间函数，而不是简谐的或者周期性的函数。如图 2-15 所示，任意力激励载荷可分为两类：一类长时间持续发生、作用于振

动系统,另一类仅持续短暂时间,短时作用于振动系统。船舶在水中承受的实际波浪载荷,主机运转、螺旋桨运转时的激励力等是前一类载荷的例子;船舶所受的波浪拍击、突然的落锚制动等对船舶的作用,以及船舶碰撞等均属于后一类。

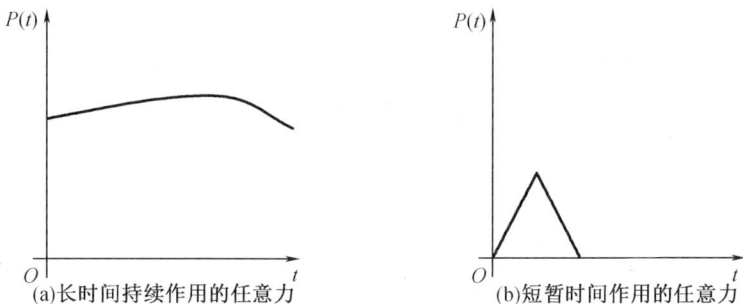

图 2-15　任意力激励

(a)长时间持续作用的任意力　　(b)短暂时间作用的任意力

本节以任意力为激励载荷,介绍任意激励力作用下的强迫振动响应分析方法。

(2)单位冲量响应

对于有阻尼单自由度系统,在其质量上作用一个极短时长的单位冲量 $I(I=1)$。设冲量作用前的瞬时系统的状态为 x_{0-}、$\dot{x}_{0-}$;冲量作用后的瞬时系统的状态为 x_{0+}、$\dot{x}_{0+}$。冲量作用前系统处于静平衡状态,即 $x_{0-}=\dot{x}_{0-}=0$。在冲量作用后,按动量定理,系统动量的变化等于所受到的冲量,有

$$I=M(\dot{x}_{0+}-\dot{x}_{0-})=M\dot{x}_{0+}$$

$$\dot{x}_{0+}=\frac{I}{M}=\frac{1}{M}$$

由于冲量是种极短时间内的瞬时作用,冲量作用完成后,可以认为质量的位移保持不变,即 $x_{0+}=x_{0-}=0$。在冲量作用完成后,系统有振动的初始条件,系统在初始条件作用下产生自由振动。初始条件为

$$\begin{cases} x(0)=x_0=x_{0+}=0 \\ \dot{x}(0)=\dot{x}_0=\dot{x}_{0+}=\frac{1}{M} \end{cases}$$

由 2.2.1 节,对于有阻尼单自由度系统,其单位冲量响应为

$$x(t)=\frac{1}{Mw_d}e^{-\zeta w_n t}\sin w_d t \quad (t>0)$$

为避免混淆,后面记单位冲量响应为 $h(t)$,即

$$h(t)=\frac{1}{Mw_d}e^{-\zeta w_n t}\sin w_d t \quad (t>0)$$

无阻尼时,$\zeta=0$,则

$$h(t)=\frac{1}{Mw_n}\sin w_n t \quad (t>0)$$

若单位冲量是在时刻 $t=\tau$ 时作用于系统的,则有阻尼系统的单位冲量响应为

$$h(t-\tau)=\frac{1}{Mw_d}e^{-\zeta w_n(t-\tau)} \quad (t>\tau)$$

无阻尼系统的单位冲量响应为

$$h(t - \tau) = \frac{1}{Mw_n}\sin w_n(t - \tau) \quad (t > \tau)$$

（3）杜哈梅积分

杜哈梅积分的基本思想是，将任意力激励分解为一系列微冲量的连续作用，分别求出系统对每个微冲量的响应，然后根据叠加原理求得总响应。

设系统受到任意干扰力 $P(t)$ 作用，如图 2 - 16 所示。设想将 $P(t)$ 沿时间轴划分为无数个时间微段，在每个时间微段上，有微冲量

$$dI = P(\tau)d\tau$$

有阻尼系统对它的响应为

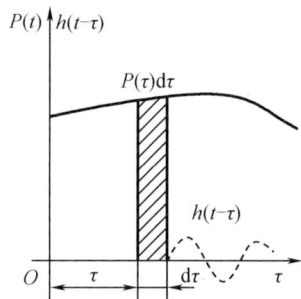

图 2 - 16 任意力激励作用下的冲量响应

$$dx = P(\tau)h(t - \tau)d\tau = \frac{P(\tau)}{Mw_d}e^{-\zeta w_n(t - \tau)}\sin w_d(t - \tau)d\tau$$

这是系统对一个微冲量 $P(\tau)d\tau$ 的响应，在激励力 $P(t)$ 由瞬时 $\tau = 0 \sim t$ 的时段内全部冲量作用后系统的响应等于所有微冲量 $P(\tau)d\tau$ 作用下各个响应的线性叠加，即

$$x(t) = \int_0^t \frac{P(\tau)}{Mw_d}e^{-\zeta w_n(t - \tau)}\sin w_d(t - \tau)d\tau$$

此即在零值初始条件（$x_0 = \dot{x}_0 = 0$）下，干扰力 $P(t)$ 所产生的振动，称为杜哈梅积分。

在一般初始条件下，任意干扰力所产生的振动为

$$x(t) = e^{-\zeta w_n}\left(x_0\cos w_d t + \frac{\dot{x}_0 + \zeta w_n x_0}{w_d}\sin w_d t\right) + \frac{1}{Mw_d}\int_0^t P(\tau)e^{-\zeta w_n(t - \tau)}\sin w_d(t - \tau)d\tau$$

（4）冲击振动

当任意力激励函数的作用时间极短时，称此类激励为冲击型激励。例如，船舶所受的波浪拍击、船舶碰撞等。冲击载荷一般都具有短时、强载的特点，由冲击型激励引起的振动称为冲击振动。

实际工程中的冲击载荷，往往含有多个脉冲，但其中总包含一个主要脉冲，且持续时间极短，人们往往取主要脉冲进行冲击振动计算。

在许多冲击振动问题中，人们感兴趣的仅是冲击振动位移的最大值，而不是整个非稳态的或暂态的振动过程。由于冲击激励的作用时间短，峰点的出现比较早，因此阻尼对峰值的影响比较小。故在一般的计算中均不计阻尼的影响。典型的、常见冲击激励主要有三种：正弦脉冲、矩形脉冲、三角形脉冲。正弦脉冲是一种常用的冲击试验测试脉冲，其中最重要的参数是脉冲幅值、脉冲时长和脉冲波形；矩形脉冲是一种常用、常见的脉冲，其中最重要的参数是脉冲幅值、脉冲时长；三角形脉冲是一种常见的脉冲，可较方便地计算出载荷动力系数。

2.3.2 多自由度强迫振动

1. 多自由度系统阻尼矩阵的获得与处理

由 2.2.2 节可知,多自由度系统的运动微分方程为

$$M\ddot{q} + C\dot{q} + Kq = F(t) \qquad (2-63)$$

式中,C 为阻尼矩阵。

C 与 M、K 同样为对称矩阵,其元素 $c_{ij}(i,j = 1,2,\cdots,N)$ 称为阻尼影响系数。在建立振动微分方程的过程中,如考虑阻尼影响,可以直接获得阻尼矩阵。另一种获得阻尼矩阵的方法是依据某种阻尼理论,单独建立阻尼矩阵 C,人工添加进无阻尼多自由度振动微分方程。

由 2.2.2 节可知,固有振型具有关于质量矩阵 M、刚度矩阵 K 的正交性。利用固有振型的正交性,可将多自由度系统无阻尼振动方程解耦合,便于微分方程求解。但是对于式 (2-63) 中的阻尼矩阵 C,固有振型一般不具有正交性。此时必须对阻尼矩阵进行处理。

(1)近似替代法

用无阻尼系统的固有振型 Φ 对阻尼矩阵 C 进行变换运算,有

$$D = \Phi^{\mathrm{T}} C \Phi$$

一般情况下,D 不是对角阵。当矩阵 D 的非对角线上的元素与主对角线上的元素相比很小时,且各固有频率值彼此之间相距较大时,可将非对角线上的元素处理为 0,主对角线上的元素值不变,将 D 近似处理成一个对角阵。

(2)瑞利比例阻尼

为了在求解多自由度问题时考虑阻尼的影响,常采用对无阻尼多自由度振动微分方程人工添加阻尼矩阵的方法,所添加的阻尼矩阵满足固有振型的正交性。常采用瑞利比例阻尼理论构造阻尼矩阵。瑞利比例阻尼理论假设认为,阻尼矩阵 C 为质量矩阵 M 和刚度矩阵 K 的线性组合,即

$$C = \alpha M + \beta K$$

式中,α、β 为比例常数。称这种阻尼为比例阻尼。

使用无阻尼系统的固有振型,便可使上述 C 矩阵对角化。设 Φ 为正则化振型,则

$$D = \Phi^{\mathrm{T}} C \Phi = \alpha \Phi^{\mathrm{T}} M \Phi + \beta \Phi^{\mathrm{T}} K \Phi = \alpha I + \beta \Lambda$$

式中　I——单位矩阵;

　　Λ——对角矩阵,且

$$\Lambda = \mathrm{diag}(w_{\mathrm{nr}}^2)$$

由瑞利比例阻尼系数可以求得模态阻尼系数。瑞利比例阻尼系数与第 r 阶模态阻尼系数 ζ_r 有如下关系:

$$\alpha + \beta w_{\mathrm{nr}}^2 = 2 w_{\mathrm{nr}} \zeta_r \qquad (2-64)$$

$$\zeta_r = \frac{\alpha + \beta w_{\mathrm{nr}}^2}{2 w_{\mathrm{nr}}} = \frac{\alpha}{2 w_{\mathrm{nr}}} + \frac{\beta w_{\mathrm{nr}}}{2} \qquad (2-65)$$

由式(2-65)可见,当阻尼矩阵正比于质量矩阵($\beta = 0$)时,按瑞利比例阻尼理论所获得的模态阻尼比 ζ_r 与频率 w_{nr} 成反比。若阻尼矩阵正比于刚度矩阵,即 $\alpha = 0$ 时,瑞利比例阻

尼理论所获得的模态阻尼比 ζ_r 与频率 w_{nr} 成正比。适当地选取 α 与 β,可以较好地反映实际振动系统中阻尼的影响。

（3）试验法

由于阻尼的机理很复杂,至今仍没完全研究清楚,故精确地确定阻尼矩阵是困难的,通常采用试验测定方法近似地确定模态阻尼比 ζ_r。虽然系统阻尼并非总是比例阻尼,但当阻尼比很小时,可视非对角元素为 0,从而建立起对应于主坐标的对角阻尼矩阵。对应于正则坐标的阻尼矩阵为

$$D = \begin{bmatrix} 2w_{n1}\zeta_1 & & & \\ & 2w_{n2}\zeta_2 & & \\ & & \ddots & \\ & & & 2w_{nN}\zeta_N \end{bmatrix} \qquad (2-66)$$

将式（2-66）表示的阻尼矩阵添加进无阻尼强迫振动微分方程,即得到考虑系统阻尼影响的有阻尼多自由度振动微分方程。

2. 振型叠加法求强迫振动响应

（1）强迫振动响应的一般解

对于线性多自由度系统的有阻尼强迫振动的运动方程,首先求解自由振动中的特征值问题:

$$(K - w_n^2 M)A = 0$$

由此确定固有振型 $\boldsymbol{\Phi}$ 和固有频率 $w_{nr}(r = 1, 2, \cdots, N)$。由固有振型 $\boldsymbol{\Phi}$ 做坐标变换,有

$$q = \boldsymbol{\Phi}P \qquad (2-67)$$

式中,P 为系统的主坐标向量。再将此变换式代入运动方程（式（2-63））并乘 $\boldsymbol{\Phi}^T$,可得

$$\widetilde{M}\ddot{q} + D\dot{q} + \widetilde{K}q = \widetilde{F}(t) \qquad (2-68)$$

式中

$$\begin{cases} \widetilde{M} = \boldsymbol{\Phi}^T M \boldsymbol{\Phi} & \text{——模态质量矩阵} \\ D = \boldsymbol{\Phi}^T C \boldsymbol{\Phi} & \text{——模态阻尼矩阵} \\ \widetilde{K} = \boldsymbol{\Phi}^T K \boldsymbol{\Phi} & \text{——模态刚度矩阵} \\ \widetilde{F}(t) = \boldsymbol{\Phi}^T F(t) & \text{——模态力向量} \end{cases} \qquad (2-69)$$

式（2-69）的 M、K 和 D 均是对角矩阵,式（2-68）的展开形式为

$$\ddot{P}_r + 2\zeta_r w_{nr}\dot{P}_r + w_{nr}^2 P_r = \frac{\widetilde{F}_r(t)}{M_r} \quad (r = 1, 2, \cdots, N) \qquad (2-70)$$

式中

$$M_r = \boldsymbol{\varphi}^{(r)T} M \boldsymbol{\varphi}^{(r)}$$

$$\widetilde{F}_r(t) = \boldsymbol{\varphi}^{(r)T} F(t)$$

式（2-70）的每一个方程均是对应于主振动的、可视为单自由度系统的振动方程,其响应为

$$P_r(t) = \mathrm{e}^{-\zeta w_{\mathrm{nr}}t}\left[P_r(0)\cos w_{\mathrm{dr}}t + \frac{\dot{P}_r(0) + \zeta_r w_{\mathrm{nr}}P_r(0)}{w_{\mathrm{dr}}}\sin w_{\mathrm{dr}}t\right] +$$

$$\frac{1}{w_{\mathrm{dr}}}\int_0^1 \frac{\widetilde{F}_r(t)}{M_r}\mathrm{e}^{-\zeta w_{\mathrm{nr}}(t-\tau)}\mathrm{d}\tau \quad (r = 1,2,\cdots,N) \tag{2-71}$$

式中，$P_r(0)$ 和 $\dot{P}_r(0)$ 是主坐标下的初始条件。$q = q(0)$，$\dot{q} = \dot{q}(0)$ 为物理坐标下的初始条件。两者之间的关系为

$$P_r(0) = \frac{1}{M_r}\boldsymbol{\varphi}^{(r)\mathrm{T}}Mq(0)$$

$$\dot{P}_r(0) = \frac{1}{M_r}\boldsymbol{\varphi}^{(r)\mathrm{T}}M\dot{q}(0) \tag{2-72}$$

将式（2-71）代入式（2-67），即可求得多自由度系统的强迫振动响应。

（2）系统对正弦激励的稳态响应

若系统受简谐激励 $F(t) = F_0\sin wt$ 的作用，则式（2-70）可写为

$$\ddot{P}_r(t) + 2\zeta_r w_{\mathrm{nr}}\dot{P}_r + w_{\mathrm{nr}}^2 P_r = \frac{\widetilde{F}_r\sin wt}{M_r} \quad (r = 1,2,\cdots,N) \tag{2-73}$$

式中，$\widetilde{F}_r$ 为第 r 阶模态力，且

$$\widetilde{F}_r = \boldsymbol{\varphi}^{(r)\mathrm{T}}F_0$$

其全解（含暂态响应）表达式可参照 2.3.1 节中等效激励力 $P(t)$ 的表达式写出。全解中包括系统对初始条件激励的响应分量。物理坐标下的初始条件与主坐标下的初始条件的关系见式（2-72）。

采用另一种方式求解式（2-73）可获得在试验测试中非常有用的结果。将正弦力用复数表示为

$$\ddot{\overline{P}}_r(t) + 2\zeta_r w_r\dot{\overline{P}}_r(t) + w_{\mathrm{nr}}^2\overline{P}_r = \left(\frac{1}{M_r}\right)\widetilde{F}_r\mathrm{e}^{\mathrm{i}wt} \tag{2-74}$$

主坐标 $\overline{P}_r$ 的复数稳态解可写为

$$\overline{P}_r = \overline{H}_r(w)\widetilde{F}_r\mathrm{e}^{\mathrm{i}wt} \tag{2-75}$$

将式（2-75）代入式（2-74），解得

$$\overline{H}_r(w) = \frac{1}{K_r}\cdot\frac{1}{(1-\gamma_r^2) + \mathrm{i}(2\zeta_r\gamma_r)}$$

$$K_r = M_r w_{\mathrm{nr}}^2$$

$$\gamma_r = \frac{w}{w_{\mathrm{nr}}}$$

称 $\overline{H}_r(w)$ 为第 r 个主坐标的复频响应函数。物理坐标的频率响应可写为以下复数形式，即

$$\overline{q} = \boldsymbol{\Phi}\widetilde{P}(t) = \sum_{r=1}^N \boldsymbol{\varphi}^{(r)}\overline{P}_r(t)$$

$$= \sum_{r=1}^{N} \left(\frac{\boldsymbol{\varphi}^{(r)} \boldsymbol{\varphi}^{(r)\mathrm{T}} \boldsymbol{F}_0}{K_r} \cdot \frac{1}{(1 - \gamma_r^2) + \mathrm{i}(2\zeta_r\gamma_r)} \right) \mathrm{e}^{\mathrm{i}wt}$$

$$= \overline{\boldsymbol{H}}(w) \boldsymbol{F}_0 \mathrm{e}^{\mathrm{i}wt} \tag{2-76}$$

式中

$$\overline{\boldsymbol{H}}(w) = \boldsymbol{\Phi}\boldsymbol{\Lambda}\boldsymbol{\Phi}^{\mathrm{T}} = \sum_{r=1}^{N} \left(\frac{\boldsymbol{\varphi}^{(r)} \boldsymbol{\varphi}^{(r)\mathrm{T}} \boldsymbol{F}_0}{K_r} \cdot \frac{1}{(1 - \gamma_r^2) + \mathrm{i}(2\zeta_r\gamma_r)} \right) \tag{2-77}$$

$$\boldsymbol{\Lambda} = \left[\frac{1}{K_r(1 - \gamma_r^2) + \mathrm{i}(2\zeta_r\gamma_r)} \right]$$

式(2-76)和式(2-77)中的 $\boldsymbol{\Phi}$ 为系统的固有振型矩阵。$\overline{\boldsymbol{H}}(w)$ 称为复频响应函数矩阵,有时又称为传递函数矩阵。复频响应函数矩阵中的第 i 行、第 j 列的元素 $H_{ij}(w)$ 是第 q_j 坐标处受单位简谐力作用后在坐标 q_i 处的复数响应,即

$$H_{ij}(w) = \sum_{r=1}^{N} \left(\frac{\boldsymbol{\varphi}^{(r)} \boldsymbol{\varphi}^{(r)\mathrm{T}}}{K_r} \cdot \frac{1}{(1 - \gamma_r^2) + \mathrm{i}(2\zeta_r\gamma_r)} \right) \tag{2-78}$$

式(2-78)常用于试验确定系统振动特性的场合。由式(2-76)不难写出其实部和虚部。因激励力是正弦形式,稳态响应的最终解应取式(2-76)的虚部,即

$$q(t) = \sum_{r=1}^{N} \left(\frac{\boldsymbol{\varphi}^{(r)} \boldsymbol{\varphi}^{(r)\mathrm{T}} \boldsymbol{F}_0}{K_r} \cdot \frac{1}{(1 - \gamma_r^2) + \mathrm{i}(2\zeta_r\gamma_r)} \right) \sin(wt - \alpha_r) \tag{2-79}$$

式中

$$\alpha_r = \arctan \frac{2\zeta_r\gamma_r}{-\gamma_r^2}$$

将式(2-79)用矩阵和模态力表示,多自由度系统在简谐激励下的稳态响应为

$$\begin{bmatrix} q_1 \\ q_2 \\ \vdots \\ q_N \end{bmatrix} = \begin{bmatrix} \varphi_1^{(1)} & \varphi_1^{(2)} & \cdots & \varphi_1^{(N)} \\ \varphi_2^{(1)} & \varphi_2^{(2)} & \cdots & \varphi_2^{(N)} \\ \vdots & \vdots & & \vdots \\ \varphi_N^{(1)} & \varphi_N^{(2)} & \cdots & \varphi_N^{(N)} \end{bmatrix} \begin{bmatrix} \dfrac{\widetilde{F}_1}{K_1} \dfrac{1}{\sqrt{\left(1 - \dfrac{w^2}{w_1^2}\right)^2 + 4\zeta_1^2 \dfrac{w^2}{w_1^2}}} \sin(wt - \alpha_1) \\ \dfrac{\widetilde{F}_2}{K_2} \dfrac{1}{\sqrt{\left(1 - \dfrac{w^2}{w_1^2}\right)^2 + 4\zeta_1^2 \dfrac{w^2}{w_1^2}}} \sin(wt - \alpha_2) \\ \vdots \\ \dfrac{\widetilde{F}_N}{K_N} \dfrac{1}{\sqrt{\left(1 - \dfrac{w^2}{w_N^2}\right)^2 + 4\zeta_N^2 \dfrac{w^2}{w_N^2}}} \sin(wt - \alpha_N) \end{bmatrix} \tag{2-80}$$

当系统阻尼为0时,系统的无阻尼稳态响应为

$$
\begin{bmatrix} q_1 \\ q_2 \\ \vdots \\ q_N \end{bmatrix} = \begin{bmatrix} \varphi_1^{(1)} & \varphi_1^{(2)} & \cdots & \varphi_1^{(N)} \\ \varphi_2^{(1)} & \varphi_2^{(2)} & \cdots & \varphi_2^{(N)} \\ \vdots & \vdots & & \vdots \\ \varphi_N^{(1)} & \varphi_N^{(2)} & \cdots & \varphi_N^{(N)} \end{bmatrix} \begin{bmatrix} \dfrac{\widetilde{F}_1}{K_1} \dfrac{1}{\sqrt{\left(1-\dfrac{w^2}{w_1^2}\right)^2}} \\ \dfrac{\widetilde{F}_2}{K_2} \dfrac{1}{\sqrt{\left(1-\dfrac{w^2}{w_2^2}\right)^2}} \\ \vdots \\ \dfrac{\widetilde{F}_N}{K_N} \dfrac{1}{\sqrt{\left(1-\dfrac{w^2}{w_N^2}\right)^2}} \end{bmatrix} \quad (2-81)
$$

3. 多自由度系统强迫振动响应特性

为了不失一般性,以简谐激励作用下多自由度系统的稳态响应为例,讨论多自由度系统强迫振动响应特性。

(1)共振频率

式(2-80)和式(2-81)分别是系统的有阻尼稳态响应和无阻尼稳态响应。从式(2-81)可以看出,当外加干扰力频率与系统的某一阶固有频率相等时,无阻尼系统的共振响应趋于无穷大,多自由度系统出现共振现象。与单自由度系统不同,多自由度系统有多个共振频率。对于 N 自由度系统,有 N 个共振频率。由于阻尼的存在,实际的多自由度系统出现共振时,并不会出现振幅趋于无穷大的现象。例如,出现 1 阶共振时,有阻尼系统的共振响应为

$$
\begin{bmatrix} q_1 \\ q_2 \\ \vdots \\ q_N \end{bmatrix} = \begin{bmatrix} \varphi_1^{(1)} & \varphi_1^{(2)} & \cdots & \varphi_1^{(N)} \\ \varphi_2^{(1)} & \varphi_2^{(2)} & \cdots & \varphi_2^{(N)} \\ \vdots & \vdots & & \vdots \\ \varphi_N^{(1)} & \varphi_N^{(2)} & \cdots & \varphi_N^{(N)} \end{bmatrix} \begin{bmatrix} \dfrac{\widetilde{F}_1}{K_1} \dfrac{1}{2\zeta_1}\sin(wt-\alpha_1) \\ \dfrac{\widetilde{F}_2}{K_2} \dfrac{1}{\sqrt{\left(1-\dfrac{w^2}{w_2^2}\right)^2+4\zeta_2^2\dfrac{w^2}{w_2^2}}}\sin(wt-\alpha_2) \\ \vdots \\ \dfrac{\widetilde{F}_N}{K_N} \dfrac{1}{\sqrt{\left(1-\dfrac{w^2}{w_N^2}\right)^2+4\zeta_2^2\dfrac{w^2}{w_N^2}}}\sin(wt-\alpha_N) \end{bmatrix}
$$

(2)共振振型

当多自由度系统出现共振时,发生共振的那一阶模态响应比其他阶模态响应大得多,以至于其他阶模态响应可以忽略不计,此时系统所呈现出的振动形态与该阶固有频率对应的固有振型近似相同。例如,出现 1 阶共振时,其响应表达式可写为

$$\begin{bmatrix} q_1 \\ q_2 \\ \vdots \\ q_N \end{bmatrix} = \begin{bmatrix} \varphi_1^{(1)} & \varphi_1^{(2)} & \cdots & \varphi_1^{(N)} \\ \varphi_2^{(1)} & \varphi_2^{(2)} & \cdots & \varphi_2^{(N)} \\ \vdots & \vdots & & \vdots \\ \varphi_N^{(1)} & \varphi_N^{(2)} & \cdots & \varphi_N^{(N)} \end{bmatrix} \begin{bmatrix} \dfrac{\widetilde{F}_1}{K_1} \dfrac{1}{2\zeta_1}\sin(wt-\alpha_1) \\ 0 \\ \vdots \\ 0 \end{bmatrix} = \begin{bmatrix} \varphi_1^{(1)} \\ \varphi_2^{(1)} \\ \vdots \\ \varphi_N^{(1)} \end{bmatrix} \dfrac{\widetilde{F}_1}{K_1}\dfrac{1}{2\zeta_1}\sin(wt-\alpha_1)$$

显然,系统共振时,多自由度系统出现主振动。

2.3.3　主从系统的耦合振动

1. 主从系统

任何一个复杂的多自由度系统总可以看成由两个或若干个子系统组成。最基本的子系统是一个单自由度系统,即弹簧、质量和阻尼系统。通常,把重点关心的、要进行仔细分析的子系统称为主系统,其他并不十分感兴趣的、但对主系统振动性质有影响的子系统称为副系统或从属系统(简称从系统)。例如,船体结构和主机构成的复杂振动系统,可视为两个子系统,这两个子系统通过机座、轴承、减振器等发生关系。在研究船体振动时,将船体作为主系统,把主机作为从系统。反之,在研究主机振动时,则把主机作为主系统,船体作为从系统。因此,主从系统的确定是辩证的,视研究的目的不同可互相转化。一般将主从系统抽象成双质量、双弹簧系统,无阻尼主从振动系统力学模型如图 2－17 所示。

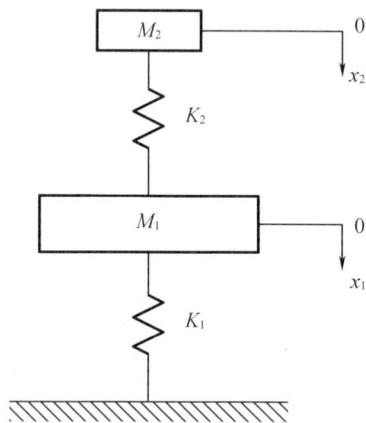

图 2－17　无阻尼主从振动系统力学模型

2. 主从系统的耦合振动特性

图 2－17 所示的双质量、双弹簧系统,是将两个由单一质量、弹簧(M_1、K_1 和 M_2、K_2)组成的单自由度系统组合在一起而构成的。若主要研究 $M_1 - K_1$ 系统,可将该子系统称为主系统,$M_2 - K_2$ 则称为从系统。现在讨论主从系统耦合振动规律。

以 M_1 和 M_2 的绝对位移 x_1 和 x_2 为广义坐标,应用达朗贝尔原理可以导出主从系统的无阻尼自由振动方程为

$$\begin{bmatrix} M_1 & \\ & M_2 \end{bmatrix}\begin{bmatrix} \ddot{x}_1 \\ \ddot{x}_2 \end{bmatrix} + \begin{bmatrix} K_1+K_2 & -K_2 \\ -K_2 & K_2 \end{bmatrix}\begin{bmatrix} x_1 \\ x_2 \end{bmatrix} = \begin{bmatrix} 0 \\ 0 \end{bmatrix} \qquad (2-82)$$

其频率方程为

$$D(w_n^2) = (K_1+K_2-M_1 w_n^2)(K_2-M_2 w_n^2) - K_2^0 = 0 \qquad (2-83)$$

由此得出固有频率为

$$w_{n1,2}^2 = \frac{K_1+K_2}{2M_1} + \frac{K_2}{2M_2} \mp \sqrt{\frac{1}{4}\left(\frac{K_1+K_2}{M_1}+\frac{K_2}{M_2}\right)^2 - \frac{K_1}{M_1}\frac{K_2}{M_2}} \qquad (2-84)$$

令

$$w_{01} = \sqrt{\frac{K_1}{M_1}}, \quad w_{02} = \sqrt{\frac{K_2}{M_2}} \qquad (2-85)$$

这二者分别为主系统和从系统单独存在时的固有频率。有

$$K_1 = M_1 w_{01}^2, \quad K_2 = M_2 w_{02}^2 \qquad (2-86)$$

将式(2-86)代入式(2-83),并将等式两边同时除以 $M_1 M_2 w_{01}^4$,并令 $z = \frac{w_n^2}{w_{01}^2}$、$\xi = \frac{w_{02}^2}{w_{01}^2}$、

$\alpha = \frac{M_2}{M_1}$,可将主从系统的频率方程(式(2-83))改写为

$$D(w_n^2) = z^2 - [1 + (1+\alpha)\xi]z + \xi = 0 \qquad (2-87)$$

式中 z——主从系统耦合振动的无因次固有频率(平均值);

   α——从系统与主系统的质量比;

   ξ——从系统与主系统的频率平方比,其定义域为$[0,\infty]$。

由式(2-87)可得主从系统耦合振动的两个无因次频率值为

$$z_{1,2} = \frac{1 + (1+\alpha)\xi \mp \sqrt{[1 + (1+\alpha)\xi]^2 - 4\xi}}{2} \qquad (2-88)$$

式中

$$z_1 = \frac{w_{n1}^2}{w_{01}^2}, \quad z_2 = \frac{w_{n2}^2}{w_{02}^2}$$

w_{n1}和w_{n2}分别是主从系统耦合在一起时的第1及第2固有频率。

由式(2-83)可以定性判断主从系统固有频率的区间和变化规律。

当$w_n^2 = 0$时,$D(w_n^2) = K_1 K_2 > 0$;

当$w_n^2 = w_{01}^2$时,$D(w_n^2) = -K_2 M_2 w_{01}^2 > 0$;

当$w_n^2 = w_{02}^2$时,$D(w_n^2) = -K_2^2 > 0$;

当$w_n^2 \to \infty$时,$D(w_n^2) > 0$。

由此可知,主从系统耦合振动的第1固有频率w_{n1}介于0和w_{01}之间,即小于w_{n2};而第2固有频率w_{n2}介于w_{02}和∞之间,即大于w_{02}。因此,$w_{n1} < w_{01}$。这表明,两个单自由度振动系统组合在一起后的耦合振动第1固有频率,始终比组成该系统的任何一个子系统单独存在时的固有频率低;耦合振动第2固有频率则始终高于任何一个子系统单独存在时的固有频率。

由式(2-88)可以分析频率平方比ξ对主从系统固有频率的影响规律。若两个子系统的固有频率w_{01}和w_{02}相差很大,则ξ可视为等于0或趋于无穷大。现讨论这两种计算情形。

当$\xi = 0$时,$z_1 = 0$,$z_2 = 0$,即$w_{n1}^2 = 0$,$w_{n2}^2 = w_{01}^2$。由主系统和从系统构成的主从系统固有频率等于主系统单独存在的固有频率,此时,从系统的存在不影响主系统的固有振动特性,称两个系统耦合很松。

当$\xi \to \infty$时,$z_1 = \frac{1}{1+\alpha}$,$z_2 \to \infty$,即$w_{n1}^2 = \frac{w_{01}^2}{1+\alpha}$,$w_{02}^2 \to \infty$。这相当于从系统质量$M_2$与主系统质量$M_1$刚性连接。此时,亦称两个系统耦合很松。当系统间耦合很松时,无须考虑两个

系统间的弹性耦合。

当 $\xi \to \infty$ 时，即主系统和从系统的固有频率相等，由式（2-88）可得主从系统耦合振动的无因次固有频率，即

$$z_{1,2} = \frac{2 + \alpha \mp \sqrt{\alpha(4 + \alpha)}}{2}$$

主从系统耦合振动的固有频率与主系统、从系统单独存在时的固有频率的差异值，取决于两者的质量比 α。如质量比较大，系统耦合紧密，质量比近似为 0，系统耦合很松。

当 $\alpha = 0$ 且 $\xi \neq 1$ 时，即从系统质量 M_2 与主系统质量 M_1 相比极小而可忽略时，由式（2-88）有 $z_1 \approx 1$，$z_2 = \xi$，即 $w_{n1} \approx w_{01}$，$w_{n2} \approx w_{02}$，耦合系统的固有频率 w_{n1}、w_{n2} 和两个子系统单独存在时的固有频率 w_{01}、w_{02} 相差甚微。此时，称两个系统耦合很松。

随着 α 的增加，耦合系统的固有频率 w_{n1}、w_{n2} 和两个子系统单独存在时的固有频率 w_{01}、w_{02} 的差异也随之增大，主从系统的耦合作用也越来越强。

主从系统的耦合振动特性对舰艇振动分析甚为重要。如果称主系统的振动为总振动，从系统的振动为局部振动，则以上的分析表明，当局部振动的质量 M_2 远小于总振动的质量 M_1 时，或局部振动的固有频率与总振动频率相差甚远时，可不计两者的耦合作用。因而，在计算船体总振动的最初几个固有频率时，常不考虑船体局部振动的影响。船舶摇摆和船体振动可分别计算的原因也在于前者的固有频率比后者小一个数量级（船舶摇摆频率的数量级为 0.1 次/秒，而船体振动第一频率的数量级为 1 次/秒以上。

3. 主从系统的强迫振动响应

设主系统受到强迫力 $F_0 \sin wt$ 的作用，由达朗贝尔原理得主从系统强迫振动方程为

$$\begin{bmatrix} M_1 & \\ & M_2 \end{bmatrix} \begin{bmatrix} \ddot{x}_1 \\ \ddot{x}_2 \end{bmatrix} + \begin{bmatrix} K_1 + K_2 & -K_2 \\ -K_2 & K_2 \end{bmatrix} \begin{bmatrix} x_1 \\ x_2 \end{bmatrix} = \begin{bmatrix} F_0 \sin wt \\ 0 \end{bmatrix} \qquad (2-89)$$

设其稳态响应为

$$\begin{cases} x_1 = A_1 \sin wt \\ x_2 = A_2 \sin wt \end{cases}$$

由此得到

$$A_1 = \frac{(K_2 - M_2 w^2) F_0}{(K_1 + K_2 - M_1 w^2)(K_2 - M_2 w^2) - K_2^2} \qquad (2-90)$$

$$A_2 = \frac{K_2 F_0}{(K_1 + K_2 - M_1 w^2)(K_2 - M_2 w^2) - K_2^2} \qquad (2-91)$$

如从系统不存在，主系统在 $F_0 \sin wt$ 作用下的稳态响应为

$$\tilde{x}_1 = \tilde{A}_1 \sin wt$$

$$\tilde{A}_1 = \frac{\dfrac{F_0}{K_1}}{1 - \dfrac{w^2}{w_{01}^2}} \qquad (2-92)$$

由式（2-89）至式（2-91）可见，当 $w^2 = \dfrac{K_2}{M_2}$ 时，主系统质量的振幅 A_1 为 0，即从系统的

固有频率等于激励力频率时,从系统通过弹簧 K_2 将一个与激励力 F_0 大小相等、方向相反的力加到主质量 M_1 上,正好与主系统上的激励力相抵消,从而消除主系统的振动,这便是动力吸振器的消振机理。此时,从系统质量的振幅为

$$A_2 = -\frac{F_0}{K_2}$$

主从系统出现两个新的共振频率 w_{n1} 与 w_{n2}。因此,当激励频率 w 等于 w_{n1} 或 w_{n2} 时,系统将产生新的共振。设计动力吸振器时,为了消除主系统的振动,同时又不产生新的共振,应使主系统在远离新的共振点的频率范围内工作,两个固有频率 w_{n1} 与 w_{n2} 相距较远为好,这可通过适当的选取质量比 α 来实现。

机器运转时,由于不平衡力 $F_0 \sin wt$ 的作用,机器会产生振动。当激励力频率 w 接近系统固有频率时,机器产生剧烈振动或出现共振现象。如果该系统的参数以及机器运转速度都无法改变时,可采用动力吸振器的方法加以解决。

由前文叙述,可以有如下的动力吸振器设计方法:以质量 M_1 和弹簧 K_1 构成的单自由度系统模型模拟某机器及其机座减振系统,将其作为主系统。在此主系统上附加一个从系统,作为动力吸振器。适当选择从系统的质量和刚度,让附加的从系统振动,可使主系统的振动响应大为减小。

2.4　声音的物理度量及传播特性

2.4.1　声音的物理度量

1.声音的特征

(1)音调和频率

①音调:声音的高低或粗细,与频率有关。

②频率:物体每秒振动的次数。其单位是赫兹,符号 Hz。频率是用来描述物体振动快慢的物理量。

③音调与频率的关系:音调的高低是由发声体振动的频率决定的。振动频率越高,音调越高,人们听到的声音越尖细;振动频率越低,音调越低,人们听到的声音越粗钝。不同物体的振动频率不同,同一物体的振动频率也可以调节。

(2)响度和振幅

①响度:声音的强弱或大小,由振幅决定。

②振幅:发声体振动时,偏离原来位置的最大距离。

③影响响度大小的因素:

a.响度与振幅有关:振幅越大,声音的响度就越大。

b.响度还与距离发声体的远近有关。距离发声体越近,响度越大;距离发声体越远,声音越发散,人耳感觉到的声音响度越小。

c.人听到的声音响不响还和发声体的频率有关。我们平时所说的声音"大小"是指响度,而声音"高低"一般是指音调。

（3）音色

音色也叫音品，反映了声音的品质与特色，音色由发声体的材料、结构决定。不同发声体的材料不同、结构不同，发出的声音的音色也就不同。我们能区分不同的人、不同的乐器，就是根据它们的音色而分辨出来的。

2. 声压和声压级

（1）压强

单位面积上受到的压力叫压强。

$$p = F/S$$

压强的单位是帕斯卡（即牛顿/平方米），简称帕（Pa）。

（2）声压

声压是声音产生的压强，就是在垂直于声波的传播方向上，单位面积上引起的大气压的变化。声波是疏密波，在空气中传播时，它使空气时而变密——压强增高，时而变稀——压强降低，这种在大气压上起伏的部分就是声压。声压是衡量声音强弱的一个物理量，通常用 p 来表示，单位是 Pa。声音越强，声压就越大；反之，声压就越小。

（3）有效声压

在一定时间间隔中，瞬时声压对时间取均方根值称为有效声压。日常我们所说的声压和电子仪表所测的声压都是有效声压。

（4）声压级

为了表示声音的强弱引入声压级的概念。

选取一个参考声压 p_{ref}，在空气介质中参考声压一般取 2×10^{-5} Pa。定义声压级 SPL 为声压与参考声压的比值取常用对数（以 10 为底的对数），再乘以 20，即

$$SPL = 20\lg\frac{p}{p_{ref}} \qquad\qquad (2-93)$$

为什么人们又引出声压级这个物理参数呢，这里说明一下：

一方面是因为人耳刚刚能听到的微弱声音与难以忍受的强烈噪声，声压相差数百万倍，而且仅是一个大气压的几十亿分之一到几千分之一。显然，用声压作为单位来衡量声音的大小是很不方便的。为了实用方便，人们便考虑到对如此广阔的能量范围使用对数标度的可能性；另一方面，从声音的接收来看，人耳有一个很奇怪的特性，即当耳朵接收到声振动以后，主观上产生的响度感觉，不是正比于声压的绝对值，而是近似地与声压的对数成正比，而且人耳受到声音的损伤程度也和声压的对数比较接近。因此，声学上普遍使用对数标度来度量声压，称之为声压级。其定义是声压平方和 1 000 Hz 纯音的听阈压平方的比值的对数，单位是贝尔（B）。

B 是一个很大的单位，用起来不方便。因此，人们又把贝尔分成 10 份，取 1 份作为常用单位，这就是分贝，记作"dB"。

听阈压 2×10^{-5} Pa 相当于 0 dB，痛阈压 20 Pa 相当于 120 dB。一般来说，20 dB 以下的声音，我们认为它是安静的，当然，15 dB 以下我们就可以认为它属于"死寂"了；20 ~ 40 dB 大约是情侣耳边的喃喃细语；40 ~ 60 dB 属于我们正常的交谈声音；60 dB 以上属于吵闹范围；70 dB 我们就可以认为它是很吵的，而且开始损害听力神经；90 dB 以上就会使听力受

损;而待在 100 ~ 120 dB 的空间内 1 min,人类就可能会暂时性失聪(致聋);其中汽车噪声介于 80 ~ 100 dB,以一辆汽车发出 90 dB 的噪声为例,在 100 m 处,仍然可以听到 81 dB 的噪声。

3.声功率、声强和声强级

(1)声功率

声功率是指单位时间内声源向外辐射的总的声能量,用 W 表示,单位为瓦(W)。

(2)声强

声强是声音强度的简称,它代表声音能量的多少。

声学中,声强是指单位时间内,声音通过垂直于声音传播方向的单位面积上的声能量,声强用 I 表示,它的单位是 W/m²。声强和声压都是表示声音强度的物理量,只是描述的角度不同,因此对人耳来说声强也有一个上下限:人耳可闻阈的声强为 10^{-12} W/m²,痛觉阈的声强为 1 W/m²。可见,声强变化范围也是很大的。

(3)声强级

同声压级一样,为了简化表示,通常用声强级来表示声强。听觉系统能够感觉到的声音强度变化范围极大,从刚刚能引起人耳听阈的强度到最大可耐受的强度用能量计算可相差一万亿倍,如此大的数字,计算起来相当不便利。为了计算简便,声音的强度用常用对数关系表达。人对声音强弱的感觉并不是与声强成正比,而是与其对数成正比的,由此引出声强级的概念。

某一处的声强级,是指该处的声强与参考声强的比值取常用对数,再乘以 10,单位为 dB。例如,平面波的声强与声压的平方成正比,可听阈的声强约为 $I_{ref} = 10^{-12}$ W/m²,取之为参考声强。定义声强级 SIL 为

$$SIL = 10\lg \frac{I}{I_{ref}} \tag{2-94}$$

为了直观对比,人们把声压、声强、声功率对级的换算列一张表,对同一个声音而言,声压级和声强级二者值是相等的(在声速和空气密度不变的情况下)。

2.4.2 声音的传播特性

声音在传播过程中由于声源本身、离声源的距离、声源与测点之间的物体、空气等因素的影响,使声音在传播过程中出现一定的指向性、衰减和吸收等现象。为了有效地控制噪声,必须对声音的传播特性进行分析。

1.声源的指向性

声源发声时,在声源四周各方向上,声能的分布并不一定均匀。声源的声音强度在各个方向上分布的不均匀性就称作声源的指向性。

声源的指向性与声源的种类、尺寸及辐射声波的波长等有关。假设声音在一个无界的空间中传播,当其声波波长比声源尺寸大得多时(多在低频时发生),声波就以球面波的形式均匀地向四周辐射,这种声源称为点声源,而点声源不存在指向性。实际中,当声源的尺寸比由测点到声源的距离小得多时,该声源就可以视为点声源。当声波波长比声源尺寸小得多时,声源发出的声波就以发散的"声束"向正前方传播;声波的波长与声源尺寸的比值

越小,则辐射声束的发射角就越小,指向性越强;当二者比值非常小时,声波便以几乎不发散的"声束"呈平面形状向声源外传播。平时听到的高音喇叭声即属波长短、频率高、指向性强的声源。

2.声音的衰减

声音在介质中传播时,其声压或声强随离开声源的增加而逐渐衰减。造成这种衰减的原因,一是传播衰减,二是空气吸收。

(1)传播衰减

声源按其类型可以分为点声源、线声源和面声源三类。因声源类型不同,所发出的声波阵面也不相同。随着距离的增加,衰减的规律也不相同,下面分别予以介绍。

①点声源。点声源像一个球心,声波从球心以同样的速度向四周辐射,其波前面积随传播距离的增加而衰减。对于点声源,声音的强度随距离的平方成反比规律衰减。如距离增加到 2,3,4 倍时,声音的强度将相应减为 1/4,1/9,1/16。如图 2 - 18 所示,点声源 S 和 1,2 两点的距离分别为 r_1、r_2。设 1 点的声强 $I_1 = \dfrac{w'}{4\pi r_1^2}$,2 点的声强 $I_2 = \dfrac{w'}{4\pi r_2^2}$。

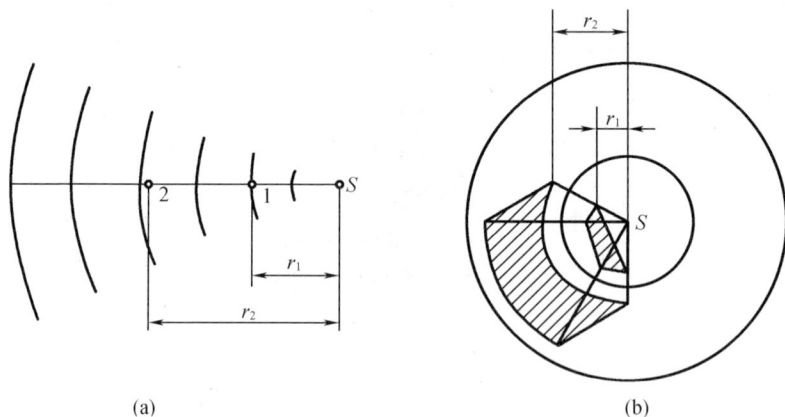

图 2 - 18　点声源的距离衰减

1,2 两点的声压差为

$$\Delta L = L_1 - L_2 = 10\lg \frac{I_1}{I_0} - 10\lg \frac{I_2}{I_0} = 10\lg \frac{I_1}{I_2} = 10\lg \frac{r_2^2}{r_1^2}$$

当 $r_2 = 2r_1$ 时,$\Delta L = 10\lg \dfrac{r_2^2}{r_1^2} = 6$ dB。

②线声源。线声源可以认为是由大量的分布在同一直线上且十分靠近的点声源所组成的,如马路上连续不断行驶的汽车噪声、一长串的火车噪声、输送管噪声等,都可以看成线声源。线声源发出的声波是一个柱面波。

一个无限长的线声源,如图 2 - 19 所示,其声压级随距离的衰减量可按下式计算,即

$$\Delta L = L_1 - L_2 = 10\lg \frac{r_1}{r_2} \tag{2 - 95}$$

当 $r_2 = 2r_1$ 时,$\Delta L = 10\lg \dfrac{r_1}{r_2} = 3$ dB,即距离增加 1 倍,声压级衰减 3 dB。

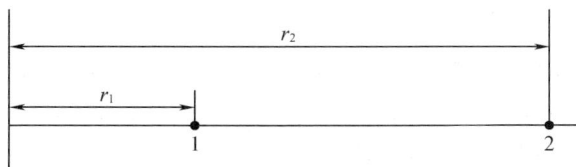

图 2-19　无限长线声源的距离衰减

若是有限长的线声源,设长度为 a,如图 2-20 所示,则声压级随距离衰减分两种情况:

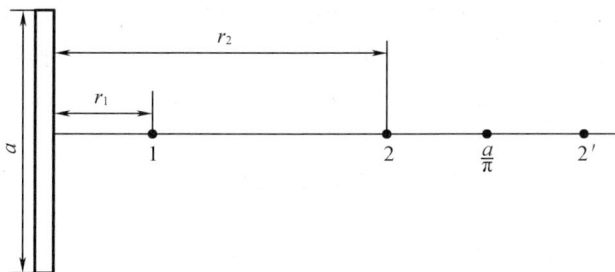

图 2-20　有限长线声源的距离衰减

a. 当 $r_2 < \dfrac{a}{\pi}$ 时,声压级的距离衰减近似于无限长线声源的距离衰减。

b. 当 $r_2 \geqslant \dfrac{a}{\pi}$ 时,则声压级的距离衰减近似于点声源的距离衰减。

③面声源。如图 2-21 所示,设边长分别为 a、b 的矩形($a < b$)距声源中心的垂直距离为 r_2,分三种情况讨论:

a. 当 $r_2 \leqslant \dfrac{a}{\pi}$ 时,声压级的距离衰减量为零。在面声源附近,声源发射的是平面波,距离变化,而声压级无变化。

b. 当 $\dfrac{a}{\pi} < r_2 < \dfrac{b}{\pi}$ 时,声压级的距离衰减近似于无限长声源的距离衰减。

c. 当 $r_2 \geqslant \dfrac{b}{\pi}$ 时,声压级的距离衰减近似于点声源的距离衰减。

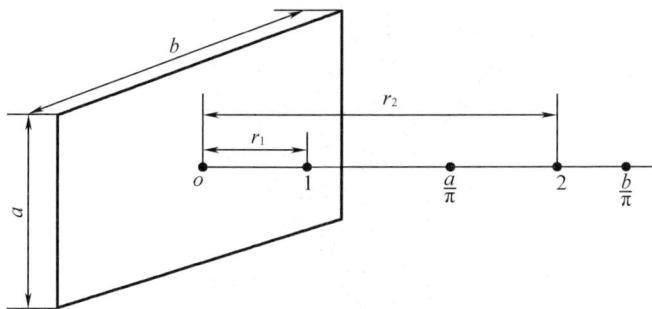

图 2-21　面声源的距离衰减

（2）空气吸收

声音在空气中传播时，由于空气的黏滞阻力、热传导等影响，声能被空气吸收转化为其他形式的能。例如，空气分子间的摩擦可使部分声能转化为热能，形成声衰减。空气吸收而引起的声衰减与声音频率、空气温度、空气湿度有关。造成空气吸收的原因有两个方面：一是由于空气的黏性与热传导使部分声能转变成热能而损耗；二是由于声波通过空气时引起气体分子碰撞导致能量交换而产生附加吸收作用。

表 2 - 1 列出了常温下，声音传播 1 000 m 后，不同频率的声压级衰减值 ΔL。由表 2 - 1 可知，由于空气疏密之间的变化频率，高频声波振动越快，声能消耗就越多。因此，高频声波比低频声波衰减得快，高频声波的传播距离较短。从远处传来的强噪声，例如飞机声、炮声等都比较低沉，这是因为在长距离的传播过程中，高频成分衰减得较快的缘故。

表 2 - 1　频率与衰减值的关系

f/Hz	125	500	4 000	8 000
$\Delta L/\text{dB}$	0.3	1.6	25	78

2.4.3　声波的反射、折射和透射

声波在传播过程中，遇到不同介质的物体时，一部分声波反射回来的现象，称作声波的反射；一部分声波进入第二介质，产生折射，称作声波的折射；一部分透过物体，产生透射，称作声波的透射；还有一部分声波在物体内部损耗掉。图 2 - 22 所示为声波在传播过程中的能量变化。

1.声波的反射

声波在传播过程中发生反射现象，是由于遇到了特性阻抗不同的界面。如山谷里听到的回声就是声的反射现象。声波反射现象的强弱可以用反射系数的大小来表示，反射系数等于反射声能与入射声能之比。从特性阻抗为 $\rho_1 c_1$ 的介质到特性阻抗为 $\rho_2 c_2$ 的介质，垂直入射声波的反射系数 β 可由下式计算，即

$$\beta = \left(\frac{\rho_1 c_1 - \rho_2 c_2}{\rho_1 c_1 + \rho_2 c_2} \right)^2 \tag{2-96}$$

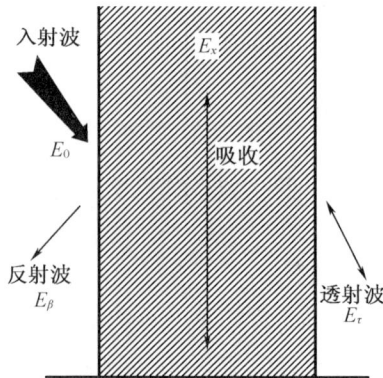

E_0—入射声能；E_β—反射声能；E_x—吸收声能；E_τ—透射声能。

图 2 - 22　声波在传播过程中的能量变化

反射系数 β 越大,则反射的声能越多。当两种介质的特性阻抗越接近时,其反射系数 β 越小,声波几乎可以由第一种介质完全进入第二种介质。

声波在管道内部传播时,遇到弯头、分支、变径管和阀件等,也都会产生声波的反射现象。这种声学特性在噪声控制中已被很好地利用。

声波的反射还与声波的波长、障碍物的大小及表面光滑程度有关。当声波波长比障碍物表面尺寸小时,可将声音反射回去。声波波长比障碍物表面尺寸小得越多,反射越容易,并可在障碍物后面形成一个声影区,这种现象与光线遇到障碍物的情况类似。声波的反射和折射规律与几何光学相似,所以称为"几何声学"。

2.声波的折射

声波在传播过程中,遇到不同特性阻抗的界面时,除部分声波发生反射外,还有一部分声波在传播方向上发生改变,称为声波的折射,如图 2 - 23 所示。折射定律为:入射线、折射线和法线在同一平面内,且不管入射角大小如何,入射角 θ_1 的正弦值与折射角 θ_2 的正弦值之比等于在第一种介质中的声速 c_1 与在第二种介质中的声速 c_2 之比,即

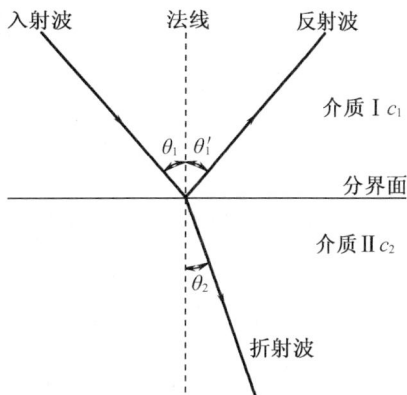

图 2 - 23　声波的反射与折射

$$n_{21} = \frac{\sin \theta_1}{\sin \theta_2} = \frac{c_1}{c_2}$$

式中　n_{21}——第一种介质对于第二种介质的相对折射率;

　　　c_1——第一种介质中的声速,m/s;

　　　c_2——第二种介质中的声速,m/s。

3.声波的透射

设单位时间的入射声能为 E_0,反射声能为 E_β,吸收声能为 E_x,透射声能为 E_τ,则它们有如下关系:

$$E_0 = E_\beta + E_x + E_\tau$$

反射声能与入射声能之比,称为反射系数 β:

$$\beta = \frac{E_\beta}{E_0}$$

透射声能与入射声能之比,称为透射系数 τ:

$$\tau = \frac{E_\tau}{E_0}$$

人们把反射系数 β 小的材料称为吸声材料,把透射系数 τ 小的材料称为隔音材料。

2.4.4　声波的衍射

声波在传播途径上遇到障碍物或孔洞,如果波长 λ 比障碍物或孔洞大得多,部分声波的传播方向发生改变,可以绕过障碍物边缘前进的现象,称作声波的衍射或绕射。影响衍射的主要因素是声波波长和障碍物的尺寸。声波波长比障碍物的尺寸大得越多,衍射现象越明显,如图 2 - 24 所示。显然,低频声波较高频声波的波长要长,容易发生衍射;若障碍物

的尺寸远大于波长,虽然还有衍射,但在障碍物背后的边缘附近将形成一个声影区,如图 2-24 所示。

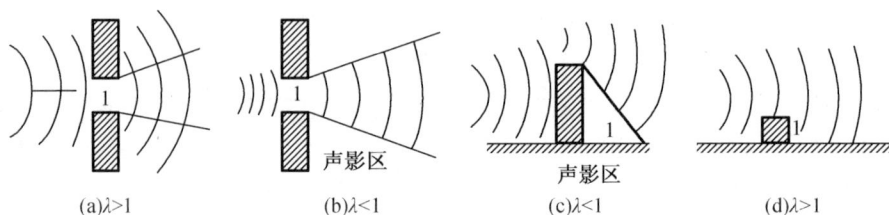

图 2-24 声波的衍射

若声波在前进过程中遇到孔洞,部分声波将穿越孔洞发生衍射现象。波长 λ 较孔洞尺寸大得越多,衍射现象越明显,并且会在壁面另一侧形成半球面波形继续传播(图 2-24(c))。若孔洞尺寸远大于波长,穿过孔洞的声波将保持原来的波形继续前进(图2-24(d))。

2.4.5 声波的干涉和驻波

当两个声源发出的声波在同一介质中传播,且两个频率相同的声波以同样的相位到达某一点时,则两个声波加强,合成振幅为两个振幅之和;当两声波相位相反时,则相互减弱或完全抵消,合成振幅为两声波振幅之差,这种现象称作声波的干涉。利用电子电路和扩声设备产生与原有噪声相位相反的声音,来抵消原有噪声从而达到降噪目的,就是干涉现象应用的实例。

在两波源连线上的相邻加强点之间或相邻减弱点之间的距离总是半波长,而相邻加强点与减弱点之间的距离总是 1/4 波长。加强点称作波腹,减弱点称作波节,波腹和波节总是不变的,这种现象称作驻波。

2.4.6 声音的掩蔽

一个声音被另一个声音所掩盖,即一个声音的听阈因另一个声音的存在而提高的现象,称为声音的掩蔽。听阈提高的分贝数称为掩蔽量。

如果大声源超过小声源 10 dB,则小声源可以忽略不计,认为大声源掩蔽了小声源。

第3章 船舶振动

3.1 概 述

船舶振动是指船舶在机械、轴系、螺旋桨运转及波浪的激励下,所引起的船舶总体或局部结构的振动。

随着航运事业的发展,人们对船舶的要求越来越高,既要装载量大,又要吃水浅、航速快,这必然促使船舶向体积大、质量轻、功率大的方向发展。同时,为了尽量减少船舶自重,船体用板及构件相对减薄和减少,从而导致结构刚度不足,这些都使船体振动加剧,船体振动已成为航运界一个突出的问题。船舶是一个自由漂浮在水中的弹性体,只要螺旋桨或主机工作,总是会引起船体不同程度的振动。轻微的振动是允许的,也是不可避免的。但船体振动过大会导致船体结构产生疲劳和破坏,影响船上设备和仪器的正常工作,降低使用精度,缩短使用寿命,严重时还会导致船体断裂乃至沉没;同时船体振动还严重影响船员和旅客的居住舒适性、船员的工作效率和身体健康。船舶振动不但与其振源有关,而且与船舶总布置、艉部线型和船体结构直接相关。激起船体振动的主要振源(也称激励源)是螺旋桨和主机,它们在运转时将激起周期性干扰力,使船体发生稳态强迫振动,若激励幅值过大或引起了共振,就会产生剧烈的振动。

船舶振动研究的发展简史可分为三个时期。第一,建立时期。19 世纪 80 年代,采用往复式蒸汽机的快速船和轻型结构船(如内河船)出现强烈振动,引起人们对船舶振动问题的重视。1884 年英国的 O. 希利克发表《关于蒸汽船的振动》,采用梁模型分析船体振动,这是船舶振动研究的开始。随后,希利克和其他学者对船体梁的高阶振动、扭振、实船振动测量、测振仪器等方面的问题开展了研究;另一些学者对激振力、蒸汽机的平衡、船舶振动的阻尼等问题开展了研究。1907 年俄国的 A. N. 克雷洛夫在彼得堡工学院讲授"船舶振动"课程,出版了讲义,这在世界上是首次,是船舶振动成为一门独立学科的标志。第二,发展时期。20 世纪上半叶,由于振动理论和船舶结构力学的迅速发展,船舶振动的研究也取得了很大进展。在激振力、船体梁低阶固有频率的计算、附连水质量的计算、船体梁扭振、弯 – 扭耦合振动、船舶局部结构振动、结构阻尼、试验方法等方面,都取得了重要的研究成果。1948 年苏联的 Y. A. 西曼斯基出版专著《船舶结构动力计算》,从工程应用角度提出了船舶振动计算方法,并对船舶结构在短时冲击载荷作用下的动力响应提出了系统的计算方法,这标志着船舶振动学科的发展趋于成熟。第三,现代时期。20 世纪 60 年代以后船舶朝大型化发展,为减轻船体质量而采用高强度钢,构件尺寸相对减小,结构刚度降低;另一方面,为提高航速,推进装置功率不断增大,激振力从而提高,导致船舶振动问题更为突出。由于有限元方法的发展、电子计算机的应用和测试技术的进步,推动了船舶振动学科的迅速发展。船舶结构振动的有限元模型、船体与局部结构的耦合振动、螺旋桨激振力、流体 – 结构相互作用的水弹性分析、瞬态激振技术、模态分析方法等方面的研究成果,使船舶振动学科进入更高的发展阶段。

3.2 船体总振动

  船舶是一种漂浮在水上复杂的弹性结构物,其结构及质量分布,是从船舶的一端向另一端以比较不规则的方式变化的,是变截面的空心梁。因此,当船体受到干扰而振动时,情况较为复杂,船体周围的舷外水对船体振动也产生各种影响,这就使船体的振动更为复杂。

  为方便研究,通常将船体振动人为地分为总振动与局部振动两大类。总振动是指将船体视为一个整体的船舶总体振动,这时将船体视为一根两端自由的变截面空心梁;而船体局部振动是指组成船舶的各个局部结构构件或部件对整个船体所做的附加振动,如梁、板、板架、桅杆、螺旋桨、轴包架、轴支架等的振动。这两类振动往往是同时存在且相互关联的。如由主机的不平衡惯性力构成的扰动力,既能激起全船整体性的总振动,同时还会激起机舱板架及某些梁、板的局部振动。当船体总振动固有频率较板架等局部振动固有频率低很多,以及局部振动质量与总振动质量相比较微小时,这种分割是允许的,它不会产生很大的误差。

  船体振动与其他振动一样,按不同的受力情况,船体总振动与局部振动都有自由振动和强迫振动这两种不同性质的振动。如在水中航行或停泊的船舶,当受到一个较大的波浪冲击后,就能激起船体的自由振动,振动会由于阻尼存在而很快消失。在船舶航行中一直受到干扰力(如主机不平衡惯性力)作用而激起的振动为强迫振动。自由振动主要研究固有频率和固有振型,强迫振动则研究船体在各种激励作用下的响应。固有频率和固有振型的研究比较成熟,而且也是船体振动问题分析的依据,一般在设计阶段都需对此进行计算和分析。

3.2.1 船体振动

  船体振动所受到的力有激振力、弹性恢复力、惯性力和阻尼力。阻尼力的数值相对较小,对低频振动的主振动形式与频率影响不大,故可当作无阻尼振动考虑。高谐调时阻尼影响扩大,不能当作无阻尼振动考虑。特别在共振时,不论谐调高低,阻尼力有降低动力放大因数的作用,因而必须考虑在内。船体所受的激振力有周期性和非周期性两种。周期性激振力(如由主机或螺旋桨引起的激振力)能使船体产生周期性的振动,是我们讨论的主要内容;非周期性激振力也能使船体产生振动,但其振动性质不稳定,在本书中不做详细讨论。如船舶在不规则波浪中的振动,由于波浪外力的随机性质,因此其振动规律不能用简单的函数来表示,只能用概率和统计的方法来描述其数量规律。这种在任何未来时刻都不能精确判断振动物理量的瞬时值的非周期性的持续振动称为随机振动。但当波浪遭遇频率与船体的首谐垂向固有频率相等时,会出现由波浪对船体的非冲击性水动力作用而引起的全船稳态垂向两节点振动(高谐振动阻尼大、消失快),这种振动称为波激振动(也就是上面说的自由振动),又称为弹振。此外,浪击振动(又称击振)也是一种非周期性振动,它是船体受波浪冲击而出现的弯曲振动现象,由于阻尼的作用而逐渐消失。

由于船体总振动是将船体作为一根梁来考虑,因此梁的各种振动形式在船体总振动中都可能发生。故按其振动形态,将船体总振动分为以下 4 种形式:在船体的纵中剖面内的垂向弯曲振动,称为垂向振动;在船体的水线平面内的水平方向的弯曲振动,称为水平振动;船体横剖面绕纵向轴线扭转的振动,称为扭转振动;船体横剖面沿其纵向轴线做纵向拉 – 压的往复振动(在纵向轴线方向的伸缩运动),称为纵向振动。当船舶每个横剖面的重心(质心)与船体纵向构件横剖面的形心(弯曲中心)的连线是一条直线时,这 4 种形式的船体总振动才能各自单独出现。实际船舶并不能满足这一条件,但由于船舶左右对称,两者均在纵中剖面内。因质心与弯曲中心不在一点,从而使弯曲振动与纵向振动耦合;同样,由于弯曲中心与剪切中心不在一点,从而使弯曲振动与扭转振动耦合。考虑到船舶纵向振动较小,因此垂向振动与纵向振动可以认为是相互独立的。而水平振动与扭转振动之间,只要两者的固有频率相差一定数值,其耦合作用也很小,也可近似地认为是互相独立的。对实船来说,最主要的是垂向振动,其次是水平振动;对于大开口船及船宽/型深(B/D)大的内河船,则还必须考虑扭转振动,至于纵向振动则因等效刚度大,故振幅极小。

由于船体是一个弹性体,有无限多个自由度,不管振动的初始条件及激振力的性质如何,船体总振动都可分为无限个主振动的组合,有无限多个固有频率和固有振型。我们把船体总振动时振幅为零的横截面称为节点,各主振动的振型和节点如图 3 – 1 所示。由于船体自由漂浮在水面上,两端完全自由,因此对垂向和水平振动有第一谐调 2 节点、第二谐调 3 节点、第三谐调 4 节点……的主振动。对纵向振动和扭转振动则有第一谐调 1 节点、第二谐调 2 节点……的主振动。其相应的固有频率称为第一谐调固有频率(又称基频)、第二谐调固有频率……在这无穷多个固有频率和固有振型中,只有最初几阶才有实际意义。

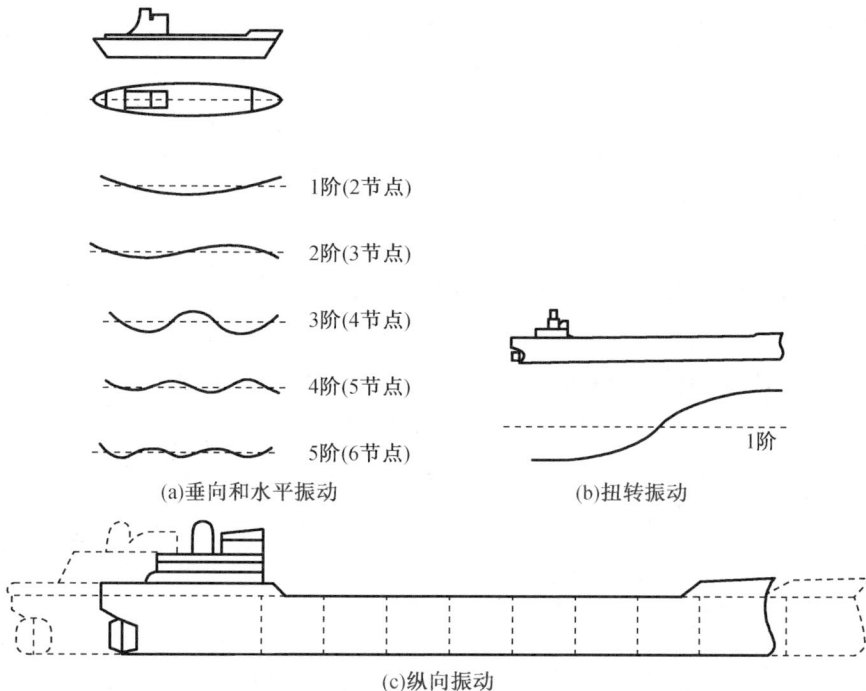

图 3 – 1 船体梁各主振动的振型和节点

　　船体的主振型可用函数或表格形式表示,它是具有正交性的函数。当各主振动函数已知时,则可把这种振动体系当作单自由度体系来研究,这种运动只取决于一个广义坐标。这样船体振动可当作无限个单自由度系统的振动的叠加来处理,其中每个单自由度系统均可用具有某一等效质量和等效刚度的简单体系来代替。

　　这些主振动在某些特定条件下可以相互独立地发生,并具有不同的振幅和相位。通常情况下,船体振动是这些主振动的叠加,不一定是周期振动,也可能没有任何固定的振动形式。但如果某一谐调的船体主振动相当大,它的振幅比其他主振动的振幅大得多,那么船体振动将近似地按该主振动所固有的频率和形式来振动。

　　主振型和主频率与初始条件和激振力大小无关,它是由船体本身的性质决定的,即是由船体刚度与船舶质量分布的情况决定的。

　　如果在船体上作用了周期性外力,则在任何时刻任意点上的总位移都是强迫振动和自由振动的合成。它既包括激振力的频率,又包括自由振动的频率。自由振动与运动的初始条件无关,并由于阻尼的作用而很快地衰减,最后只剩下频率等于激振力频率的强迫振动项。假如激振力是简谐激振力,那么船体的强迫振动是具有同样频率的简谐振动。

　　强迫振动的振幅不仅与激振力的幅值及系统的刚度有关,而且也与激振力的频率和系统的固有频率的比值有关。强迫振动的振型取决于这种频率关系及船体振动时的阻尼数值。

　　当船体所受的垂向激振力或激振力矩的频率与船体垂向振动某一主振动频率相等时,或者当船体受到的水平激振力或激振力矩的频率与船体水平振动或扭转振动的某一主振动频率相等时,船体将发生该谐调的"共振",故对船体而言,可出现一系列的共振现象。

　　当干扰力频率较首谐自由振动频率低很多时,振幅的大小与受干扰力的力幅所产生的静变形相同,可当作静力问题来处理。激振力的频率增加,动力放大系数也随之增大,振幅达到第一个高峰。激振力的频率继续提高,振幅迅速下降,达到较小的程度。随着干扰力频率的继续增加,振幅相继出现峰谷现象。

　　图 3 - 2 是某船受到振幅不变的垂向简谐激振力作用时,实测得到的幅频响应曲线。由图 3 - 2 可见,随激振频率增高,船体振动幅值升高,当激振力频率等于船体梁的某一谐调固有频率时,其幅值首次达到最大值,此时船舶强迫振动形状很接近船体梁的第一振型而发生首阶共振。当激振力频率继续增长时,通常船体的响应开始很快减小,以后又逐渐增大,直至当激振力频率等于第二阶固有频率时,振幅又达到第二个极值点,发生第二阶共振,依次有第三阶共振、第四阶共振等,相继出现了峰谷现象。从图中还可看出,第一谐调共振时,峰值最高而且曲线很陡,随着阶数的提高,共振时峰值越来越小,曲线也越来越平坦。这说明船体总振动的阻尼与振动频率有关,频率越高,阻尼越大。要避免船体发生共振,低阶共振时要设法将激振力频率与船体固有频率错开,高阶

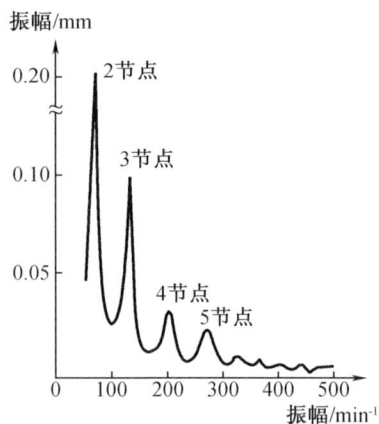

图 3 - 2　幅频响应曲线

共振时要设法减小激振力幅值。由于低阶共振幅值大,因此应特别注意避免低阶共振。

此外激振力可能同时激起各个谐调的固有振动。这时,各谐调的主振型按一定的比例互相叠加在一起,这与激振力的作用位置有关,若激振力作用在某主振动的节点作用在主振动的腹点,就不可能激起该谐调的振动。

由于主机和螺旋桨所产生的激振力与船体的质量和刚度相比较小,因此在非共振时,由主机和螺旋桨等产生的激振力引起的微幅总振动,即振动很小的总振动,一般不会产生很大的动弯曲应力。通常,在计算船体总纵弯曲应力时可不考虑由总振动引起的附加应力;但当发生共振,特别是低谐调共振时,其动弯曲应力可能很大(这时不能忽略不计),并可能造成船体结构的疲劳和损伤,这时必须考虑它的影响。当船体总振动振幅较大时,还能影响船上设备仪表的正常工作,并影响船员和旅客的舒适性。因为它是全船性的振动,影响面较广,所以会引起人们的重视。

3.2.2 船体梁振动固有频率的估算

①当主尺度和排水量已知时,船体梁垂向弯曲振动的 1 阶(2 节点)和 2 阶(3 节点)固有振动频率 f_{iv} 可按下式计算,即

$$f_{iv} = a_{iv}K_{iv}E_{iv}C_{vm}\frac{D}{L}\sqrt{\frac{B}{\Delta_v}} + b_{iv} \tag{3-1}$$

式中　i——船体梁垂向弯曲振动的节点数,2 节点振动取 $i=2$,3 节点振动取 $i=3$;

　　f_{iv}——节点数为 i 的船体梁垂向总振动的固有频率,Hz;

　　D——型深,由基线量至强力甲板的高度,对客货船则计算到上层甲板,m;

　　L——垂线间长,m,公式适用范围为 $L \leqslant 230$ m;

　　B——型宽,m;

　　a_{iv}、b_{iv}——由船的类型和节点数确定的无因次系数;

　　K_{iv}——船体横剖面对中和轴的惯性矩沿船长分布形式的变化,对固有频率影响的无因次修正系数;

　　E_{iv}——船体桥楼对固有振动频率影响的无因次修正系数;

　　Δ_v——包括附连水质量在内的船舶总质量,t;

　　C_{vm}——船体的钢材类型对船体振动影响的系数。

以上各有关系数的确定如下:

a. a_{iv}、b_{iv} 系数由表 3-1 确定。

表 3-1　a_{iv}、b_{iv} 系数

节点数	系数	油船	干货船	散货船	矿砂船	客货船
$i=2$	a_{iv}	0.447×10^3	0.437×10^3	0.383×10^3	0.515×10^3	0.335×10^3
	b_{iv}	0.371	0.327	0.408	0.263	0.580
$i=3$	a_{iv}	1.290×10^3	0.690×10^3	0.775×10^3	1.121×10^3	0.710×10^3
	b_{iv}	0.238	1.208	0.782	0.442	0.842

b. K_{iv}:2 节点振动

$$K_{2v} = 0.90 + 0.10C_b$$

3 节点振动

$$K_{3v} = 0.85 + 0.15C_b$$

式中,C_b 为方形系数。

c. E_{iv}:2 节点振动

$$E_{2v} = \frac{D_e}{D}$$

式中,D_e 为相当型深,m;按下式计算,即

$$D_e = \sqrt{D^2(1-x_1) + 0.85kD_1^2(x_1-x_2) + 0.67kD_2^2(x_2-x_3) + 0.54kD_3^2 x_3} \quad (3-2)$$

式中　D_1、D_2、D_3——由船底至该层桥楼顶部的对应高度,m;

　　　　k——不同种类桥楼系数,当桥楼为上层建筑时 $k=1.00$,当桥楼为甲板室时 $k=0.95$;

　　　　x_1、x_2、x_3——$x_1 = \dfrac{L_1}{L}$,$x_2 = \dfrac{L_2}{L}$,$x_3 = \dfrac{L_3}{L}$(L_1、L_2、L_3 为各层桥楼长度,单位为 m,如图 3-3 所示)。

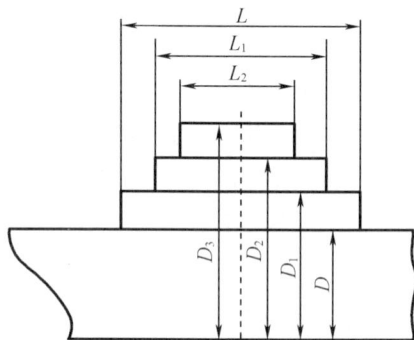

图 3-3 型深和桥楼尺寸示意图

3 节点振动

$$E_{3v} = 1.0$$

d. Δ_v:

$$\Delta_v = \Delta(1+\tau) \quad (3-3)$$

式中　Δ——船舶排水量,t;

　　　　τ——附连水系数,按下式确定,即

$$\tau = \left(0.2 + \frac{B}{3d}\right)(C_b^2 + 0.15) \quad (3-4)$$

式中　d——平均吃水,m;

　　　　B——船宽,m;

　　　　C_b——方形系数。

e. C_{vm}:

船体采用普通钢材时，$C_{vm} = 1.0$。

当船中部区域内的主要船体结构采用高强度钢时，C_{vm} 应按式（3-5）和式（3-6）计算，取其大值：

$$C_{vm} = \sqrt{K_m} \qquad (3-5)$$

$$C_{vm} = 0.243\sqrt{\frac{L}{D}} \qquad (3-6)$$

当船中部区域内的甲板采用高强度钢时，C_{vm} 应按式（3-7）和式（3-8）计算，取其大值：

$$C_{vm} = \sqrt{\frac{(1+K_m)}{2}} \qquad (3-7)$$

$$C_{vm} = \sqrt{\frac{0.059\dfrac{L}{D}}{2 - 0.059\dfrac{L}{D}}} \qquad (3-8)$$

材料修正系数 K_m 为

$$K_m = 24\frac{f_a}{R_{eH}}$$

式中　R_{eH}——高强度钢的标定最小上屈服点，kg/mm^2；

　　　f_a——系数，当 $R_{eH} = 313.0$ MPa 时，$f_a = 1.056$；当 $R_{eH} = 325.8$ MPa 时，$f_a = 1.092$。

②当船体中剖面惯性矩已知时，船体梁垂向弯曲振动的 2 节点和 3 节点固有频率 f_{iv} 可按下式计算，即

$$f_{iv} = A_{iv}K_i E_{iv}\sqrt{\frac{I_{ov}}{\Delta_v L^3}} + B_{iv} \qquad (3-9)$$

式中　I_{ov}——船体中剖面对水平轴的惯性矩，m^4；

　　　A_{iv}、B_{iv}——由船舶类型和节点数所确定的系数，可由表 3-2 查得。

表 3-2　A_{iv}、B_{iv} 系数

节点数	系数	油船	干货船	散货船	矿砂船	客货船
$i = 2$	A_{iv}	0.530×10^5	0.423×10^5	0.340×10^5	0.432×10^5	0.357×10^5
	B_{iv}	0.162	0.337	0.455	0.337	0.537
$i = 3$	A_{iv}	1.247×10^5	0.562×10^5	0.738×10^5	1.028×10^5	0.753×10^5
	B_{iv}	0.100	1.283	0.772	0.451	0.762

③公式误差及适用范围：上述给出的公式，是根据 100 余艘不同类型船舶的资料归纳出来的，适用于船长小于 230 m 的油船、干货船、散货船、矿砂船和客货船，一般情况下误差不大于 7%。

④高阶振动：

对于 3 阶以上的船体梁垂向弯曲振动固有频率 f_{iv} 可按下式计算，即

$$f_{iv} = a_{iv} f_{2v}$$ (3-10)

式中 a_{iv}——由节点数确定的系数,可由表 3-3 查得;

  i——节点数,$i \geqslant 4$;

  f_{2v}——1 阶固有频率,Hz。

表 3-3 a_{iv} 系数

节点数	油船	矿砂船和散货船	货船
$i = 4$	3.07	3.00	2.53
$i = 5$	4.11	4.00	3.23
$i = 6$	5.16	5.00	3.90
$i = 7$	6.22	6.00	4.55
$i = 8$	7.28	7.00	5.18

在高阶振动时,质量和刚度的分布以及剪切的影响增加,用式(3-10)来推算固有频率时精度会下降。因此,如缺乏类似船舶的经验数据,而用式(3-10)来估算高阶船体梁弯曲振动的固有频率时,应当谨慎。

3.2.3 船体振动形态及分类

上述讨论都是将船体视作船体梁来对待的,实际上,当振动阶数上升,振动频率较高时,船体总振动会与梁的性质产生越来越大的差异,即使是自由振动的固有频率和固有振型分析,也需要考虑到这种变化。因而近年来,又提出了关于船体总振动形态和性质的新的划分方法。这种方法是将振动按其形态划分为以下三类:

①似梁振动,即船体总振动形态类似于简单的非棱柱形自由梁(船体梁)的振动;

②微弱的非梁振动,即船体总振动形态基本类似于船体梁的振动,但由于双层底船侧板和甲板的参与振动而使形态稍有畸变;

③复杂结构振动形态。

由于船长远大于船体的横剖面尺寸,一般当船体做低阶振动时,船体可以作为船体梁来处理。船体梁总振动固有频率的计算是船体总振动计算的最基本内容。

船体除总振动外,还伴随着各种局部振动。振动按其振动形态可分为以下四类。

①垂向振动,平行于垂向轴的直线振动;

②横向振动,平行于左右方向的水平振动,又常称为水平振动;

③纵向振动,平行于船舶方向的水平振动;

④扭转振动,横剖线绕纵向轴线扭转的振动。

对实船,最主要的是垂向振动,而轴系、桅杆、大功率推(拖)船的驾驶甲板室及上层建筑内的某些刚度很小的横围壁等局部结构还可能产生纵向振动。

局部结构的范围可能很小,也可能很大,如一根梁、一块隔板……到整个机舱或整个上层建筑。故在研究船体局部振动时,首先要确定这部分结构的范围和它的边界条件,然后再考虑它与总振动的耦合作用。一般来说,对质量相对较小的局部结构其振动频率相对较高,则可不考虑与总振动的耦合作用,分开计算;反之,如上层建筑及舰机船的舰立体分段,则应考虑与总振动的耦合作用。

3.3 上层建筑振动

上层建筑振动是指上层建筑整体的纵向振动和上层建筑局部构件的振动。上层建筑纵向振动的振动位移由下列位移组成(图3-4):上层建筑剪切位移、上层建筑下面的主船体为弹性支座引起的位移、船体垂向振动引起的位移、船体纵向振动引起的位移。

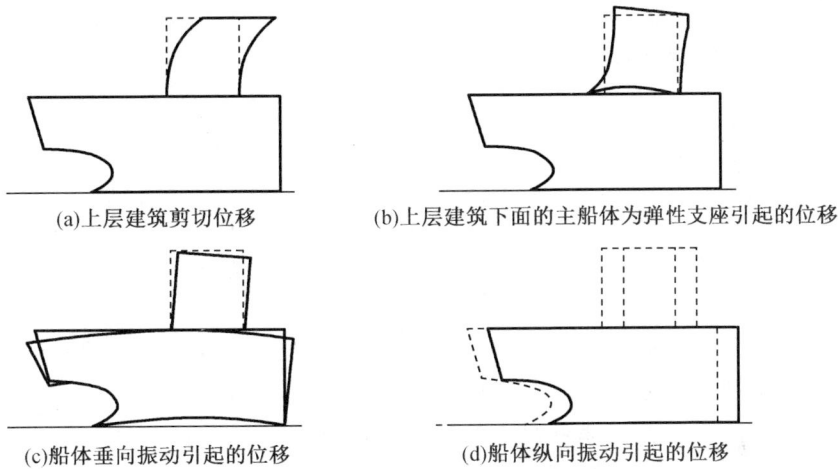

(a)上层建筑剪切位移   (b)上层建筑下面的主船体为弹性支座引起的位移

(c)船体垂向振动引起的位移   (d)船体纵向振动引起的位移

图3-4 上层建筑纵向振动的振动位移

3.3.1 激励与传递

引起上层建筑纵向振动的主要激励力有:

①由螺旋桨产生的脉动压力,通过船体结构传递到上层建筑,其主要谐次为桨叶数。

②由螺旋桨产生的交变推力或轴系纵向振动与扭转振动的二次激励力引起的机架纵向振动,通过双层底传递到上层建筑,其主要谐次为桨叶数或气缸数。

③由轴系校中不良产生的激励力,通过船体结构传递到上层建筑,其激励谐次为1次。

④由柴油机产生的作用在曲轴上的径向力,引起轴系的纵向振动,通过推力轴承和主船体传递到上层建筑。二冲程柴油机曲轴径向力的主要谐次,见表3-4。如已安装轴系纵向振动减振器,则可不必考虑轴系纵向振动的影响。

表3-4 曲轴径向力的主要谐次

缸数	5	6	7	8	9	10	12
主要简谐次数	5	9,6	7	8,5	6,5,9	6,5,10	6,5

⑤由柴油机产生的作用在曲轴上的切向力,引起曲轴扭转振动,从而引起轴系纵向振动,通过推力轴承和主船体传递到上层建筑,其激励的主要谐次,对二冲程柴油机为气缸数,对四冲程柴油机为气缸数或 1/2 气缸数。

3.3.2 上层建筑整体振动固有频率的简化计算

1. 上层建筑整体纵向振动固有频率简化计算模型

如上所述,上层建筑纵向振动主要是由两部分组成的,一部分是上层建筑本身的剪切振动;另一部分是上层建筑下部主船体弹性支承所引起的振动,它可以用前围壁与主甲板交界线为旋转轴的回转振动来描述,如图 3 - 5 所示。

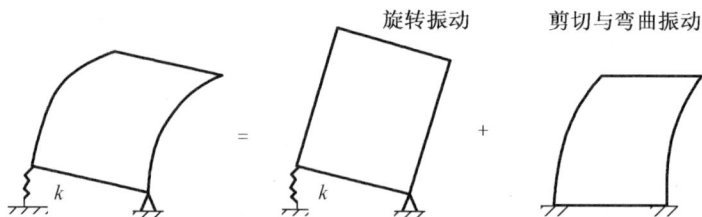

图 3 - 5　上层建筑纵向振动简化计算模型

2. 上层建筑结构形式的分类

在上层建筑整体振动简化计算中,将上层建筑分为如下几种类型:

A 型——主甲板以上上层建筑和烟囱根部完全分离(图 3 - 6(a));

A_1 型——主甲板以上上层建筑和烟囱根部完全分离,但上层甲板室和烟囱有连接件(图 3 - 6(b));

B 型——2 层长甲板室以上有 3 层或 4 层甲板室和烟囱并列独立布置(图 3 - 6(c));

C 型——1 层长甲板室以上有 4 层或 5 层甲板室和烟囱并列独立布置(图 3 - 6(d));

D 型——上层建筑与烟囱在上甲板之上或长甲板室之上成为一个整体(图 3 - 6(e))。

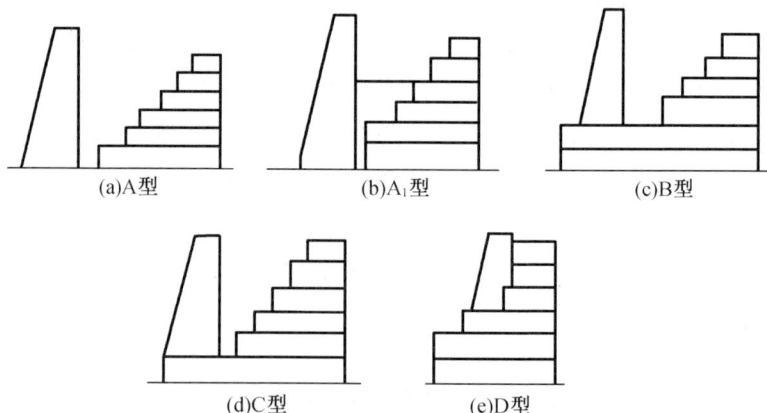

(a)A型　　(b)A_1型　　(c)B型

(d)C型　　(e)D型

图 3 - 6　上层建筑结构形式的分类

(3)上层建筑纵向振动固有频率计算

上层建筑纵向振动固有频率 f_e 按下式计算,即

$$f_c = 1.07K_1 \frac{f_s}{\sqrt{1 + \left(\dfrac{f_s}{f_r}\right)}} + K_2 \qquad (3-11)$$

式中　f_c——上层建筑纵向振动固有频率,Hz;

　　　f_s——上层建筑仅做剪切振动时的固有频率,Hz;

　　　f_r——上层建筑回转振动固有频率,Hz;

　　　K_1、K_2——上层建筑类型的修正系数,见表3-5。

表3-5　K_1、K_2系数

结构形式	K_1	K_2
A 型	0.9	2.5
A_1型	0.72	4.92
B 型、C 型、D 型	1.0	0.0

上层建筑仅做剪切振动时的固有频率f_s按式(3-12)计算:

$$f_s = 165.5K_3 \frac{n}{h}\sqrt{\frac{K_s \sum l_i \psi_i}{\sum l_i b_i \varphi_i}} \qquad (3-12)$$

式中　n——主甲板以上的上层建筑的总层数;

　　　h——上层建筑总高度,m;

　　　i——甲板室自下而上的层数,取$i=1,2,\cdots,n$;

　　　l_i——第i层上层建筑的长度,m;

　　　K_s——上层建筑纵壁(包括围壁和内部连续纵舱壁)修正系数,$K_s = Z/4$(Z为纵壁数);

　　　b_i——第i层上层建筑的宽度,m;

　　　ψ_i——第i层甲板室剪切刚度有效系数,$\psi_i = 30(\sqrt[3]{7} - \sqrt[3]{i}) + 1$;$i>7$时,$\psi_i = 1.0$;

　　　φ_i——各层甲板室质量有效系数,$\varphi_i = 3i(i-1) + 1$;

　　　K_3——层数修正系数,见表3-6。

表3-6　层数修正系数

类型	层数	K_3
A 型、A_1型	—	1.0
B 型、C 型、D 型	5	0.93
	6	1.0
	7	1.08

3.3.3 船体－艉部－上层建筑耦合振动有限元计算

上层建筑作为一个整体,位于主甲板上,主甲板及其下方的船体结构构成上层建筑的弹性基础。上层建筑振动包括上层建筑结构整体振动和局部振动。前者是指上层建筑结构整体纵向振动、横向振动和扭转振动;后者是指上层建筑内各层甲板结构、围壁结构振动。

现代船舶通常将机舱和上层建筑布置在艉部,这样使得上层建筑更接近螺旋桨和主机两个船上主要振源,导致上层建筑经常处于较大的激励作用之下;另外,为了改善驾驶视线和减少船员人数,通常将上层建筑设计得很高,沿船长方向很短;同时为减小上层建筑内的噪声污染,常将上层建筑与机舱棚和烟囱分开,这样使得上层建筑本身整体的纵向刚度降低。

此外,近年来,为降低上层建筑内居住舱室噪声以及减小上层建筑整体质量和质心高度,常将上层建筑内的固定钢质围壁采用内有岩棉的铁皮轻质活动舱壁,导致上层建筑内各层甲板结构跨度增大,固有频率降低,易与螺旋桨叶频和主机机架纵向激励频率相遇,产生共振并造成有害振动。

1. 船体－艉部－上层建筑耦合振动有限元模型

上层建筑整体振动取决于上层建筑的弯曲刚度、剪切刚度和扭转刚度,以及主船体对上层建筑的支承程度。

为考虑船体—艉部—上层建筑之间的相互影响,一般可采用下述几种有限元模型:

①包括整个船体、艉部在内的上层建筑三维有限元模型(图3-7)。该模型考虑了主船体对上层建筑为弹性支承,但未考虑上层建筑整体振动与主船体高阶振动模态之间的耦合影响。

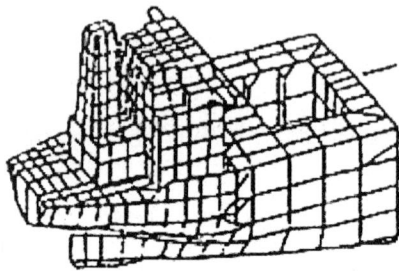

图3-7 上层建筑三维有限元模型

②艉部、机舱和上层建筑三维有限元模型(图3-8)其余船体为船体梁有限元模型。该模型在图3-7模型的基础上,将艉部、机舱前方船体视为船体梁;三维模型与一维模型的连接处设在主船体的横舱壁处,在该处采用刚性连接单元以保证艉部、上层建筑与主船体连接处剖面转角与位移的一致性。

③全船三维有限元模型。该模型能同时反映主船体对于上层建筑的弹性支承以及相互之间的耦合影响,模型最为合理,但是模型比较复杂,数据工作量较大,可按实际需要选用。

图 3 – 8   艉部、机舱和上层建筑三维有限元模型

2.计算算例

艉部 – 上层建筑耦合振动三维模型如图 3 – 9 所示。压载工况时,艉部 – 上层建筑耦合振动固有频率和共振转速见表 3 – 7,固有振型如图 3 – 10 所示。

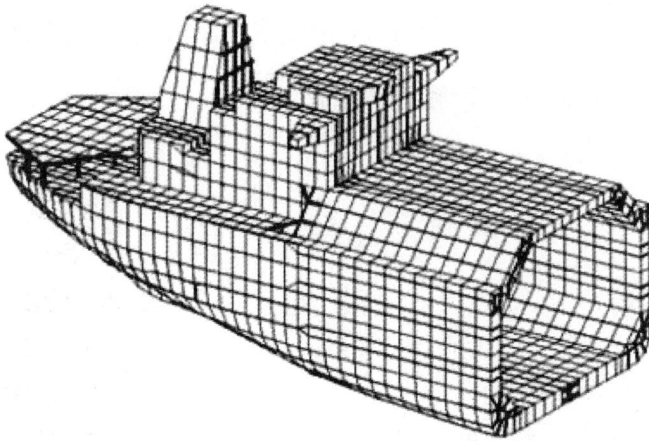

图 3 – 9   艉部 – 上层建筑耦合振动三维模型

表 3 – 7   艉部 – 上层建筑耦合振动固有频率和共振转速

固有频率/Hz	固有频率/min^{-1}	共振转速 $n/(\mathrm{r} \cdot \mathrm{min}^{-1})$	
		1 次激励力	叶片次激励力(4 次)
5.411 4	325	325	81

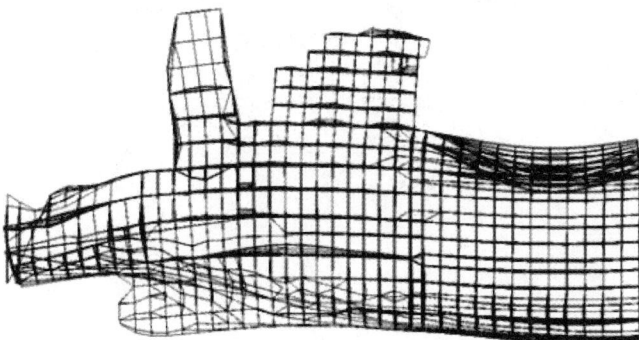

图 3.10   艉部 – 上层建筑耦合振动固有振型(f = 5.411 4 Hz)

主机额定转速为 83 r/min,螺旋桨为 4 叶。因此,应采取措施,以避开 81 r/min 时产生 4 阶 1 倍叶片次(4 次)共振。

3.4 船体局部振动

船上的振动问题大部分是局部结构的振动问题。这里的局部结构指的是梁、板、板架、轴包架、轴支架、螺旋桨叶片、桅杆、平台等。控制局部结构的振动,应使局部结构的固有频率与激励频率不相重合并保持一定的储备。

船体梁总振动与上层建筑振动也会反映在板架局部振动中。

产生局部结构振动的激励源可包括引起船体梁振动和上层建筑振动的有关激励源。

因此,如产生局部结构振动,应查找和分析产生的原因,是结构本身产生的结构振动,还是船体梁总振动或上层建筑振动引起的结构振动,以便有效控制结构振动问题。

3.4.1 梁的振动固有频率

1. 均匀直梁的横向振动固有频率 f_m

$$f_m = \frac{\lambda_m^2}{2\pi l^2}\sqrt{\frac{EIg}{\rho A}} \qquad (3-13)$$

式中 l——梁长,cm;

      E——材料弹性模量,kg/cm^2;

      I——剖面惯性矩,cm^4;

      ρ——材料密度,kg/cm^3;

      A——截面积,cm^2;

      g——$g = 981$ cm/s^2;

      λ_m——特征值,前 3 阶的数值由表 3-8 确定。

表 3-8 λ_m 特征值

边界条件	振型	阶数	λ_m值
刚固-刚固		1	4.73
		2	7.853
		3	10.996
刚固-简支		1	3.927
		2	7.069
		3	10.21

表 3-8(续)

边界条件	振型	阶数	λ_m值
刚固-自由		1	1.875
		2	4.694
		3	7.855
简支-简支		1	π
		2	2π
		3	3π
自由-自由		1	4.73
		2	7.853
		3	10.996

2. 均匀直梁的纵向振动固有频率 f_m

$$f_m = \frac{\lambda_m}{2\pi l}\sqrt{\frac{Eg}{\rho}} \qquad (3-14)$$

式中　l——梁长,cm;

E——材料弹性模量,kg/cm^2;

ρ——材料密度,kg/cm^3;

g——$g = 981\ cm/s^2$;

λ_m——特征值,前3阶的数值由表3-9确定。

表 3-9　λ_m 特征值

边界条件	振型	阶数	λ_m值
刚固-刚固		1	π
		2	2π
		3	3π
刚固-自由		1	$\pi/2$
		2	$3\pi/2$
		3	$5\pi/2$
自由-自由		1	π
		2	2π
		3	3π

3. 均匀圆形或环形横截面直梁的扭转振动固有频率 f_m

$$f_m = \frac{\lambda_m}{2\pi l}\sqrt{\frac{Gg}{\rho}} \qquad (3-15)$$

式中 G——材料的剪切弹性模量；

其他同上。

3.4.2 板的振动固有频率

一般来说,船上的板在外载荷作用下变形较小,均可按绝对刚性板来处理。

1. 空气中矩形板的振动固有频率

①四边铰支支持矩形板的振动固有频率 f_{mn} 为

$$f_{mn} = \frac{\pi}{2}\left(\frac{m^2}{a^2} + \frac{n^2}{b^2}\right)\sqrt{\frac{Dg}{\rho t}} \tag{3-16}$$

式中 a——长边；

b——短边；

D——板的弯曲刚度, $D = \dfrac{Et^3}{12(1-\mu^2)}$ ；

E——板材料弹性模量, kg/cm^2 ；

t——板厚度, cm ；

μ——材料泊松比；

g—— $g = 981\ cm/s^2$ ；

ρ——材料密度, kg/cm^3 ；

m、n ——分别为沿边长 a、b 的半波数目。

对于矩形板来说,仅四边铰支的矩形板能求得精确的固有频率。

②四边刚性固定矩形板的振动固有频率 f 为

$$f = \frac{2\pi}{3}\sqrt{\frac{Dg}{\rho t}\left(\frac{3}{a^4} + \frac{2}{a^2 b^4} + \frac{3}{b^4}\right)} \tag{3-17}$$

③一对边(a边)刚性固定,另一对边(b边)铰支矩形板的振动固有频率 f 为

$$f = \frac{2}{\sqrt{3}}\pi\sqrt{\frac{Dg}{\rho t}\left(\frac{3}{16a^4} + \frac{1}{2a^2 b^2}\right)} \tag{3-18}$$

④一边(a边)刚性固定,其余三边完全铰支矩形板的振动固有频率 f 为

$$f = \frac{3.516}{2\pi b^2}\sqrt{\frac{Dg}{\rho t}} \tag{3-19}$$

⑤一对边(a边)刚性固定,另一对边(b边)完全铰支矩形板的振动固有频率 f 为

$$f = \frac{7.074}{2\pi^2}\sqrt{\frac{Dg}{\rho t}} \tag{3-20}$$

⑥四边完全铰支矩形板的振动固有频率 f 为

$$f = \frac{7}{\pi a^2}\sqrt{\frac{Dg}{\rho t}} \tag{3-21}$$

2. 水中矩形板的振动固有频率

板单面接触水时：

$$f_w = \frac{f_a}{\sqrt{1 + \mu\left(\frac{b}{a}\right)\frac{b}{7.85t}}} \qquad (3-22)$$

板双面接触水时：

$$f_w = \frac{f_a}{\sqrt{1 + 2\mu\left(\frac{b}{a}\right)\frac{b}{7.85t}}} \qquad (3-23)$$

3.4.3 板格的振动固有频率

1. 空气中板格的振动固有频率

板格的振动固有频率是按带附连翼板的纵骨处理，附连翼板宽度为 1/6 纵骨跨距，但不大于纵骨间距 b。

两端铰支板格的固有频率 f_a 为

$$f_a = 7.92 \times 10^5 \frac{\sqrt{\frac{I}{S}}}{L^2} \qquad (3-24)$$

两端刚性固定板格的固有频率 f_a 为

$$f_a = 1.8 \times 10^6 \frac{\sqrt{\frac{I}{S}}}{L^2} \qquad (3-25)$$

一端铰支，另一端刚性固定板格的固有频率 f_a 为

$$f_a = 1.3 \times 10^6 \frac{\sqrt{\frac{I}{S}}}{L^2} \qquad (3-26)$$

2. 水中板格的振动固有频率

板格在空气中的振动固有频率为 f_a，在水中的振动固有频率为 f_w，则

板格单面接触水时：

$$f_w = \frac{f_a}{\sqrt{1 + \mu\left(\frac{B}{L}\right)\frac{B}{7.85t_m}}} \qquad (3-27)$$

板格双面接触水时：

$$f_w = \frac{f_a}{\sqrt{1 + 2\mu\left(\frac{B}{L}\right)\frac{B}{7.85t_m}}} \qquad (3-28)$$

式中　B——板格宽度，cm；

　　　t_m——包括纵骨在内的板格相当厚度，cm；

　　　L——板格长度，cm；

　　　$\mu\left(\frac{B}{L}\right)$——取决于板格边长比以及边界固定的无因次系数，由图 3-11 确定。

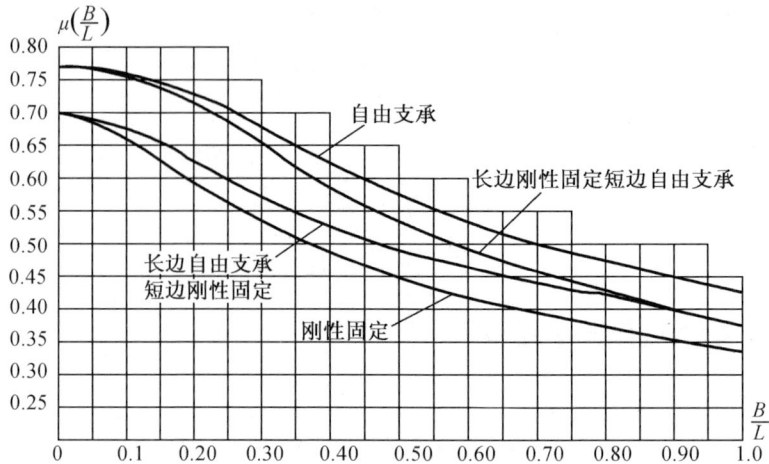

图 3-11 $\mu\left(\dfrac{B}{L}\right)$ 系数

3.4.4 板架的振动固有频率

一般情况下可利用相当法计算任意板架的振动固有频率。板架与其他弹性结构一样,其自由振动可以视为无限多个主振动之和,而每个主振动对应一个固有频率和一个固有振型,因此每个主振动可以化为单自由度系统的振动。对应于第 i 个主振型的板架固有频率 f_i 为

$$f_i = \frac{1}{2\pi}\sqrt{\frac{K_e}{M_e}} \tag{3-29}$$

式中 K_e——对应于第 i 个主振动的板架相当刚度,kg/cm;

M_e——对应于第 i 个主振动的板架相当质量,kg·s²/cm。

3.4.5 局部结构固有特性的有限元计算

船舶局部结构振动分析方法有解析法、经验公式估算法和有限元法。复杂船舶局部结构难以得到解析解;经验公式估算法因模型表达能力以及计算精度的限制,其应用也只能局限于均匀加载的平面简单板架等。

船上的局部结构,如梁、板、板架、轴包架、轴支架等不是一个孤立的结构,而是与其他结构相连接的,它们的边界条件严格地讲是弹性固定边界条件,因此上述计算所得的固有频率是相当近似的,为计及相邻构件的影响,建议采用有限元法将相邻构件也计入有限元模型之内进行计算,再分离出指定结构的振动固有频率。

对于附连水的影响,可以用简化公式计算出附连水后,再均匀分布在与水接触的表面上。对于与水接触的结构,也可用流固耦合的方法来计算振动固有频率。

对螺旋桨上方区域大型处所或大平台,应采用有限元方法计算多阶固有频率。

如直升机平台位于船尾,前端与主甲板相连,平台下方设置若干支柱支承。直升机平台局部板架按照实际情况采用板梁组合真实模拟,其有限元模型如图 3-12 所示,在上述支柱以及舷侧支承处约束 z 方向自由度,在前端舱壁连接处约束 x、y、z、θ_x、θ_z 方向自由度。

某液货船直升机平台振动固有频率和共振转速见表 3 - 10,固有振动振型如图 3 - 13 至图 3 - 16 所示。

表 3 - 10　平台振动固有频率和共振转速

阶数	振动固有频率/Hz	螺旋桨激励力产生共振转速 $n/(\text{r} \cdot \text{min}^{-1})$				振型
		1 倍叶片次	2 倍叶片次	3 倍叶片次	4 倍叶片次	
1	10.832	163	81	54	41	图 3 - 13
2	19.014	286	143	95	71	图 3 - 14
3	19.823	297	189	99	74	图 3 - 15
4	21.081	316	158	105	79	图 3 - 16

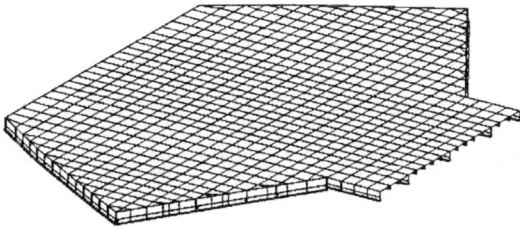

图 3 - 12　直升机平台有限元模型

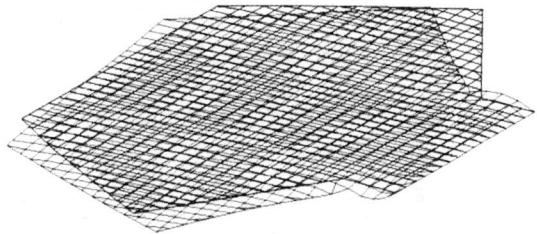

图 3 - 13　直升机平台 1 阶振型($f = 10.832$ Hz)

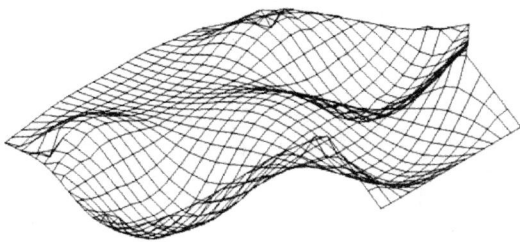

图 3 - 14　直升机平台 2 阶振型($f = 19.014$ Hz)

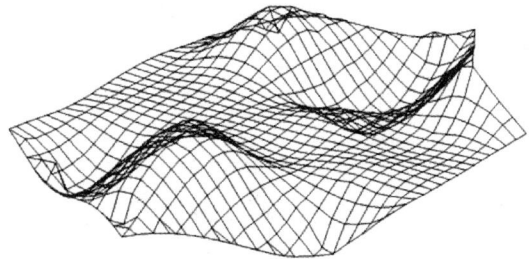

图 3 - 15　直升机平台 3 阶振型($f = 19.823$ Hz)

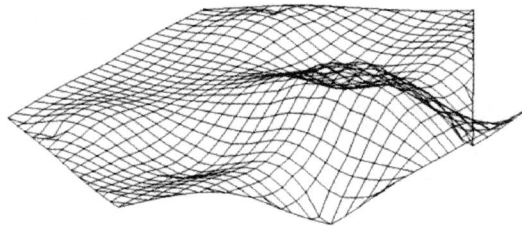

图 3 - 16　直升机平台 4 阶振型($f = 21.081$ Hz)

主机额定转速为 83 r/min,螺旋桨为 4 叶。由表 3 - 10 可知,在 81 r/min 时产生 1 阶 2

倍叶片次(8次)共振,在79 r/min时产生4阶4倍叶片次(16次)共振。因此,应采取措施予以避开。

3.5 典型船舶上层建筑振动案例分析

以一艘集装箱船上层建筑的整体振动为例进行分析。在该船首航期间,当其主机转速达到约90 r/min时,其罗经甲板、驾驶甲板的翼桥处和船长室出现了明显的振动现象。由于该现象可能会超越船员和乘客对振动的敏感度,使上层建筑部分结构存在被损坏的风险,因此为减小该船的结构振动响应,采用有限元法对上层建筑整体进行振动模态和固有频率分析,通过对比激励源频率,找出引起上层建筑振动的主要原因,并采用振动控制法提出上层建筑整体振动控制方案。

3.5.1 船舶主要参数

目标船为2500 TEU集装箱船,船长176 m,型宽32 m,型深16 m,其他主要参数见表3－11。该船采用艉机舱、艉桥楼的布置形式(图3－17),上层建筑靠近艉部,整体长度为10.2 m,垂向高度为22.8 m,具有纵向短、垂向高的特点,能较大程度地降低上层建筑的纵向刚度,使上层建筑易在螺旋桨和主机的激励作用下产生有害振动。

表3－11 2500 TEU集装箱船主要参数

参数	数值
满载吃水/m	10.70
压载吃水/m	5.64
主机功率/kW	6 050(额定)/4 961(常用)
螺旋桨叶片数/片	4
航速/kn	14
满载排水量/t	51 115.8
主机转速/(r·min^{-1})	99(额定)/90(常用)
螺旋桨直径/m	6.1

3.5.2 主机和螺旋桨激励参数

该船的主要激励设备为主机和螺旋桨。其中,主机为5缸柴油机,根据制造商提供的资料,其较大激励为2次不平衡力矩,具体激励频率和激励力见表3－12;螺旋桨的激励频率和脉动压力值见表3－13。

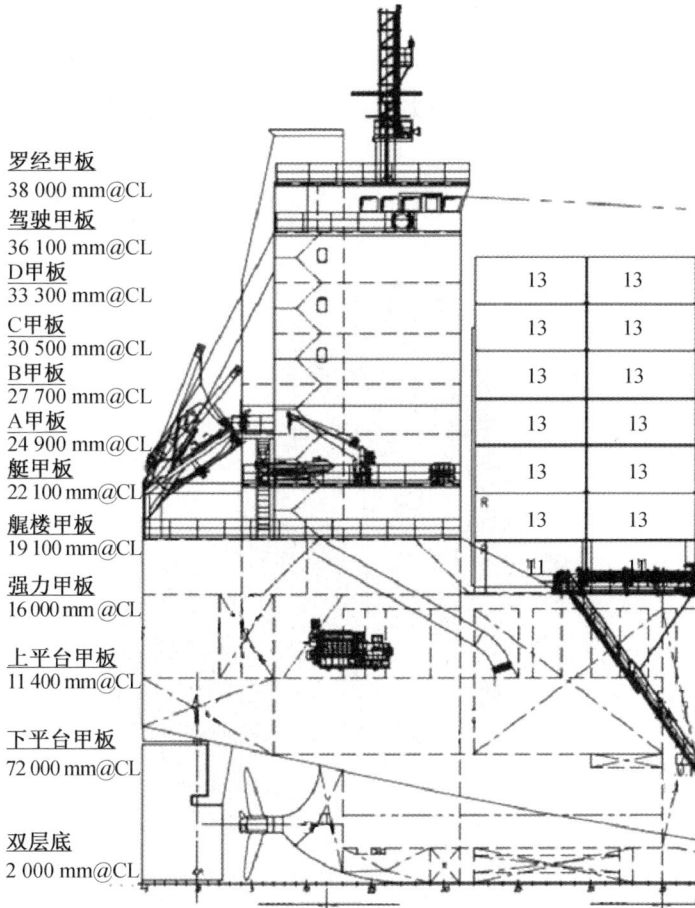

图 3-17 目标船总布置图(艉部)

表 3-12 主机的激励频率和激励力

主机转速/(r·min⁻¹)		频率/Hz	2阶不平衡力矩/(kN·m)
额定	99	3.3	1 060.0
常用	90	3.0	867.0

表 3-13 螺旋桨的激励频率和脉动压力值

阶数	主机转速/(r·min⁻¹)		频率/Hz	满载工况/kPa	压载工况/kPa
叶频	额定	99	6.6	3.52	4.12
	常用	90	6.0	2.64	3.09
倍叶频	额定	99	13.2	2.92	3.21
	常用	90	12.0	2.19	2.41

3.5.3　有限元模型及计算

该船的上层建筑位于艉部的主甲板上,艉部主甲板及其下方的船体结构对上层建筑起支承作用,为较好地考虑上层建筑与主船体之间的耦合影响,以及附连水和装载情况的影响,应将主船体机舱在内的艉部结构纳入上层建筑振动分析有限元模型中。采用 MSC/Patran 软件的前处理模块建立上层建筑振动分析有限元模型(图 3 – 18)。

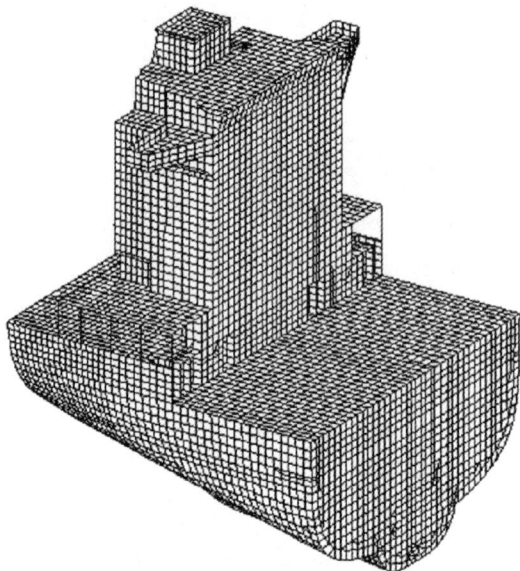

图 3 – 18　上层建筑有限元模型

在计算上层建筑的振动固有频率时,选取满载离港和压载到港两种装载工况,计算结果见表 3 – 14,其他装载工况的振动频率介于上述两种工况之间。图 3 – 19 为满载吃水工况下的一阶纵向振型和横向振型。从表 3 – 14 中可看出,当主机在常用转速下运转时,上层建筑在满载工况下的纵向振动频率与螺旋桨叶频较为接近,纵向最低储备频率仅 10.3%,易引起共振,即可能会造成上层建筑整体的剧烈振动。此外,根据该船营运时的上层建筑振动反馈情况,该船的罗经甲板、翼桥和船长室均有明显的振动现象。

表 3 – 14　上层建筑整体固有频率计算结果

航行工况	纵向频率/Hz	频率储备/%(常用转速)		横向频率/Hz	频率储备/%(常用转速)	
		叶频	倍叶频		叶频	倍叶频
满载	6.62	10.3	44.8	8.94	49.0	25.5
压载	7.33	22.2	38.9	9.96	66.0	17.0

为进一步确定该船营运时上层建筑的振动现象和出现原因,对上层建筑有限元振动计算模型选取 4 个受迫振动预报计算点(图 3 – 20),计算该船主机转速范围为 40 ~ 99 r/min 时的上层建筑振动响应。表 3 – 15 为振动响应计算结果最大值。

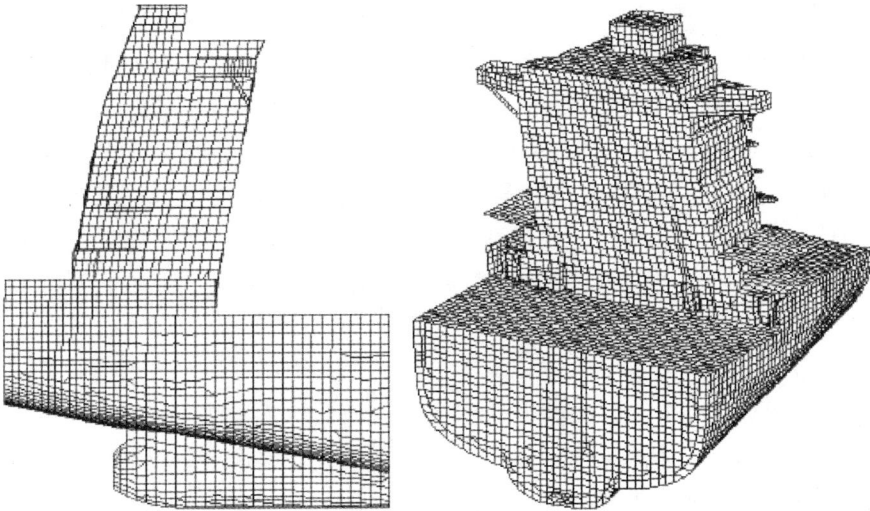

图 3-19　满载吃水工况下的一阶纵向振型和横向振型

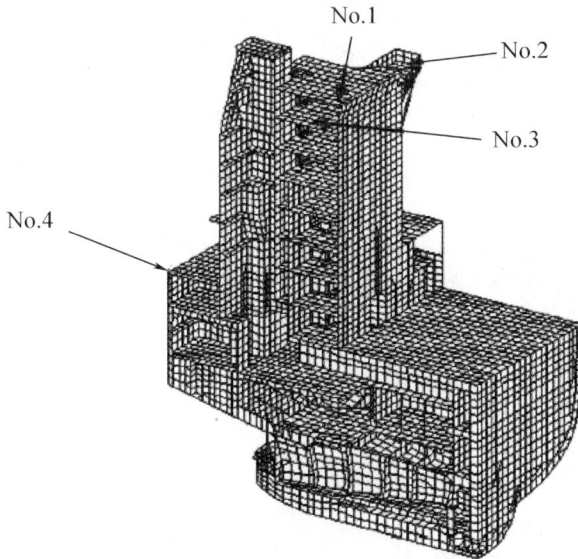

图 3-20　受迫振动预报计算点

表 3-15　振动响应计算结果最大值 1

结构位置	方向	满载工况		压载工况	
		主机转速 /(r·min⁻¹)	振动响应 /(mm·s⁻¹)	主机转速 /(r·min⁻¹)	振动响应 /(mm·s⁻¹)
No.1 罗经甲板(驾驶室顶部)	纵向	86.5	8.32	98	6.71
No.2 翼桥	纵向	86.5	7.15	98	6.02
No.3 船长室	纵向	86.5	7.25	98	5.90
No.4 艉部(缆索舱顶部)	垂向	86.5	4.66	98	6.47

参考《船上振动控制指南》(以下简称《指南》)的要求,不属于工作处所且不存在人员长期滞留现象的处所最大振动响应峰值控制在30 mm/s以内,工作处所最大振动响应峰值控制在8 mm/s以内,船员处所最大振动响应峰值控制在6 mm/s以内。从表3-15可看出,当主机转速达到86.5 r/min时:属于工作处所的驾驶室顶部的罗经甲板最大振动响应峰值为8.32 mm/s,大于《指南》要求的8 mm/s;属于船员处所的船长室顶部的驾驶甲板最大振动响应峰值为7.25 mm/s,大于《指南》要求的6 mm/s。计算结果表明,驾驶室和船长室的振动响应不满足《指南》要求,且与实船反馈的情况较为接近。

3.5.4 控制方案

上述计算结果表明,当主机在正常转速下运行时,其纵向储备频率相对于叶频较小,部分舱室的响应存在不满足《指南》要求的情况。为避免上层建筑结构发生共振,应采取振动控制方法解决其振动问题。上层建筑整体振动的控制方法一般有两种:一种是改善螺旋桨的激励特性,另一种是改变上层建筑整体或局部结构的固有频率。由于在船舶营运阶段改善螺旋桨的激励特性投入的成本较大,因此采用提高上层建筑整体纵向固有频率的控制方法,即提高纵向频率储备。

由于该船已投入营运,上层建筑舱室的布置、大小和结构尺寸等已固化,有效控制方法只能根据上层建筑和艉部舱段的基本结构图,在上层建筑后端壁两侧增设由纵向斜撑桁与纵向水平桁组合而成的三角形平面支承钢架(图3-21),提高上层建筑整体的纵向固有频率。

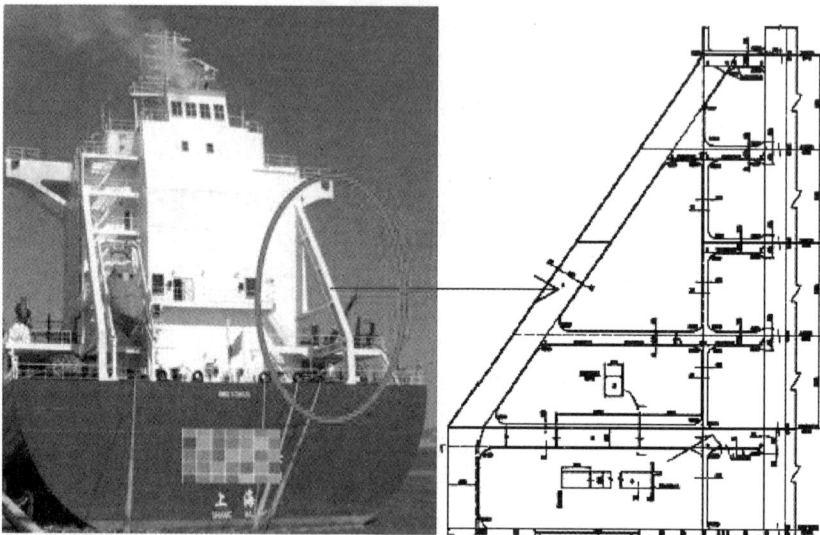

图3-21 斜撑桁和水平桁架组合支承结构

根据实船的总体布置情况,考虑到方便设备搬运和人员行走,在满足《指南》要求的条件下,图3-22为上层建筑振动振型图。

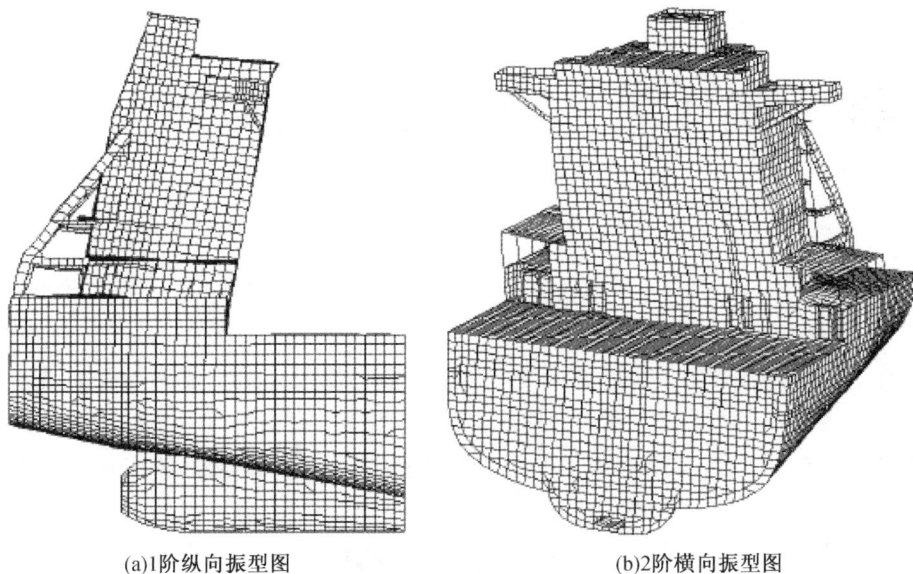

(a)1阶纵向振型图　　　　　　　　　(b)2阶横向振型图

图3.22　上层建筑振动振型图

选取图3－20中未进行上层建筑结构加强的振动响应计算点作为振动测试点,测试结果显示,按振动控制方案对上层建筑进行结构加强之后,其测试点的振动响应结果都满足《指南》要求(表3－16)。表3－16中的上层建筑测试点与表3－15中未进行结构加强的有限元计算点的最大响应结果相比有明显的下降。其中,No.1罗经甲板纵向最大响应降低48.2%;No.3船长室纵向最大响应降低46.5%,满足《指南》的要求。

表3－16　振动响应计算结果最大值2

结构位置	方向	满载工况		压载工况	
		主机转速 /(r·min^{-1})	振动响应 /(mm·s^{-1})	主机转速 /(r·min^{-1})	振动响应 /(mm·s^{-1})
No.1 罗经甲板(驾驶室顶部)	纵向	86.5	4.31	52.5	3.15
No.2 翼桥	纵向	86.5	3.82	52.5	2.81
No.3 船长室	纵向	86.5	3.88	52.5	2.55
No.4 艉部(缆索舱顶部)	垂向	86.5	2.80	83.0	3.75

3.5.5　结论和建议

由于上层建筑整体振动问题较为常见,因此在船体结构设计阶段就必须对上层建筑整体固有频率进行计算分析。若其固有频率与激励频率比较接近,还需进行响应计算分析,直至满足《指南》的要求。

由于引起船舶振动的因素有很多,目前的船舶结构振动响应计算的准确性还没有达到满意的程度,因此有必要对实船营运状态进行振动测试,分析产生有害振动的具体原因,采取有效的减振措施,进而达到减振降噪的目的。

第4章 船舶振动的原因

4.1 概　述

船体作为一个自由漂浮在水上的弹性结构(可把它视为一个空心弹性梁),在营运过程中不可避免地受到各种外界激振力(又称干扰力)的作用,使船体发生总振动和局部振动。

引起船体产生稳态强迫振动的主要原因是螺旋桨和主机运转时所引起的周期性的激振力,也是船体振动的主要振源。如汽轮机、发电机、电动机、空气压缩机和各种泵等也会产生一些激振力,但一般情况下,其数值不大,只会引起局部结构的振动。此外,波浪冲击、水下爆炸冲击波、火炮发射时的后坐力和抛锚等引起的激振力却是非周期性的,它们对船体的作用时间短,只引起船体的衰减振动。

随着船舶吨位、主机功率的不断增加,产生的周期性激振力也随之增加;采用艉机船和艉部作为居住区,船体振动又会对设备仪表和乘员的舒适性等产生不利的影响;内河船船体刚度相对海船来说较小,但海船采用高强度钢后也将使船体结构刚度下降,因此船体振动可能变得更强烈。这些都使得船体的振动成为人们越来越关切的问题。

船体产生振动过大的原因可归纳为以下三个方面:一是设计时考虑不周或计算的错误,如主机选择,船体主尺度,螺旋桨与船体、附属体间隙以及与艉部线型的配合,船体结构尺寸,布置和结构的连续性等;二是建造质量问题,如螺旋桨制造质量差,轴线不对中,结构连续性被破坏,存在焊接残余应力与初挠度等;三是营运时航行条件及操作管理水平的影响,如浅水或狭窄航道,装(压)载不当,轴系变形,螺旋桨受损,主机各缸燃烧不均匀,更换机、桨不当和个别结构机件磨损、松动等。

由上述可知,有的振动是船舶建造后就存在的,有的则是经过航行一段时间后才产生的,因此无论是由上述哪一种原因造成的船体振动,都应查清造成振动的原因,这样不仅是为了制定减振措施,而且也是为营运和维修提供科学依据。

4.2　螺旋桨激励

4.2.1　螺旋桨产生的激励力

螺旋桨激励是船舶振动的主要激励源之一。它可以分成两类,第一类是螺旋桨运转时引起螺旋桨附近水线面以下船体表面上的水压力产生脉动,这部分脉动的水压力称为脉动压力或表面压力,而脉动压力沿船体表面的积分称为表面力。螺旋桨脉动压力一般不会激起船体梁垂向振动,但可激起艉部振动、上层建筑振动和局部振动。大部分船舶振动是由螺旋桨脉动压力引起的。

第二类是螺旋桨在船体附近运转时由于伴流的不均匀性,各叶片在一周内的工作状态随伴流的变化而变化,从而导致各叶片上承受的力呈周期性变化,它们形成的合力和力矩也呈周期性变化,并通过轴和轴承传给推进机械和船体,这些力称为轴承力,包括交变扭矩 M_x、交变(脉动)推力 F_x 和交变弯矩 M_z,如图 4-1 所示。螺旋桨轴承力不会激起船体梁振动,但交变(脉动)推力 F_x 可能通过推力轴承而激起上层建筑纵向振动。

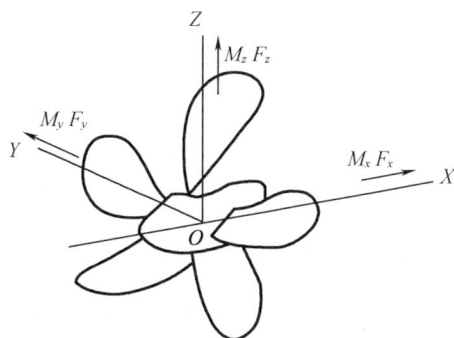

图 4-1 螺旋桨产生的轴推力

4.2.2 螺旋桨叶片空泡对脉动压力的影响

在均匀流场中,由于螺旋桨叶片数目是有限的,当它运转时总会使流场各点处的水压力产生脉动,在均匀流场中叶片上有时也会出现空泡,但这种空泡的外观比较稳定,因而称之为定常空泡,定常空泡对脉动压力影响不大。如螺旋桨的叶片形状完全相同且叶片之间夹角完全相等,则除产生恒定的推力和扭矩外不产生其他轴承力。

当船体形成的伴流场极不均匀时,叶片进入高伴流区在叶片上往往会产生空泡,离开高伴流区时空泡消失,这种时生时灭的空泡称为非定常空泡。叶片上空泡体积的变化将在船体表面上形成极大的压力脉动,以致形成较大的表面力。但是实船测量表明,螺旋桨叶片空泡对轴承力影响不大。

4.2.3 伴流场

如上所述,产生螺旋桨激励力(无论是轴承力还是表面力)的主要原因在于船尾伴流场的不均匀性。伴流可用轴向伴流、切向伴流、径向伴流 3 个分量来描述。对螺旋桨激励影响较大的是轴向伴流,有时切向伴流也影响较大。目前一般采用模型试验的方法获得伴流分布,主要有三种方法:第一种方法是采用纯网格方法,只模拟螺旋桨轴向标称伴流场;第二种方法是采用假艉加网格方法模拟螺旋桨轴向标称伴流场,由于有假艉的存在切向伴流场可部分模拟;第三种方法是采用全附体船模来模拟三向度实效伴流场。本书推荐采用第三种方法,特别是对一些切向伴流比较大的类型的船舶。对于常规单桨船舶,缺少试验资料时,也可用估算的方法得出船模的伴流场,然后做尺度修正求得实船的伴流场。

4.2.4 螺旋桨激励力与频率

1. 激励力

螺旋桨激励力均是指在其额定转速下的值,当低于额定转速时,螺旋桨激励力随其转速比的平方而减小。

2. 激励频率

螺旋桨在不均匀伴流场中运转时,产生的激励力频率 f_s 为

$$f_s = \frac{nZ_p v_p}{60} \qquad\qquad (4-1)$$

式中　Z_p——螺旋桨叶片数目；

　　　n——螺旋桨转速，r/min；

　　　v_p——螺旋桨激励力次数（$v_p = 1, 2, \cdots$，分别称为 1 倍叶片次、2 倍叶片次……）。

4.2.5　轴承力的激励作用

螺旋桨轴承力不会激起船体梁振动，但交变（脉动）推力 F_x 可能通过推力轴承而激起上层建筑纵向振动。交变扭矩 M_x、交变推力 F_x 和交变弯矩 M_z，也称激励力幅值，分别是计算轴系扭转振动、纵向振动和回旋振动的激励力之一。

一般来说，奇数叶片数的螺旋桨的脉动推力比偶数叶片数的螺旋桨的脉动推力小；而轴承力中的力矩分量，随叶片数目增加而减小。

4.2.6　脉动压力

1. 脉动压力的激励作用

螺旋桨脉动压力一般不会激起船体梁垂向振动，但可激起艉部振动、上层建筑振动和局部振动。船上 90% 的振动现象是由螺旋桨脉动压力引起的。特别是在螺旋桨上方区域，往往由螺旋桨脉动压力而激起局部结构共振或强迫振动，进而造成结构疲劳破坏或居住舒适性减小。

无空泡螺旋桨的脉动压力，主要是叶片次分量；而倍叶片次脉动压力，总是随着简谐数增加而单调快速下降。作为一般原则，2 倍叶片次分量是 1 倍叶片次的一半，而 3 倍叶片次分量比例很小。但对大多数商船螺旋桨，在使用转速范围内，将发生螺旋桨空泡现象。对于空泡严重的螺旋桨，有时 2 倍叶片次分量也可能较大。

2. 脉动压力的分布

当螺旋桨上方的船底为平底时，在螺旋桨无空泡或空泡不严重的情况下，脉动压力的最大值位于沿螺旋桨轴线方向螺旋桨盘面之前 $0.1D$（D 为螺旋桨直径）处，分布范围为 $D \times D$。当船底呈 V 形时，脉动压力的分布极不规则。

3. 脉动压力模型试验与理论预报

在设计阶段评估螺旋桨诱导的脉动压力，可通过理论预报和模型试验来进行。由于空泡物理现象的复杂性，一般评估螺旋桨空泡性能和脉动压力性能，是通过螺旋桨模型试验观察螺旋桨空泡和测量脉动压力来确认的。因此，螺旋桨空泡观察和脉动压力模型试验，是设计过程中十分重要的一个环节，其中模型试验技术中最关键的是模拟螺旋桨伴流场。

目前，脉动压力的理论预报方法可以分为两大类：一类是基于非定常升力面理论（unsteady lifting surface theory）或涡格法（vortex lattice method），另一类是计算流体动力学（CFD）方法。

理论预报方法与经验公式相比，可以考虑更多的细节，但过程更为复杂，需要考虑如下因素：

①伴流尺度影响；

②固壁因子分布；

③空泡诱导的脉动压力；

④船体振动自身诱导的脉动压力。

因此,在对理论预报结果进行处理和应用时,需要考虑上述因素的影响。

4.某液货船螺旋桨脉动压力计算

某液货船在试航和使用中,船舶尾部和机舱产生严重振动现象。通过计算分析,确认螺旋桨净空值是在规范建议范围内;螺旋桨叶片次脉动压力也仍在衡准范围内,见表4-1。

表4-1 螺旋桨叶片次脉动压力计算结果

叶片次脉动压力	满载工况	压载工况	衡准
无空泡螺旋桨叶片次脉动压力 $P_0/(\text{kN} \cdot \text{m}^{-2})$	2.107	2.107	—
螺旋桨空泡引起叶片次脉动压力 $P_C/(\text{kN} \cdot \text{m}^{-2})$	4.387	4.720	—
总的叶片次脉动压力 $P/(\text{kN} \cdot \text{m}^{-2})$	4.867	5.170	8
螺旋桨垂向叶片次脉动水压力合力 F_z/kN	376.9	400.3	

经过计算分析,发现该批船舶在额定转速附近产生严重的振动现象,是由螺旋桨叶片次脉动压力的激励频率刚好与艉部振动1阶振动频率相近,从而产生的强烈的艉部共振现象,以及由螺旋桨4倍叶片次脉动压力的激励频率,刚好与直升机平台4阶和5阶局部振动频率相近,从而产生的强烈的直升机平台局部共振现象。

4.2.7 预防措施

减小船舶振动有效的方法是减小螺旋桨激励,而减小螺旋桨激励应从船尾线型、螺旋桨参数及它们之间的匹配来综合考虑,同时也应考虑与船体结构的振动特性的匹配问题。

在船舶设计阶段决定船尾线型时,应对螺旋桨激励、阻力、推进性能进行综合权衡考虑,对于振动要求较高的船舶,应注意改善伴流分布。

单桨船尾型与双桨船尾型是不同的,单桨船应采用U形船尾,双桨船应采用V形船尾。一般用艉垂线前0.1L处的横剖面形状参数 τ_0 ($\tau_0 = a/b$) 值的大小来区分(图4-2),一般 $\tau_0 > 0.5$ 为V形。一般来说 $\tau_0 < 0.5$;对于丰满型船, $\tau_0 < 0.3$ 为宜。

大量实践证明,对于单桨船采用U形或球形船尾,可明显改善伴流场的不均匀程度,有利于减小螺旋桨激励。

修改螺旋桨前方的横剖面形状,产生合适的艉部涡。根据伴流峰在桨盘面内所处的位置对剖面进行不同的修改,以控制艉部涡的中心位置。如伴流峰在桨盘内最上方,

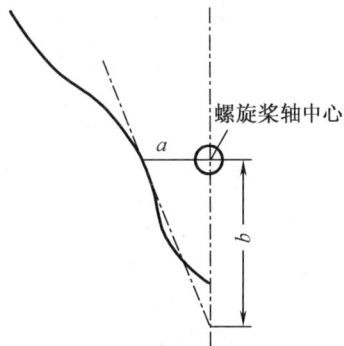

图4-2 τ_0 的定义

则要求剖面的最大宽度大致做到螺旋桨轴中心处,如伴流峰就在桨轴上方,宜在剖面最低部分加宽。

图4-3是某船尾垂线(AP)前0.1L处的横剖面图,实线是原型,相应的伴流分布如图

4－4 所示。在桨轴上方存在一个大于 1.0 的伴流峰,且上部的伴流分布也不能接受,因此如能在盘面比较低的位置引入一个舭涡,此伴流场就有可能得以改善。对原型进行如图 4－3 中虚线所示的细小改动,其伴流分布就有很大改善,如图 4－5 所示。

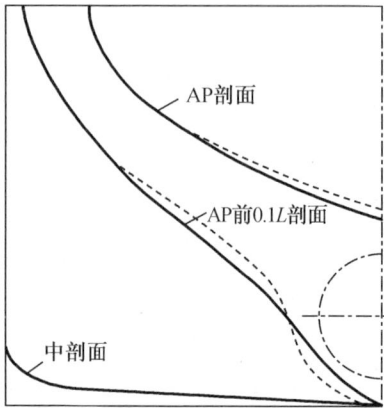

图 4－3　横剖面图

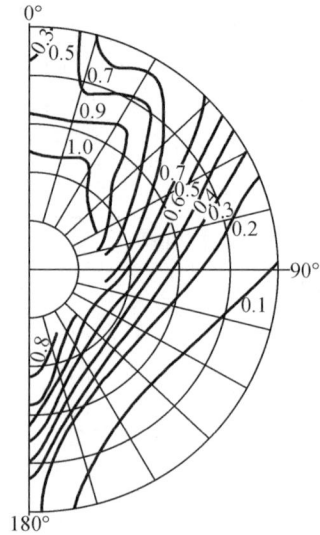

图 4－4　原型伴流分布

去流角是船体纵中剖面与后体水线之间的夹角,增加去流角会导致平均伴流和船舶阻力升高,从而使螺旋桨的载荷加大。但是,只要去流角保持在 30° 之内,对伴流值的影响就不大,且可以得到较理想的伴流分布。重要的是图 4－6 所示的最大去流角 φ_m,如此角位于较前方且数值较大,则将引起严重的界层分离,产生上述不利后果(图中 W_s 为舭柱半宽)。

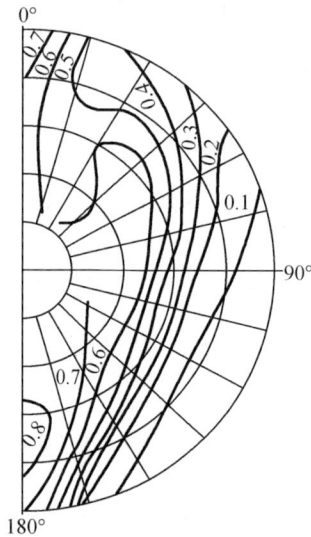

图 4－5　修改后伴流分布

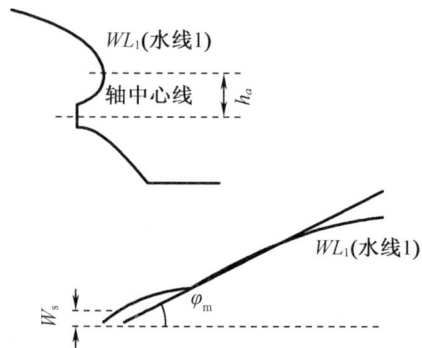

图 4－6　最大去流角

4.2.8　合理选择螺旋桨要素

1. 螺旋桨叶片数目

①同样情况,随螺旋桨叶数增加,一般螺旋桨直径减小,叶梢间隙加大,螺旋桨诱导的脉动压力有下降的趋势;

②螺旋桨轴承力与桨叶数密切相关,因此应按给定的伴流场具体情况来考虑选择叶数;

③选取合适的桨叶数,以避免船体尾部、上层建筑和局部结构共振;

④避免轴系回旋振动和机架纵向振动的共振,这也是选择桨叶数需考虑的因素。

2. 侧斜

大侧斜螺旋桨可以减小螺旋桨轴承力和表面力。侧斜的大小和分布,应与伴流场的各次谐波分量一起来考虑。如配合不当,往往效果不显著,甚至会有相反效果。选择侧斜主要应从减小轴承力着手,并检查对表面力减小的效果。

4.2.9　梢部卸载

螺旋桨常规设计中,径向载荷分布,即径向环量分布大都选择最佳环量分布形状,以求最高效率。但这时由于近梢部的载荷较大,很容易产生梢涡空泡,从而影响螺旋桨外部半径处的空泡,使螺旋桨激励增加。适当减小桨叶梢部的载荷,即采用卸载螺旋桨,可以有效地减小螺旋桨激励。

4.2.10　降低伴流场不均匀引起激励的措施

①加装艉鳍:安装尾鳍可以使高伴流区流速加大、伴流场均匀化。图4-7、图4-8和图4-9所示为3种不同情况下采用的布置形式。

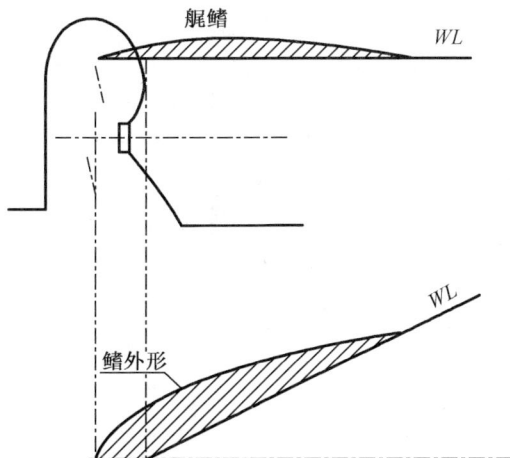

图4-7　减小桨盘面上部伴流峰值的艉鳍1　　图4-8　减小桨盘面上部伴流峰值的艉鳍2

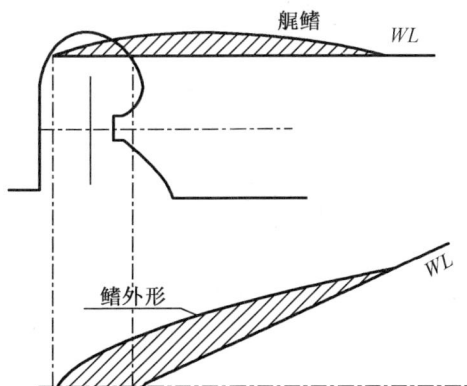

②加装艉流隧道:艉流隧道可减小桨盘上方高伴流峰值,与艉鳍具有同样的效果。图4-10所示为其单桨集装箱船采用的艉流隧道布置。

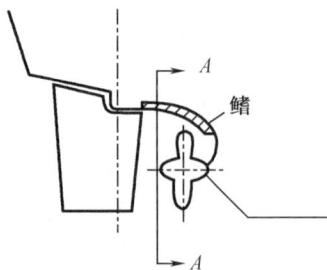

图 4-9 减小螺旋桨和船体涡流空泡的垂向鳍

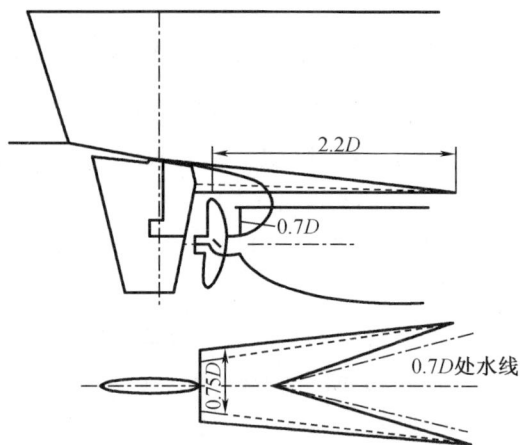

图 4-10 艉流隧道布置

③旋涡发生器：不理想的伴流场，有时是由于艉部流动分离所造成的。除上述措施外，还可以在艉部船侧安装旋涡发生器，以增加界层内流动的能量而避免分离，从而改善伴流场。图 4-11 所示为单桨船采用的旋涡发生器的形状。

④延长分水踵：如双桨船采用平底船尾，可以将分水踵延伸，将平底船尾改装成类似的双桨船尾。

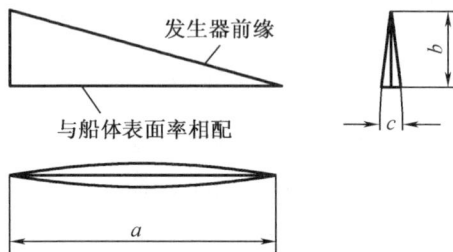

图 4-11 旋涡发生器的形状

4.2.11 减小螺旋桨激励能量传递的装置

减小激励的传递，消耗激励的能量，也是降低振动响应的有效方法。如在螺旋桨上方船底板上开设避振穴(图 4-12)，可减弱传到船体的螺旋桨表面力，从而减小船舶尾部振动响应。其中阻尼避振穴仅在船底板上方开小孔，摒弃橡胶弹性元件，建造工艺简单，保养、维修工作也大大减少。

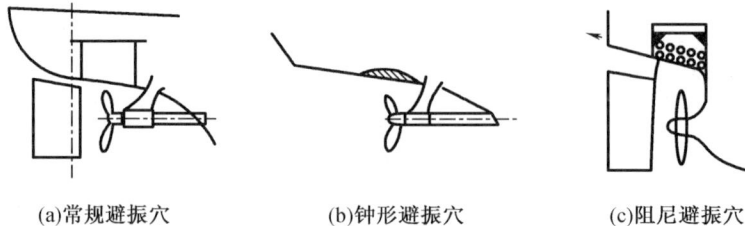

(a)常规避振穴　　(b)钟形避振穴　　(c)阻尼避振穴

图 4-12 避振穴示意图

4.2.12 现代螺旋桨设计方法

船舶螺旋桨的设计过程中，应对螺旋桨的效率、空泡与空泡剥蚀、振动和噪声性能进行全面的权衡。现代船舶螺旋桨设计中，目前广泛采用适伴流设计方法、叶梢卸载技术、大侧斜技术等,这些技术可有效降低螺旋桨诱导的脉动压力。

4.3 柴油机激励

柴油机在运转过程中,由燃烧气体产生交变的气体力,以及交变的往复惯性力和离心力,这些力和力矩可能会产生下列振动现象:

①作用在曲轴上的切向力,可产生轴系扭转振动,进而可引起船体振动;

②作用在曲轴上的径向力,可产生轴系纵向振动,进而可引起船体振动;

③作用在十字头上的侧向力,可产生机架横向振动,进而可引起船体振动;

④作用在曲轴上的不平衡力矩,可引起船体总振动。

4.3.1 柴油机的激励

1. 柴油机气体力

图 4-13 为柴油机每一气缸气体力的分解图示。每一气缸的气体力 P_g 可分解为两个分力:连杆力 P_c 和侧推力 P_H。在曲柄销处,连杆力 P_c 又可分解为切向力 P_T 和径向力 P_R:

$$\vec{P}_g = \vec{P}_c + \vec{P}_H \qquad (4-2)$$

$$\vec{P}_c = \vec{P}_T + \vec{P}_R \qquad (4-3)$$

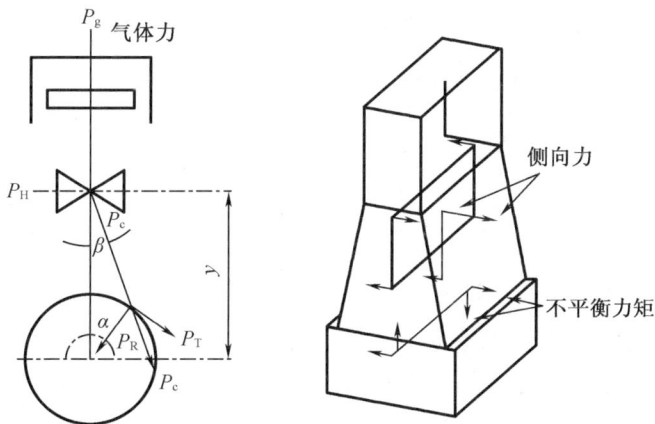

图 4-13 柴油机每一气缸气体力的分解图示

单位活塞面积上的这些力可按下式计算:

$$P_c = \frac{P}{\cos\beta} \quad (\text{N/mm}^2)$$

$$P_H = P\tan\beta \quad (\text{N/mm}^2)$$

$$P_T = \frac{P\sin(\alpha+\beta)}{\cos\beta} \quad (\text{N/mm}^2)$$

$$P_R = \frac{P\cos(\alpha+\beta)}{\cos\beta} \quad (\text{N/mm}^2)$$

作用在曲轴上的切向力 P_T,可产生轴系扭转振动现象;作用在曲轴上的径向力 P_R,可产生轴系纵向振动现象;作用在十字头上的侧向力 P_H,可产生机架横向振动现象,进而均可引起船体振动现象。

2. 柴油机往复惯性力

标准活塞机构的往复惯性力力系形式与气体力力系相似。柴油机往复惯性力,是往复运动部件及连杆往复运动部分质量产生的惯性力,它们的作用线与各自的气缸中心线重合。

柴油机单缸往复惯性力 P_j 表为

$$P_j = -m_j R\omega^2 \cos\alpha - \frac{\lambda}{4}m_j R(2\omega)^2 \cos 2\alpha - \frac{\lambda^3}{64}m_j R(4\omega)^2 \cos 4\alpha \qquad (4-4)$$

式中　m_j——往复运动质量;

　　　R——曲拐半径;

　　　ω——角速度;

　　　α——转角。

往复惯性力力系中的切向惯性力是引起轴系扭转振动的激励力之一,径向惯性力是引起轴系纵向振动的激励力之一。

多缸柴油机往复惯性力产生的往复不平衡力合力(外力),二冲程直列柴油机除 2 缸 2 次外、四冲程直列柴油机除 2 缸 2 次和 4 缸 2 次外,均已平衡,即往复不平衡力为 0,不必考虑往复不平衡力的影响。

3. 柴油机回转惯性力

柴油机回转惯性力就是曲柄 1 次离心力,作用在主轴承上。回转惯性力的数值不随曲轴转角而改变,方向则沿曲柄中心向外。

多缸柴油机回转惯性力产生的 1 次回转不平衡力合力(外力),均已平衡,即回转不平衡力为 0,不必考虑回转不平衡力的影响。

4.3.2　不平衡力矩

图 4-14 为不平衡力矩含义图。

柴油机不平衡力矩是否会引起船体总振动,取决于船体总振动固有频率的估算精度、不平衡力矩的大小和主柴油机的安装位置。

柴油机不平衡力矩不是产生船舶振动的唯一原因,更不是无法消除或减少的一种激励。通过船舶的合理设计,可以把柴油机不平衡力矩对船舶振动的影响控制在可以接受的程度内。目前,关于不平衡力矩对船体总振动激励影响的计算,还未达到工程应用要求的精度。一般是把不平衡力矩限制在一个可以接受、相对偏于安全的范围内,以控制其不会成为船上有害振动的激励源。

多缸柴油机 1 次、2 次和 4 次往复惯性力,产生 1 次、2 次和 4 次垂向往复不平衡力矩,作用在曲轴中心线上,引起曲轴垂向翘起现象。

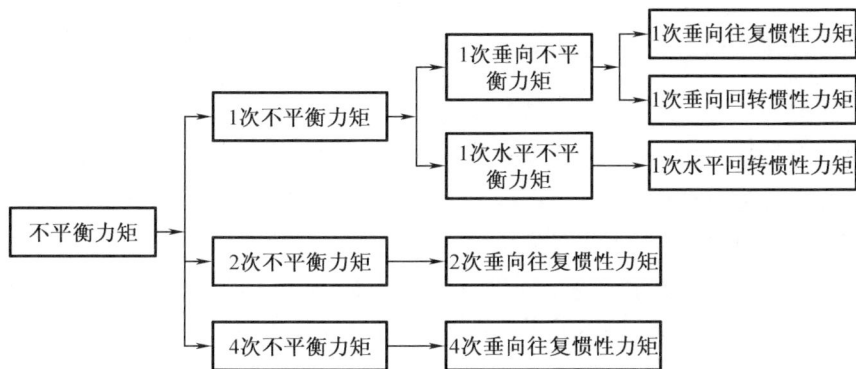

图 4 - 14　不平衡力矩含义图

多缸柴油机回转惯性力产生 1 次回转惯性力矩,可分为 1 次垂向回转惯性力矩和 1 次水平回转惯性力矩。1 次垂向回转惯性力矩,作用在曲轴中心线上,引起曲轴垂向翘起现象。1 次水平回转惯性力矩,作用在曲轴中心线上,引起曲轴左右扭动现象。

1 次垂向往复惯性力矩与 1 次垂向回转惯性力矩的代数和,称为柴油机 1 次垂向不平衡力矩。

1 次水平回转惯性力矩称为柴油机 1 次水平不平衡力矩。

1 次垂向不平衡力矩和 1 次水平不平衡力矩,可统称为 1 次不平衡力矩。

2 次垂向不平衡力矩和 4 次垂向不平衡力矩,也简称 2 次不平衡力矩和 4 次不平衡力矩。上述各种不平衡力矩可统称柴油机不平衡力矩。

如没有特别指明,本章所指不平衡力矩均为垂向。而柴油机厂提供的不平衡力矩值是指 1 次、2 次和 4 次不平衡力矩值。船舶振动控制设计时,注意索取拟选用机型的最新资料。

图 4 - 15 是二冲程柴油机不平衡力矩作用的示意图。图中 M_{1H} 和 M_{1V} 分别为 1 次水平和 1 次垂向的不平衡力矩,M_{2V} 和 M_{4V} 分别为 2 次和 4 次不平衡力矩。

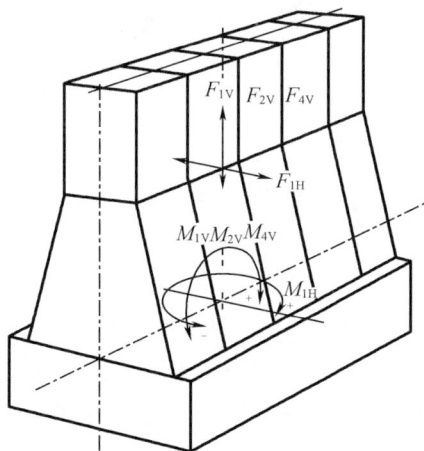

图 4 - 15　二冲程柴油机不平衡力矩作用的示意图

4.3.3 预防措施

1. 改变频率

当船舶总振动固有频率与主柴油机激励频率相同或相近时,应使两者尽量远离。为此,可重新决定主柴油机营运转速,以改变主柴油机激励频率;或是重新进行船舶总体设计,改变船舶质量、刚度,从而改变船舶垂向总振动的固有频率。

不过,改变主柴油机激励频率或是改变船舶垂向总振动固有频率,可供调整变化的范围有限,作用不大,应用不多。

2. 柴油机平衡补偿装置

当对柴油机的单位功率不平衡力矩评估值(PRU)评估认为不平衡力矩值较大可能产生有害振动时,普遍采用的措施是装设平衡补偿装置。

大多数平衡补偿装置安装在柴油机上,通过在柴油机上安装平衡重,可达到抵消或减少不平衡力矩的作用。一些柴油机制造厂的产品备有标准的平衡重,可用调整平衡重大小或平衡重在柴油机安装位置的方法,达到适宜的平衡补偿力矩,以满足振动控制的要求。

柴油机平衡补偿装置主要如下。

(1)1 次平衡补偿装置

1 次平衡补偿装置是布置在曲轴前、后端的一对平衡重,如图 4-16 所示,前后平衡重分别安装在曲轴前端法兰和柴油机输出端飞轮上。

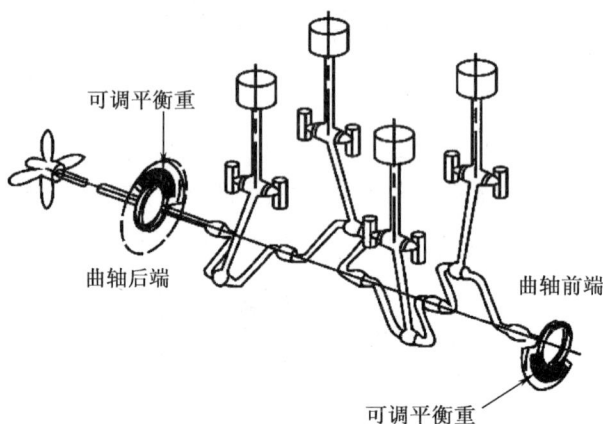

图 4-16 1 次平衡补偿装置

(2)2 次平衡补偿装置

柴油机 2 次平衡补偿装置,是布置在柴油机前后端的两对平衡重,如图 4-17 所示。不过,只有当主机正好位于或接近船体总振动模态的节点时,才在前后端都安装。如主机位于节点的前或后时,则在柴油机前后端安装一对平衡重即可。

(3)组合式平衡补偿装置

柴油机组合式平衡补偿装置是对柴油机 1 次和 2 次不平衡力矩一起进行平衡补偿的装置,如图 4-18 所示。这种平衡补偿装置一般用在 4 缸柴油机上。

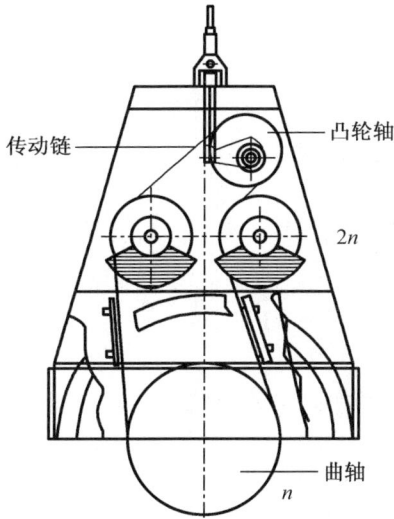

图 4 - 17　2 次平衡补偿装置

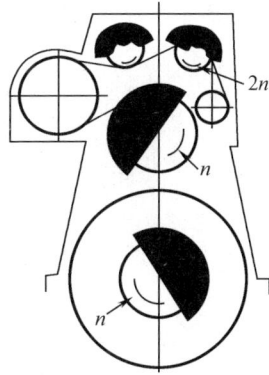

图 4 - 18　组合式平衡补偿装置

3. 电动平衡补偿装置

电动平衡补偿装置一般安装在船体甲板上。由电动平衡补偿装置产生的船体总振动响应与柴油机不平衡力矩产生的响应正好抵消(频率相同、相位相反),可分别对柴油机 1 次或 2 次不平衡力矩进行平衡补偿,也可对 1 次和 2 次不平衡力矩一起进行平衡补偿。

图 4 - 19 是船舶甲板上设置的电动 2 次平衡补偿装置的安装示意图。

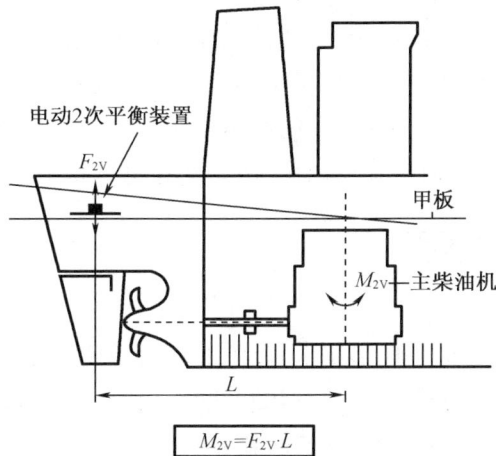

图 4 - 19　电动 2 次平衡补偿装置的安装示意图

4.3.4　防振效果

合理采用平衡补偿装置,可有效控制柴油机不平衡力矩引起的有害振动,取得预期防振效果。

如图 4 - 20 所示,在二冲程柴油机第 6 缸气缸盖测得的垂向振幅曲线中,实线与虚线分别为柴油机安装 2 次平衡补偿装置前后的垂向振幅曲线。从图中可看到,平衡补偿装置的效果十分明显。

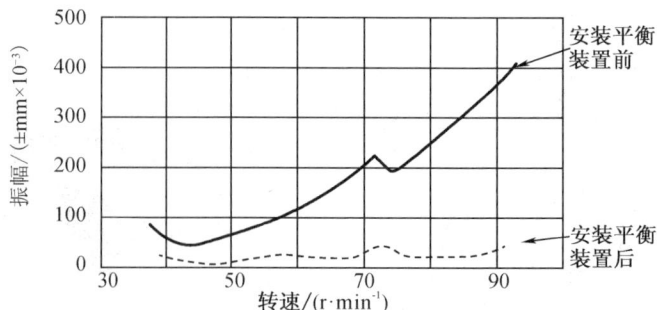

图 4 - 20　安装 2 次平衡补偿装置前后测量结果

4.4　柴油机机架振动

作用在柴油机的侧向力矩,可引起柴油机的机架横向振动。随着长冲程或超长冲程船用二冲程柴油机的应用,使机架纵向振动固有频率下降,在轴系纵向振动或螺旋桨交变推力影响下,可引起柴油机的机架纵向振动。机架振动进而可能成为船体振动激励源之一。目前,二冲程柴油机机架振动仍是船上振动控制不可忽视的问题。

机架振动可能导致柴油机附件(如增压器支座)的破坏,也可能引起机舱和双层底舱的局部振动等。如某二冲程柴油机主机的集装箱船舶,由于剧烈的机架纵向及横向振动,在共振转速附近产生的振动加速度值很大,致使船体上层建筑振动加速度超过允许值。

严重的柴油机机架振动能使拉杆螺栓松动、断裂;增压器晃动达到不能容忍的程度;船体上层建筑振动增大,人体感觉不适;船舶操纵困难,甚至使驾驶室仪器损坏。因此,需要对机架振动进行分析评估,必要时采取措施,以对柴油机机架振动予以有效控制。

4.4.1　机架振动的类型

1. 机架振动形式

机架有 4 种振动形式:机架 H 型横向振动、机架 X 型横向振动、机架 V 型垂向振动和机架 L 型纵向振动。由于机架 V 型垂向振动的固有频率较高,在船舶运行的常用转速范围内,一般不会形成有危害的机架 V 型垂向振动,故不再对 V 型垂向振动进行讨论。图 4 - 21 所示为 H 型、X 型和 L 型振动模态。

2. 机架 H 型横向振动

机架 H 型横向振动(亦称 0 节点),是各气缸顶部做同相左右移动的振动模态,简称 H 型振动。

3. 机架 X 型横向振动

机架 X 型横向振动(亦称 1 节点),是机架绕柴油机中心扭转的振动模态,简称 X 型振动。

4.机架 L 型纵向振动

机架 L 型纵向振动,是机架前后方向移动的振动模态,简称 L 型振动。

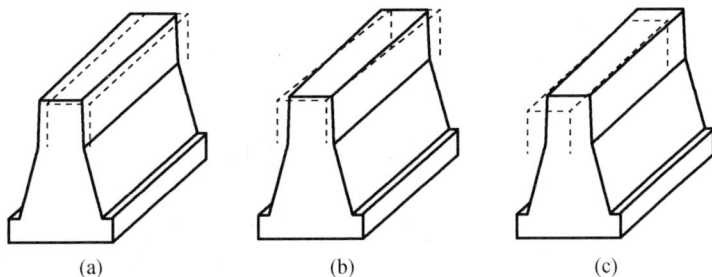

图 4.21　机架振动模态

4.4.2　机架振动与船体振动及轴系振动的关系

当柴油机安装在船上时,机架、双层底、机舱的舱壁组成一个复杂的振动系统,其固有频率将相应地降低。同时,轴系振动可能产生机架振动,进而可能引起船体局部振动和上层建筑振动。反之,船体振动有可能引起机架振动。

机架振动与船体振动的关系:

1.机架横向型振动可引起船体产生局部振动

当机架产生 H 型、X 型振动时,机架传递给柴油机的基座和尾部的垂向或横向振动的幅值, 仅为机架顶部横向振动幅值的 0.2 ~ 0.3 倍,即在一般情况下,机架横向振动对船体的影响是不大的,但当与船体产生局部共振时,将严重影响船舶的适航性。

2.船体横向振动可诱发机架的横向振动

包含扭转成分的船体横向振动,对诱发机架的横向振动有着明显的影响:

①当船体做低频振动时,机架可以认为是船体结构的一个组成部分,与船体一起振动;

②当船体做高频振动时,由它所激起的机架顶部横向振动幅值,将为船尾横向振动幅值的两倍左右,即船体横向振动对机架的横向振动有着明显的影响。

3.机架纵向振动可诱发上层建筑纵向振动

当机架产生 L 型振动时,机架顶部产生较大的纵向振动,进而可诱发上层建筑纵向振动。

船体双层底刚度对机架振动固有频率的影响:

柴油机装船后,由于船上双层底刚度影响,柴油机机架的 H 型和 X 型振动的固有频率将适当降低。在试车台上和装船后实测的固有频率相比,装船后机架横向振动频率可降低 10% 左右,故可用试车台上的试验结果来推算装船后机架横向振动的固有频率。

对于机架纵向 L 型振动,由于双层底纵向刚度较弱,故在试车台上测得的机架纵向振动的固有频率远高于装船后测得的频率值,两者相差在 30% 以上。在试验台上不成为问题的机架纵向振动,装船后,在常用转速区附近可能出现共振转速。特别是 4 缸和 5 缸柴油机,易出现与气缸数目相同的 Z 次简谐的较大振幅的 L 型纵向振动。

图 4 - 22 是一台船用柴油机 L 型机架纵向振动测量结果示意图,并反映双层底振动。

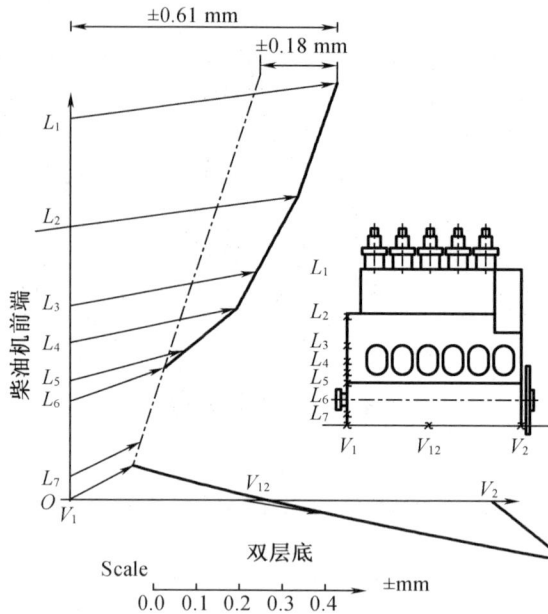

图 4 – 22　柴油机 L 型机架纵向振动测量结果

轴系振动可引起机架振动：

①对于少气缸数柴油机，当轴系设计为短而粗时，由轴系扭转振动激发的螺旋桨交变推力可能达到螺旋桨平均推力的 50% 左右，从而加剧机架的 L 型振动；

②轴系产生的扭转—纵向振动，可能激起机架的 L 型振动，进而产生上层建筑振动；

③轴系产生的纵向振动，可能激起机架的 L 型振动，进而产生上层建筑振动。

4.4.3　预防措施

1. 装船后机架振动状况评估

在船舶初步设计阶段，应从柴油机厂家取其相应产品型号的机架振动固有频率，以及相应的机架横向激励力矩值，对机架横向振动进行评估。

①为防止或减小机架横向振动，建议在主柴油机顶部装设机架横向支承，这是采用最多也是相当有效的防振措施。

②为防止轴系纵向振动引起机架 L 型振动，进而产生船体振动，一般二冲程柴油机厂均在柴油机自由端安装轴系纵向振动减振器，故一般由轴系纵向振动产生的机架 L 型振动不会产生影响。但螺旋桨推力可能产生机架纵向振动，故一般也在柴油机机架顶部前端加装纵向支承。

2. 机架顶部装设防振支承

①机架防振支承的减振作用。

机架防振支承能增加机体的刚度，提高其固有频率，避免在额定转速附近出现低谐次的共振，从而使机架的振幅明显下降。同时，摩擦式、液压式支承具有较大的阻尼作用，进一步降低整个系统的振幅。支承对横向振动的影响如图 4 – 23 所示。

在主机机架上部与船舷左右侧间加装防振支承后，通常能使机架横向振动振幅减小约

50%,固有频率提高 5% ~ 50%。在主机前端与机舱舱壁之间安装纵向防振支承,同样能使机架纵向振动的振幅减小 50% 以上,固有频率提高 25% 左右。

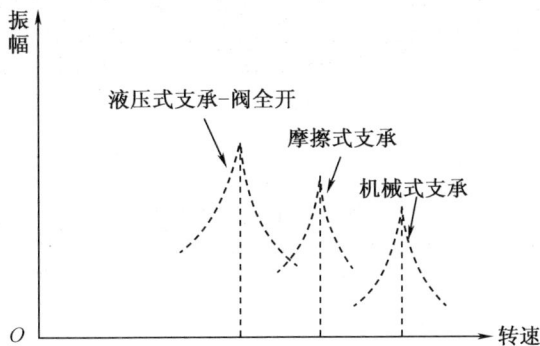

图 4 - 23 支承对横向振动的影响

②机架支承的形式。

机架支承一般有 3 种形式:

a. 摩擦式支承:

摩擦式支承的断面形状一般为 U 形,一端通过螺钉和机架连接,U 形梁另一端的两个侧板间嵌入一舌簧片和船体间形成摩擦式连接,摩擦系数大约为 0.4。用一个扭矩螺柱调节摩擦片之间张紧力,从而产生一定的静摩擦力。当作用在梁上的力小于静摩擦力时,摩擦式支承的作用类似于机械式支承,增加机体与机舱桁架梁连接为一体后的刚度,固有频率升高、振幅减小。但当此力超过静摩擦力后,边板和舌簧片之间产生相对运动,于是振动系统的部分能量转化为热能,类似于一个阻尼器,使固有频率略有上升,振幅稍有下降。

在船舶运行时,摩擦式支承是可调节的,以适应不同装载量及船舶运行时引起的结构变形。对于 9 ~ 12 缸的多缸柴油机的机架振动,摩擦式支承可起到很好的减振效果。

摩擦式支承有两种结构形式。图 4 - 24 为 U 形摩擦支承,图 4 - 25 为双杆形摩擦支承。

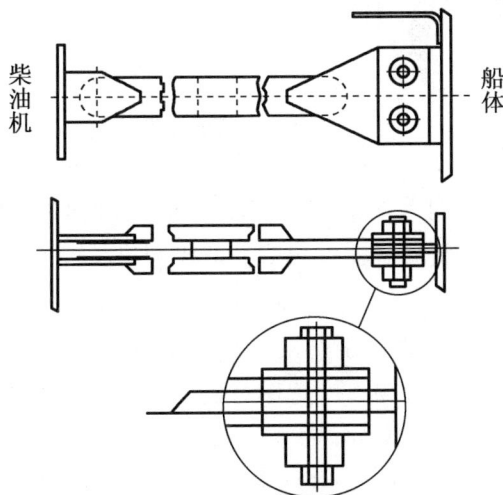

图 4 - 24 U 形摩擦支承

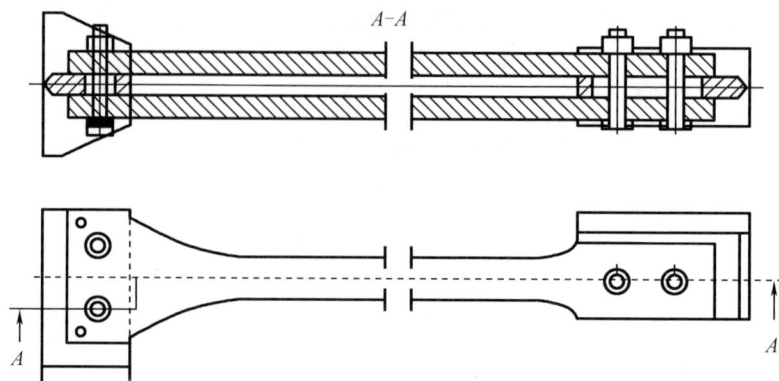

图 4 – 25　双杆形摩擦支承

b. 液压式支承：

液压式支承由一个充满着氮气的蓄能器、一个装着压力表的节流阀、一个固定在船体上装有差动活塞的液压缸以及一根压杆组成。图 4 – 26 是典型的液压式支承。

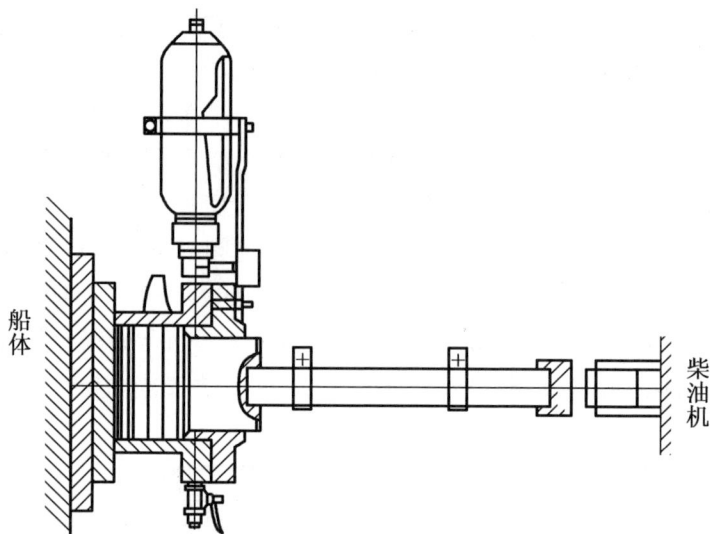

图 4 – 26　液压式支承

通过节流阀开度的调节，可改变液压系统的刚度。节流阀全关时，由于油的不可压缩性，此时液压式支承的特性和机械式支承相似。节流阀全关的支承不适用于低频振动的船体变形。

如将节流阀全部打开，由于振动引起的液压系统压力的变化很小，作用在压杆上的力近似常量，仅在船体变形较大时才略有变化。对机架的固有频率无影响，但由于阻尼作用，阻尼比可为机架无支承时的 3 倍，从而使振幅减小。

当节流阀部分开启时，活塞的振动意味着在气缸里的油压以同一个频率变动，由于节流阀的吸收作用，高频的压力变化不可能到达液压蓄能器。对应于节流阀全关闭状态，装置的性能像一根低刚度的弹簧,在一定范围内,随着节流阀开启的大小,弹簧常数也随之而变。

节流阀开度的最终调节是在海上试航时完成的。

c.机械式支承:

图4-27为机械式支承。机械式支承压杆的一端自由地嵌入机架上的筒状支承内,另一端则以螺纹套与船体接触,转动螺纹套可调节压杆的预紧力。预紧力应足够大,从而确保压杆的静变形大于机架横向振动的幅值。

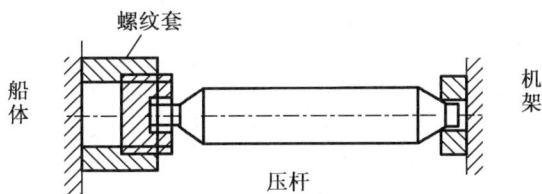

图4-27 机械式支承

机械式支承使主机的刚性得到明显的增加,机架的固有频率上升、振幅下降。但另一方面,机架的部分振动能量将通过支承传递至船体,有可能加剧船体的振动。

③支承的布置。

采用防振支承时,正确的布置与安装支承,对防振效果影响很大。

a.横向支承:在柴油机上部,安装侧向支承,防止或减小机架的横向振动。一般在柴油机一侧布置侧向支承,安装在柴油机排气管方向一侧或安装在柴油机燃油方向一侧,使柴油机在横向仍有一定的自由度;亦可安装在柴油机的两侧。图4-28表示这种侧向支承布置情况。

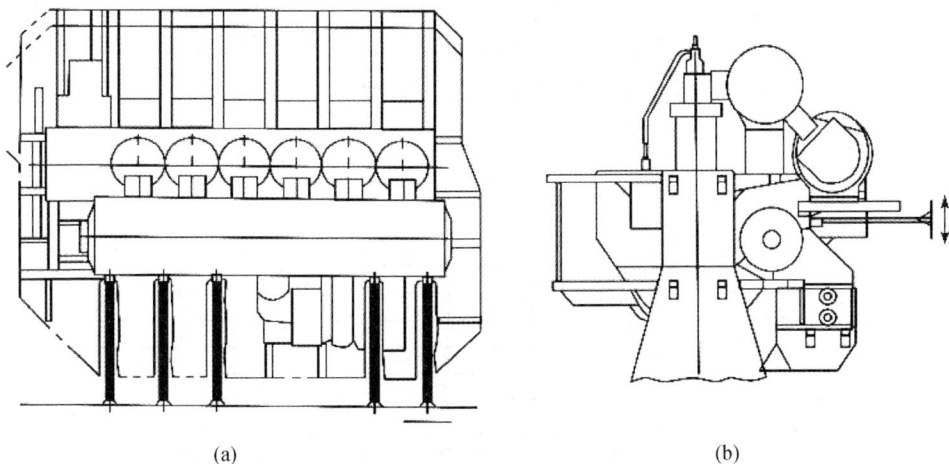

(a) (b)

图4-28 侧向支承布置情况

b.纵向支承:在柴油机机架顶部前端安装纵向支承,防止或减少机架的L型纵向振动。

c.船体刚度对支承效果的影响:加设防振支承后,柴油机机架所增加的附加刚度,不仅取决于支承的刚度,且与船体的刚度、安装位置等有关。当支承的刚度超过106 kN/m后,H

型、X 型和 L 型振动的固有频率基本保持不变,如图 4 – 29 所示。

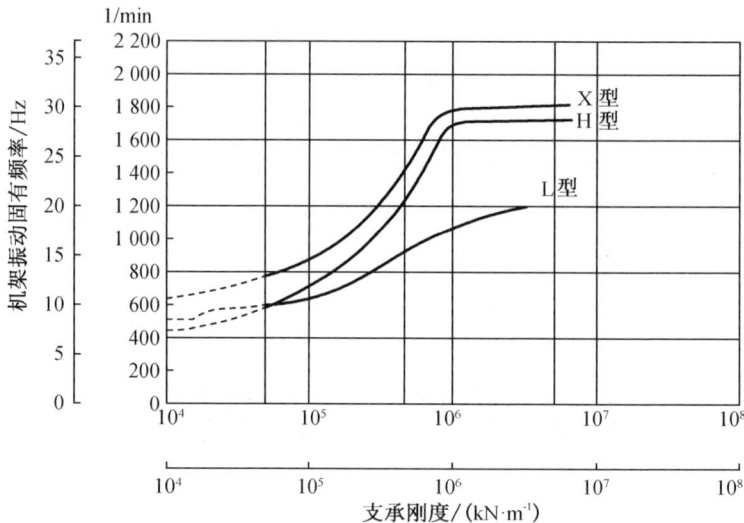

图 4 – 29 支承刚度与机架固有频率的关系

d. 支承所连接的船体应有足够的刚度:如支承安装不正确,则支承不但不能防止机架振动,还会使振动恶化。

某货轮,虽然主柴油机装设侧向支承,但侧向支承安装在油柜的板壁上,因油柜板壁的刚度很弱,航行时机舱乃至全船出现严重振动现象。在正确合理安装支承后,问题得到解决。

图 4 – 30 为支承与船体连接安装的 3 种不同情况。当没有安装机架横向支承时,机架 H 型振动共振转速为 80 r/min,柴油机顶部的振动速度为 25 mm/s,驾驶甲板的振动速度为 3 mm/s;当安装横向支承但设在油柜处时,共振转速升高为 106 r/min,柴油机顶部的振动速度减小为 13 mm/s,但驾驶甲板的振动速度增大为 15 mm/s;当安装横向支承但设在油柜刚性处时,共振转速升高为 126 r/min,柴油机顶部的振动速度减小为 8 mm/s,而驾驶甲板的振动速度减小为 4 mm/s,满足要求。

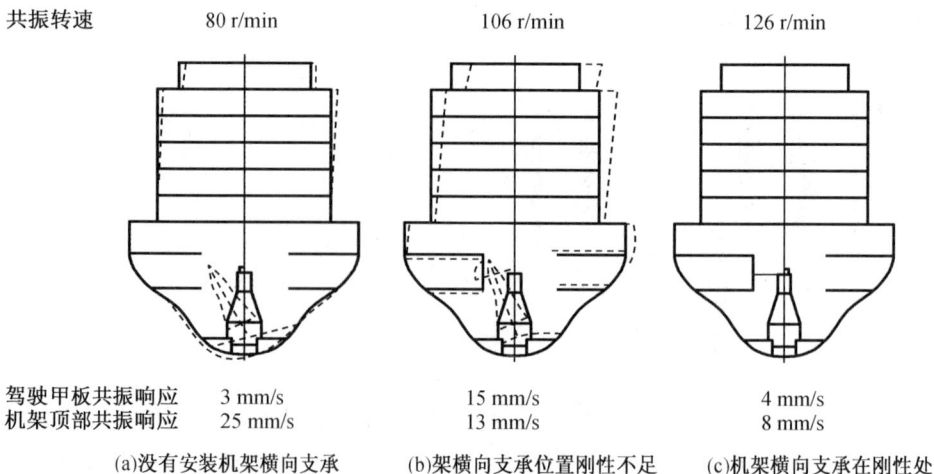

图 4 – 30 支承与船体连接安装对振动的影响

④支承杆强度校核。

船舶设计时,应对机械式和液压式支承压杆强度进行校核。压杆所受的力,应根据所选机型(H 型和 X 型可能产生最大力矩值),以及机架顶部支承与主柴油机底座的距离来确定。

⑤柴油机装设电动平衡补偿装置。

如柴油机不能安装机架横向支承,为防止或减小机架振动对船体振动的影响,也可以采用装设电动平衡补偿装置的方法,有效控制柴油机产生的严重机架 H 型振动。

4.5　典型船舶尾部线型振动分析

案例为 10 000 kW 多功能守护船,该船为一艘为海上石油和天然气勘探、开采工程、建筑设施等提供多种服务的近海供应拖船和守护船,装有双机、双导管可调螺距桨,可航行于无限航区。该船在 2002 年由船东委托设计单位设计,入中国船级社船级,由中国船级社(CCS)上海审图中心审图,于 2004 年 4 月交船。实船建成后进行试航时,船体尾部出现剧烈振动。对该船的船型和艉流特点进行了充分研究,在船体线型无法修改的情况下,最后采用在左、右桨前方分别装置上整流鳍的方案。加装整流鳍后,船体尾部剧烈振动得到一定程度的改善,该船得以顺利交船。

该船在进行了几年的实际航行和海上作业后,当主机功率大于 80% 额定最大连续运转输出功率时,发现船体尾部还存在较剧烈的振动,抛、起锚作业也较难进行,为了进一步改善该船的性能,彻底消除艉部的剧振,满足该船作业功能多种化的要求,在该船进坞年检之际,船东提出对该船尾部进行全面改造。

4.5.1　船尾剧振原因分析

1. 船尾型线对振动的影响

10 000 kW 多功能守护船的主尺度见表 4 - 2。

表 4 - 2　10 000 kW 多功能守护船的主尺度　　　　　　　　　　　单位:m

参数	总长 L_{oa}	垂线间长 L_{pp}	型宽 B	型深 D	设计吃水 T	最大吃水 T_{max}
数值	69.20	58.00	16.80	7.60	5.00	6.20

本船为一艘作业功能多种化的守护船,船东对主尺度和船型提出了很多的限制和要求。为了具有灵活的操纵性,要求船长 L_{pp} 不大于 60 m。为了满足较高的稳性以及甲板作业区域的需要,船宽不小于 16.8 m。船体机舱后还要布置钻井泥浆舱。这些限制和要求使得艉部型线肥宽,去流段较短,螺旋桨前方来流空间狭小。对原型船模的艉部流线试验及伴流场的试验研究表明,在船体内侧从螺旋桨前端上方来的水流不是沿水平或略向上流向桨盘面,而是沿垂向流向船底。这说明在螺旋桨靠近船体的内侧上方及前方已形成了缓水区域,螺旋桨的来流明显不足。原船模型轴向伴流等值线如图 4 - 31 所示。

在原船模试验中可以发现，螺旋桨前方船体两侧有两股水流与船体纵向形成大夹角的舯部斜流，这样使得进入螺旋桨内侧盘面的水流大大减少。螺旋桨在不均匀伴流场和斜流场中运转时产生了激振力，引起船体剧烈振动。

2. 附体对船尾剧振的影响

附体包括人字架、轴包套、呆木、舵等，一方面，附体对船尾螺旋桨盘面处轴向伴流有较大的影响，尤其在支架周围，人字架或轴包套的阴影区内往往是高伴流区，存在伴流峰值；另一方面，附体的安装角度、位置以及附体的形状对螺旋桨盘面处伴流场也有一定的影响，这些均是造成该船尾部剧振的因素之一。2004 年，在实船已经建成、船体线型无法修改的情况下，经充分研究，最后确定在该船左、右桨前方分别装置上整流鳍（或称之为整流隧道），尽量加速进入螺旋桨的水流并减少斜流，可望收到减振的效果。加装整流鳍后模型轴向伴流等值线如图 4 - 32 所示。船体尾部剧烈振动得到一定程度的改善，最终顺利交船。

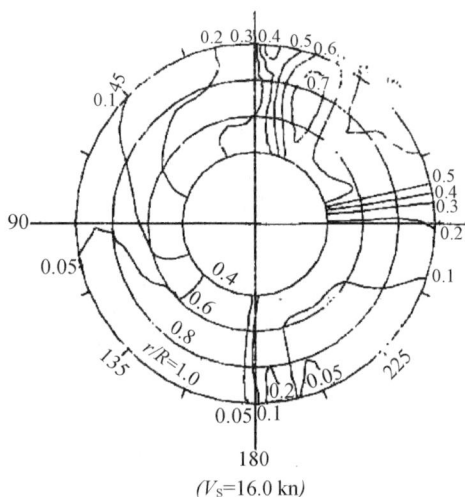

图 4 - 31　原船模型轴向伴流等值线　　　　图 4 - 32　加装整流鳍后模型轴向伴流等值线

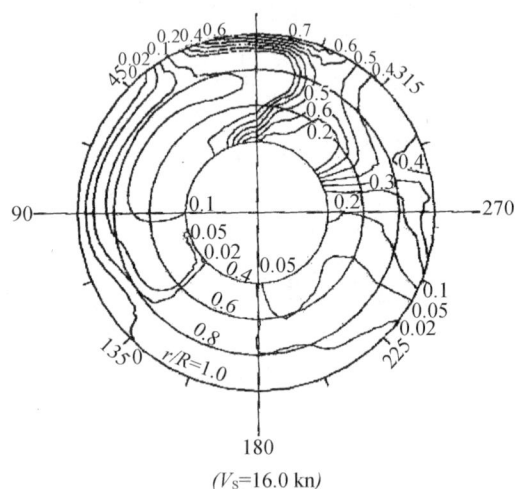

该船经过几年的航行和海上作业，发现当主机在高转速运转时，船体尾部还会出现较剧烈的振动，为了彻底消除船体尾部的剧振，拟对该船尾部进行全面改造。

4.5.2　改造措施

1. 舯部型线修改

该船改造的目的主要是减少船体的振动，尤其是当主机在最大转速的情况下，消除船体尾部的剧振，使振动减低到合理的范围。在机舱、主机、轴系长度、螺旋桨、舵等大小与位置均不变的基础上进行改造，改造范围为自#28 肋位向后，即机舱以后主甲板以下的部分船体型线进行修改，改造前舯部型线如图 4 - 33 所示。由图 4 - 33 可见，螺旋桨前方来流空间狭小，船体尾部过于丰满，螺旋桨前方形成缓水区，来流速度较慢，伴流较大，容易造成水流分离。

对#28 肋位向后的舯部船体型线进行修改，将易使水流形成横向流动的原舯部船型改变成具有隧道形状的纵流船型，增大了螺旋桨与船体的间隙，以减小螺旋桨对船体产生的激振力。同时,将出轴位置稍向前移,以进一步加大来流的空间。另外,船体纵剖线曲率变化应缓和,纵剖线倾斜度尽量减小,避免水流出现分离。型线修改后,可改善螺旋桨前方的不均匀伴流场和斜流场,减少螺旋桨激振力。在型线改造过程中,进行了两次型线优化,第一次型线优化后,经船模伴流试验,虽然高伴流区域已经减小,但仍然存在较大的伴流峰值。第二次型线优化后,经船模伴流试验,消除了较大的伴流峰值,使该峰值下降到比较理想的范围。第一次型线优化后艉部型线如图4-34所示,第二次型线优化后艉部型线如图4-35所示。在艉部型线修改过程中还增加了小艉鳍和减小了呆木的尺度。增加小艉鳍的目的,一方面是因出轴点前移,为了保证轴系安装空间,增加的大轴包,同时也可起到均匀伴流的作用;另一方面是为了提高推进效率,艉鳍向外倾斜约15°,呆木半宽尺寸减小到950 mm,以尽量减小伴流。

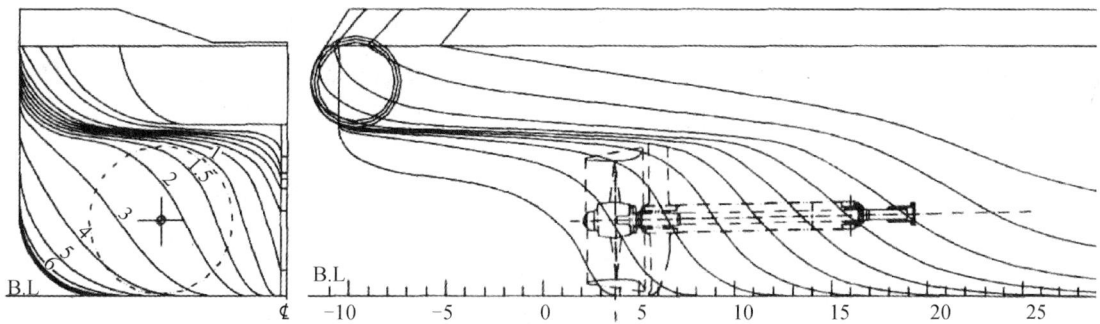

图4-33 改造前艉部型线

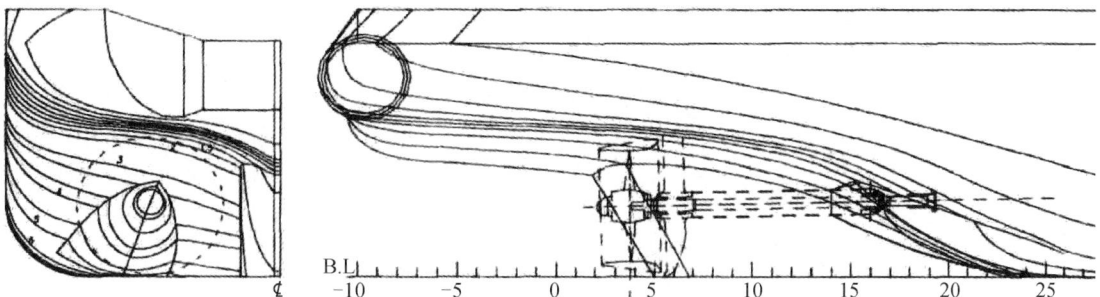

图4-34 第一次线型优化

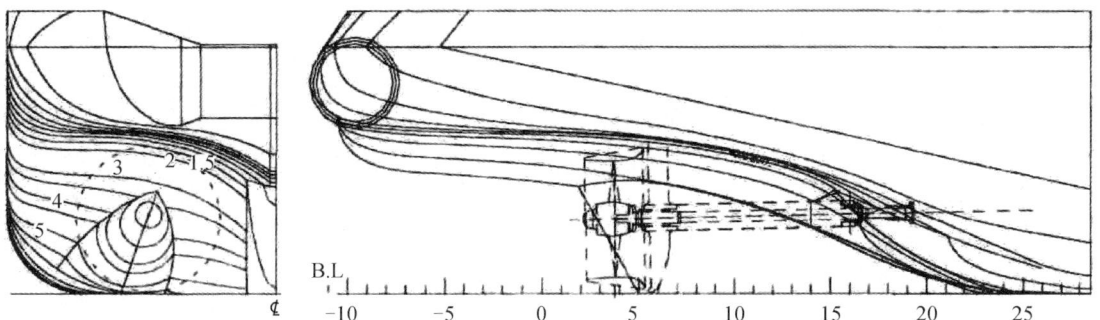

图4-35 第二次线型优化

2. 优化附体形状

在型线修改的同时,将螺旋桨前方的人字架也做了相应修改,原人字架沿船长方向的尺寸为 1 000 mm,现减小到 600 mm,通过船模伴流试验表明人字架尺寸的改变对减少伴流峰值起到一定的作用,人字架的剖面为机翼形,对改善流场有利。

本次船型修改是在现有的实船上进行改造,只能在有限的空间和局部的区域内进行,难度较大,通过努力取得了满意的结果,这也为今后处理该类问题时提供了宝贵的经验。

主要结论如下:

①艉部型线修改由于空间及区域有限,采用了近似隧道形的纵流船型来改善船尾伴流场,高伴流区伴流峰值的减少比较明显,伴流分布得到改善,彻底消除了艉部的剧振。

②艉部型线修改后,艉部压载水及泥浆舱容积虽略有减少,但水泥罐舱容积不变,仍满足使用要求。

③人字架的尺度、安装角和位置会直接影响船尾伴流值的大小和分布。在今后设计类似船型时,人字架的安装位置应尽可能远离螺旋桨的前端,剖面形状选择机翼形。这样既减少了附体阻力,也改善了船尾伴流场。

第 5 章　船舶机械振动

5.1　概　　述

船舶机械种类很多,规格不一。船舶机械按功能可分为主机和辅机两部分;按运转特性可分为往复式机械和回转式机械两大类,前者有柴油机、柱塞泵、压气机,后者有涡轮机、水泵、风机、电机等。机械运转时总会产生周期性的激励力,从而引起机械本身的振动。从它们的振动频谱图可知,这些机械振动频带宽达 2～8 000 Hz,主要频率分布在 2～1 000 Hz。

船舶设备包括锅炉、焚烧炉等,这些设备本身不会产生激励力,但受到基座传递的激励力的作用,也可产生设备本身的振动。

船舶管路由于内部流体或外部激励作用,也会产生管路振动。

船舶机械包括机械、设备和管路,如没有特别指明,机械和设备可简称为机械。

船舶机械的剧烈振动,不但会引起机械本身的疲劳损坏,而且还会通过与船体的连接部件把振动传递给相关的机构和设备。船舶设备的剧烈振动,也会影响设备的正常使用。

剧烈的管路振动,会引起管路及其附件的疲劳损坏,同时也会加剧周围的振动和噪声,并影响相连的机械的正常工作。

5.2　船舶机械振动原理

5.2.1　机械振动传递的路径

机械产生的振动传递给基础结构、甲板和舱壁板后引起它们振动,并以弹性波形式沿着船体结构传播,产生结构振动(又称结构噪声)。图 5－1 给出了柴油机振动传递路径的示意图。

从图 5－1 中可以看出,柴油机振动主要通过以下 5 个路径传递:

①机座:通过机座直接传递或经过隔振器传递到船体结构。

②空气:柴油机表面辐射噪声通过空气直接传递到整个舱室,并对船体结构产生二次激励。

③柔性接头:通过各种柔性接头、管路及管内水、油等流体传递到舱壁等船体结构。

④弹性联轴节:柴油机输出端通过联轴节、齿轮箱及其支承传递到船体结构。

⑤排气系统:排气管路及管内气体振动直接或通过弹性支承传递到船体结构。

习惯上,把通过机座传至基础的传递路径称为第一通道,其余的称为第二通道。

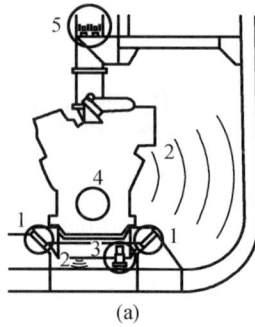

(a)

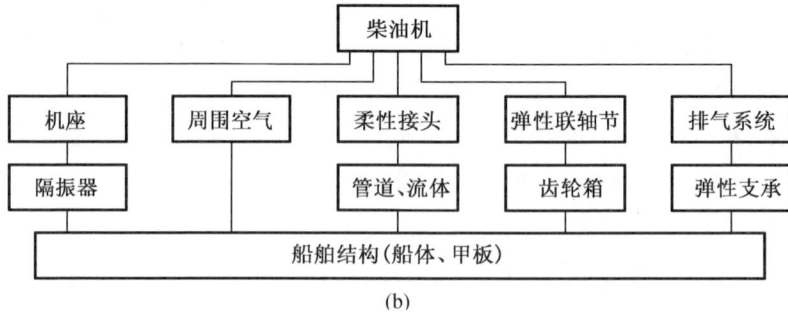

(b)

1—机座;2—空气;3—柔性接头;4—弹性联轴节;5—排气系统。

图 5-1　柴油机振动传递路径的示意图

5.2.2　隔振基本参数

隔振技术中的 3 个基本参数是隔振系统的质量、刚度和阻尼。这 3 个基本参数的作用如下。

质量:在固定激励力作用下,被隔离物体质量越大,其响应的振幅越小。

刚度:在同一激励频率下,隔振器刚度小,隔振效果好,反之隔振效果差。刚度决定整个系统的隔振效率,同时又关系系统摇摆的程度。

阻尼:在共振区减小共振峰,抑制共振振幅;但在隔振区为系统提供使弹簧短路的附加连接,从而提高支承的刚度,使隔振效率降低,因此对于阻尼,设计时需要仔细分析。

5.2.3　积极隔振和消极隔振

为减小或控制机器设备结构振动的传递,在两个结构之间的传递通道上插入弹性元件(常称隔振器),从而使一个结构传至另一个结构的动力激励或运动激励予以降低,这就是振动隔离,简称隔振。按照振动激励方式不同,隔振分为积极隔振(又称主动隔振)和消极隔振(又称被动隔振)两类。表 5-1 列出了积极隔振与消极隔振的目的和适用对象。

表 5 – 1　积极隔振与消极隔振的目的和适用对象

序号	分类	图示	目的	适用对象
1	积极隔振	机器	隔离或减小机器设备产生的振动通过机座、支座传递到基础结构,使周围环境或邻近结构不受机器设备振动的影响	运动设备、回转机械、往复机械、冲床等各种设备
2	消极隔振	仪器	防止周围环境的振动通过支座、机座传到需要防护的仪器设备或精密机械	电子仪器、导航设备、配电柜、贵重运输物品等

　　积极隔振和消极隔振的概念虽然不同,但是实施方法相同,即在被隔离物体和基础结构之间安装隔振器(由刚度和阻尼组成的弹性元件)。其区别只是在积极隔振中使传递到基础结构上的力减小,周期性的激励力一部分由机器设备本身的惯性力抵消,另一部分由隔振器吸收耗散;而在消极隔振中,大部分的基础振动被隔振器吸收耗散,被隔离物体凭借惯性保持基本静止。

5.2.4　绝对传递率

　　把有隔振器时传递给基础结构的激励力与刚性连接的激励力之比,称为绝对传递率 T_A。

　　图 5 – 2 是绝对传递率 T_A 随频率比 $\dfrac{\omega}{\omega_n}$ 变化的曲线。从曲线中可看出:

　　①不论阻尼比取何值,只有当频率比 $\dfrac{\omega}{\omega_n}$ 大于 $\sqrt{2}$ 时,绝对传递率 T_A 才会小于 1。因此,要达到振动隔离的目的,单自由度隔振系统刚度的选择应满足 $\dfrac{\omega}{\omega_n}$ 大于 $\sqrt{2}$;反之将引起振动放大。

　　②当频率比 $\dfrac{\omega}{\omega_n}$ 大于 $\sqrt{2}$ 时,随着频率比 $\dfrac{\omega}{\omega_n}$ 的增加,绝对传递率 T_A 越来越小,隔振效果越来越好,但频率比 $\dfrac{\omega}{\omega_n}$ 不宜过大,因为这要求隔振器具有很大的静态压缩量,即弹簧变得很软,这样机械易摇晃,而且当频率比 $\dfrac{\omega}{\omega_n}$ 大于 5 以后,绝对传递率 T_A 变化很小,所以实际采用的频率比 $\dfrac{\omega}{\omega_n}$ 宜为 2.5 ~ 4.5。

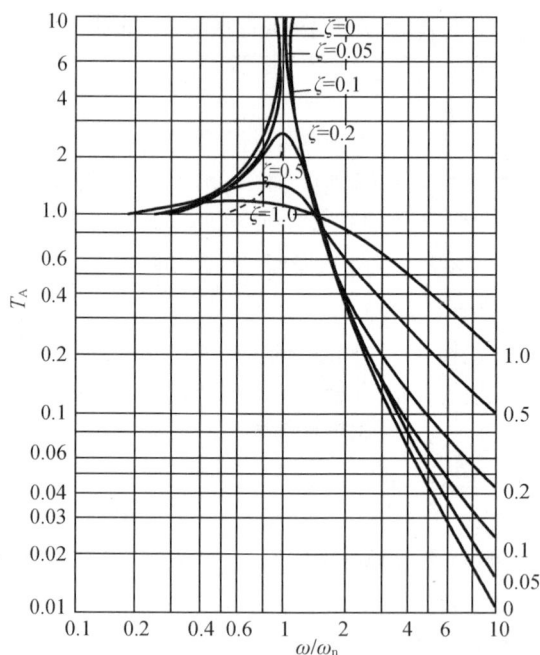

图 5-2 绝对传递率 T_A 随频率比 $\dfrac{\omega}{\omega_n}$ 变化的曲线

5.3 机械振动计算

为防止机械振动超过衡准,应进行机械振动计算,并满足设计准则要求。

船舶机械的隔振通常是采用单层隔振系统,有时也采用双层隔振系统。单层隔振系统设计计算,可分为仅考虑 1 个方向的单自由度隔振系统和考虑空间 6 个方向的多自由度系统两种。

5.3.1 隔振设计资料准备

机械隔振设计时,通常只考虑垂向振动,所以可按单自由度设计计算。隔振设计前,需要准备以下资料:

①机械的类型、规格及转速范围;

②机械的质量、质心位置、安装位置及外形尺寸;

③安装基础的结构特性和环境条件;

④船主对船舶结构振动与噪声的要求和指标。

5.3.2 单自由度隔振系统

1.激励力分析

首先判断是积极隔振还是消极隔振。如是消极隔振,则要分析所在环境的振动优势频率幅值及方向。对于机械来讲,绝大多数是属于积极隔振,则要计算分析机械最主要的激励力或激励力矩的频率、幅值和方向。当机械或振动环境为多个频率激励的振动源时,要求作出激励频谱图。

2. 系统固有频率

系统固有频率应根据设计要求,由所需的绝对传递率或隔振效率来确定。一般,隔振系统固有频率的确定,应该同时考虑隔振效果和系统的摇摆稳定性。在满足隔振效率的前提下,固有频率可设计得高一些,以增加系统的稳定性,不至于因固有频率过低,隔振器太软,从而使机器产生摇晃。

3. 基座隔振设计

为减小被隔离物体的振幅和调整系统质心,一般是将机器安装在一个有足够刚度和质量的钢制或钢筋混凝土制成的隔振基座上,然后再弹性地支承在船舶基础上。隔振基座的作用是:

①使隔振元件受力均匀,设备振幅得到控制;

②降低隔振系统质心,提高系统稳定性;

③减少因设备质心位置计算误差引起的耦合振动,使系统尽可能只有垂直方向振动;

④抑制机器通过共振转速时的振幅。

4. 机器和隔振基座的质量和质心位置确定

对于仅考虑垂向振动的隔振系统,只需要求出机器和隔振基座的全部质量并确定公共质心位置。如要求同时考虑垂向(x 向)、纵向(y 向)和横向(z 向)3 个方向直线振动和绕 3 个方向的回转振动,则需要求出 3 根主惯性轴位置以及绕该 3 根轴的惯性矩。通过调整隔振基座的质量分布,尽可能使主惯性轴落在水平面和垂直面内。

5. 机器振幅的计算

机器振幅 A 可由式(5-1)计算:

$$A = \frac{F_0}{\omega_n^2 m} \left| \frac{1}{1 - \left(\frac{\omega}{\omega_n} \right)^2} \right| \qquad (5-1)$$

式中　F_0——激励力幅值,N,主要指柴油机不平衡力和力矩;

m——机器和隔振基座总质量,kg;

ω——激励力频率,1/s;

ω_n——隔振系统固有振动频率,1/s。

如计算的振幅 A 超过机器设备允许值时,则可增加 m 以减小 A 值,一般采取加大隔振基座的质量。当激振力是一个力矩时,在式(5-1)中用质量惯性矩 I 代替 m,则可计算得到角振幅。

6. 隔振器选择

隔振器选择主要考虑刚度和阻尼,以及耐环境条件的性能。为安装维护方便,尽可能采用同一种类同一型号的隔振器。

7. 隔振器布置

隔振器布置应遵循下列原则:

①在一个隔振装置中,尽可能选用相同型号的隔振器,并使每个隔振器受力相等,变形一致;

②隔振器尽可能按机械的主惯性轴做对称布置;

③当机械的形状和质量分布特殊而不得不采用不同型号的隔振器时,应使隔振器的各个支承点的变形一致,以保证隔振系统在振动时保持垂直方向振动独立;

④为克服计算误差引起隔振器静态压缩量不一致,可把隔振器安装位置部分设计成为活动的,安装时可以调整,以保证各隔振器静态压缩量一致。

8. 阻尼器或限位器选择

为防止隔振系统摇摆或在启动过程中通过共振区时振幅过大,可考虑安装阻尼器或振幅限位器。

9. 其他部件的柔性连接

隔振系统的所有管路、动力线及仪表导线,在隔振基座上、下连接应是柔性的,以减少第二通道振动传递。

10. 检查和方案比较

在完成隔振设计后,要检查机械隔振系统是否符合设计指标,有时需要做几个不同的方案进行比较,以满足经济性要求。同时检查所有选用的设备或附件是否符合船用要求。

5.3.3 多自由度隔振系统

1. 多自由度隔振系统运动方程

当机械同时受到不同方向上的激励力和激励力矩作用时,隔振设计应按 6 个自由度系统进行。参照图 5-3,把机械和公共隔振基座简化为质量等于 m 的刚体,取其质心位置为坐标原点,3 个坐标轴为 3 个主惯性轴,其运动方程为

$$MX + CX + KX = F \tag{5-2}$$

式中 M、C、K——分别为质量矩阵、阻尼矩阵、刚度矩阵;

X——位置向量,$X = [x, y, z, \alpha, \beta, \gamma]^T$,其中 x、y、z 为线位移,α、β、γ 为角位移。

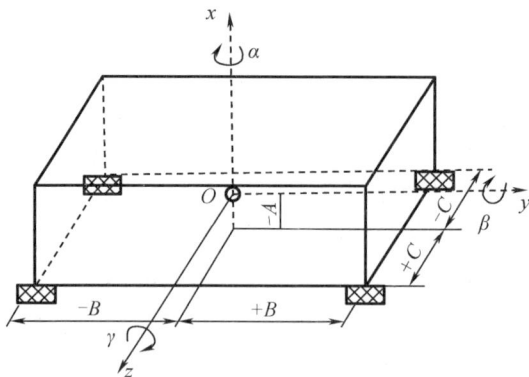

图 5-3 多自由度隔振系统

对应方程的隔振系统的固有频率方程式为

$$|K - M\omega^2| = 0 \tag{5-3}$$

2. 多自由度隔振系统响应计

关于多自由度隔振系统的固有频率、固有振型和振动响应的计算,一般都采用专用程

序，由计算机完成。

5.3.4 双层隔振系统

船舶机械单层隔振系统的振级落差一般为 10 ~ 20 dB。因此，对振动噪声要求高的船舶，其机械可考虑采用双层隔振系统，即在被隔离的机械和基础之间再插入一个弹性支承的中间基座，图 5 - 4 为双层隔振系统的示意图。为降低舱内空气噪声和由此引起的二次结构振动，可以在机组外安装隔声罩，一般隔声罩安装在中间基座上。双层隔振系统的振级落差，在低频区一般可达到 30 ~ 40 dB，高频区可达 50 dB 以上。

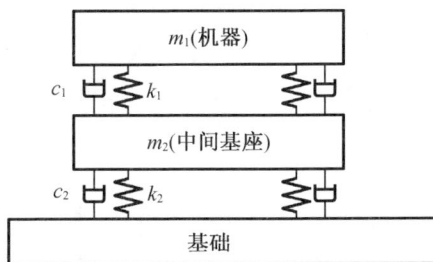

图 5 - 4 双层隔振系统

在高频区双层隔振系统隔振效果优于单层隔振系统。

5.4 隔振元器件

船舶设备隔振元器件指的是将船舶机械、船舶管路固定到船体承重结构的弹性连接件上，它包括减振器件本身及实行多层减振时中间金属结构。这种船舶隔振元器件主要用途如下：

①减振，即减少船舶机械设备工作时传递给船体结构的声振动，降低船舶的水下噪声辐射。

②抗冲击，即减小来自船体的冲击振动对设备的影响。

③既减振又抗冲击。

④减少设备所受的来自船体支承结构及由螺旋桨旋转产生的强烈低频振动的影响。

5.4.1 隔振元器件性能

隔振元器件一般分成隔振垫和隔振器两大类。前者有橡胶隔振垫、海绵橡胶、毛毡、玻璃纤维及矿棉等；后者有金属弹簧、橡胶隔振器、钢丝绳隔振器、空气弹簧等。表 5 - 2 列出了各类隔振元器件的性能比较。

需要指出的是，橡胶隔振元器件具有蠕变特性，即在额定负荷下，隔振元器件变形在一段时间内仍不断增加，一般 48 h 的滞后变形可达蠕变的 90%。所以对于船舶机械隔振装置，如主推进动力设备和柴油发电机等重要设备，在其加载到隔振器上后，应在 48 h 以后再进行校中和外接件的安装。一般机械隔振装置，应在 24 h 后再进行安装。

表 5-2 各类隔振元器件的性能比较

性能项目	金属弹簧	钢丝绳隔振器	橡胶隔振器隔振垫	空气弹簧	金属丝网隔振器	海绵橡胶	毛毡	玻璃纤维及矿棉
适用频率范围/Hz	2~10	5~10	5~100	0~5	20~25	2~5	25	>10
多方向性	○	▲	▲	○	○	○	○	○
简便性	○	▲	▲	△	○	○	○	○
阻尼性能	×	▲	○	▲	○	△	△	○
高频隔振及隔声	×	○	○	▲	△	○	○	○
载荷特性的直线性	△	○	○	○	×	×	×	×
耐高、低温	▲	▲	△	△	▲	△	○	○
耐油性	▲	▲	△	△	▲	×	○	○
耐老化	▲	▲	△	△	▲	×	○	○
产品质量均匀性	▲	○	△	○	○	×	△	△
耐松弛	▲	○	○	○	△	△	△	△
耐热膨胀	▲	○	△	○	○	○	○	○
价格	便宜	高	中	高	中	中	便宜	中
质量	重	中	中	重	中	轻	轻	轻
与计算特性值一致性	▲	○	○	○	△	×	×	×
设计上的难易程度	▲	○	○	×	△	○	○	○
安装上的难易程度	△	○	○	×	○	▲	▲	○
寿命	▲	▲	△	○	○	×	△	△

注:表中符号说明为 ▲——优;○——良;△——中;×——差。

5.4.2 隔振元器件选择

根据隔振基本原理,隔振系统的激励力频率与固有频率之比一般为 2.5~4.5,为此:

当 $f_0 = 20~30$ Hz,可选用毛毡、橡胶隔振垫及一些较硬的橡胶隔振器、金属丝网隔振器;

当 $f_0 = 2~10$ Hz,可选用金属弹簧、钢丝绳隔振器、橡胶隔振器、海绵橡胶及泡沫塑料等;

当 $f_0 = 0.5 \sim 2\ \text{Hz}$,可选用空气弹簧隔振器。

隔振元件选择另一个要点是载荷,一般应该使隔振元件所受到的静载荷为允许载荷的 $80\% \sim 90\%$,动载荷与静载荷之和不超过其最大允许载荷。对于隔振垫,允许载荷或推荐载荷是指单位面积的载荷,并力求各个隔振元件载荷均匀。

表 5 - 3 列出了船舶机械常用隔振器的特性和应用。

表 5 - 3　船舶机械常用隔振器的特性和应用

类型	特性	应用	注意事项
橡胶隔振器	承载能力强,刚度大,阻尼比为 0.05 ~ 0.15,可做成各种形状,能自由选取 3 个方向的刚度,有蠕变效应	用于船舶主动力设备、各种机械设备的积极隔振	根据使用环境条件不同,如耐油、耐磨性、耐热性、耐酸碱性等,选用不同的防振橡胶胶料制作隔振器
钢丝绳隔振器	具有较好的弹性和阻尼,承载能力强,抗冲击性能好,水平与垂向两刚度相差较大	用于各种设备的积极隔振,电子仪器仪表的消极隔振,适用抗冲击环境	安装时采用交叉方向布置,以便使水平与垂直两个方向的刚度比较接近
金属弹簧	承载能力强,变形量大,刚度小,阻尼比约为 0.01,水平刚度较垂直方向小,易晃动	用于仪器仪表的消极隔振和大激振力机械的积极隔振	当需要较大阻尼时,可增加阻尼器或与橡胶隔振器联合使用
空气弹簧	刚度由压缩空气的内能决定,阻尼比为 0.15 ~ 0.50	常用于特殊要求的精密仪器和设备的消极隔振,现开始用于对声学有特殊要求的船舶主动力设备积极隔振	空气压力要求稳定,需要有恒压空气源
海棉橡胶	刚度小,富有弹性,阻尼比为 0.1 ~ 0.15,承载能力小,性能不稳定,易老化	用于小型仪器仪表的消极隔振	许用应力很低,相对变形量应控制在 20% ~ 35% ,严禁日晒雨淋,防止接触酸、碱、油

5.4.3　典型隔振元器件

1. AKCC 型船舶橡胶金属减振器

该型减振器不仅在造船部门而且在其他工业部门都得到了广泛应用。20 世纪 50 年代制造,随后又得到一系列改进的该类减振器具有结构简单、在极端条件下使用极其可靠、隔振效果好、隔振能力强、安装方便等特点。该型减振器主要用于船舶机械及设备的抗冲击及减振中,并能在 -5 ~ 70 ℃ 及在有燃油、滑油蒸汽存在条件下工作,即使在滑油、淡水和海水溅落情况下也能可靠工作。图 5 - 5 为 AKCC 型船舶橡胶金属减振器结构示意图。

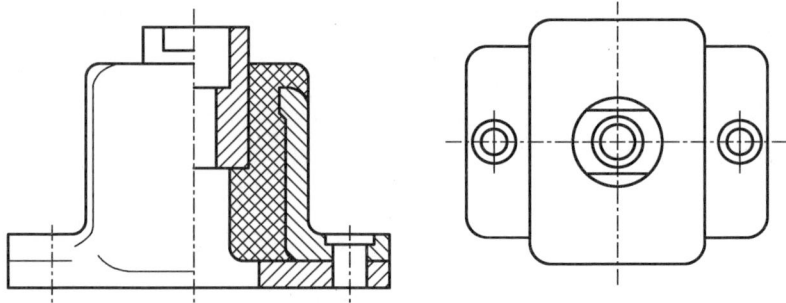

图 5 - 5   AKCC 型船舶橡胶金属减振器结构

2. Kleber 型船舶橡胶金属减振器

Kleber 型船舶橡胶金属减振器是由法国 Kleber - Colombes 公司生产的船舶主机和辅机减振器(图 5 - 6),其内部装有一种内置式弹性限位器(限制极限变形量)。该类减振器覆盖的载荷范围很大(550 N ~ 190 kN),减振器固有频率约为 5 ~ 5.5 Hz。该型减振器有如下两种:

①装配式减振器(静载荷 550 N ~ 14 kN);

②用硫化胶合法将橡胶部件固结在减振器金属部件上的一体式减振器(静载荷 800 N ~ 190 kN)。

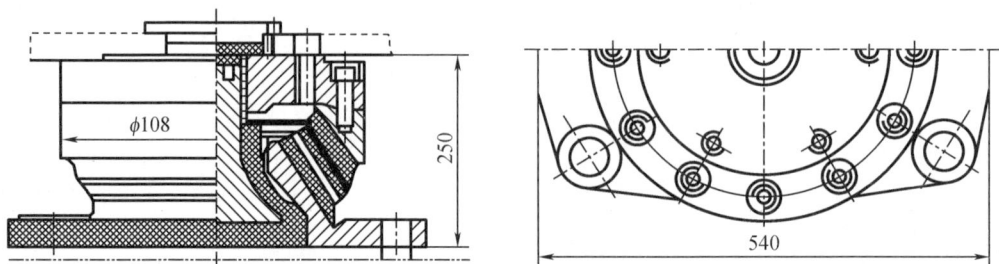

图 5 - 6   Kleber 型船舶橡胶金属减振器结构

3. Vibmar 型船舶橡胶金属减振器

Vibmar 型船舶橡胶金属减振器也是一种供主机及辅机使用的一体式橡胶金属减振器。该型减振器主要包括 EIN 和 ESN 系列,结构上形似截头锥体,其承受剪切的弹性元件用硫化胶合法与螺旋弹簧或环形金属板固结为一体(图 5 - 7)。为提高其阻尼特性,ESN 系列减振器的内腔充填有黏弹性液体。ELA 系列橡胶金属减振器(图 5 - 8)有螺旋弹簧和橡胶弹性筒并联而成,为提高阻尼性能,装有螺旋弹簧的减振器内腔充填有黏弹性液体。

除上述橡胶金属减振器外,还有诸多船舶橡胶金属减振器,如动力装置减振系统中常用的有 Portsmouth、EES、Mare Island 减振器等。

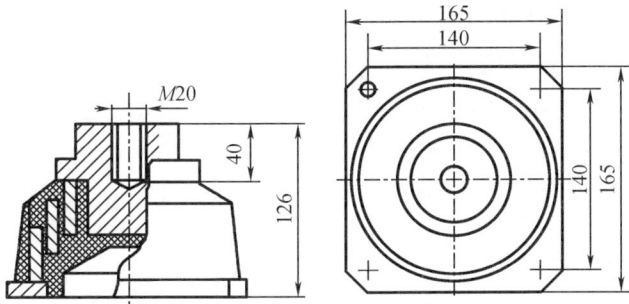

图 5 – 7　**Vibmar ESN** 系列橡胶金属减振器

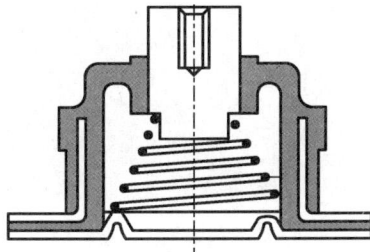

图 5 – 8　**Vibmar ELA** 系列橡胶金属减振器

4. 气动减振器

气动减振器是指在柔性密闭容器中加入压力气体(一般指空气),当气体弹簧变形时,利用内部气体压缩反力及因气体变形有效受压面积改变而增加的反力之和来提供弹性恢复力的一种减振器。如图 5 – 9 所示,气动减振器作为隔振支承装置使用时具有如下特点:

①它能提供很低的共振频率,一般为 3 Hz,在结构和布局合理的情况下甚至可以达 1 Hz。

②由于空气弹簧是通过空气弹簧橡胶气囊中压缩空气的压力变化取得隔振效果的,所以其隔离振动,尤其是高频振动有着极佳的效果,可有效避免橡胶减振器高频隔振时因驻波现象而导致高频隔振效果下降的弊端。

图 5 – 9　气动减振器

5. 钢丝绳减振器

钢丝绳减振器是由不锈钢钢丝绳绕制而成的,将钢丝绳绕成弹簧状,固定在沿弹簧母线布置的金属板之间,其主要优点是:具有相当大的扰度,较大的阻尼,能经受恶劣的环境。每个钢丝绳隔振器都有各自的特性,这些特性依钢丝绳的直径、每匝中钢丝的数目、钢丝绳的长度和扭绞角度以及减振器中的钢丝绳匝数而定。由于钢丝之间有相当大的自由行程,相互之间的干摩擦使其具有很大的阻尼,所以这种减振器能有效地吸收冲击载荷。

由于钢丝绳减振器具有很大承载能力,同时具有很大柔度,因此其具有广泛的应用范围,图 5 - 10 为 HGS 型钢丝绳减振器的结构形式。

图 5 - 10　HGS 型钢丝绳减振器的结构形式

6. 弹簧(板簧)式金属减振器

舰用弹簧式单匝减振器就是弹簧式减振器中的一种。实际上它是紧固环向外弯曲的单匝圆柱形弹簧。这类减振器主要用于各种仪表、仪器和轻型设备的抗冲击装置中。

常见的弹簧式金属减振器是金属组合式减振器和板式减振器,它们是装配式金属件,其弹簧元件在组合式减振器中由 4 组叠板弹簧构成,在板式减振器中由一组 Ω 形叠板弹簧构成(图 5 - 11)。船舶中常用的弹簧式金属减振器的额定静载荷为 392 ~ 3 920 N,其自由行程也较小(在 z 轴轴向和 y 轴轴向为 35 ~ 40 mm,在 x 轴轴向为 10 ~ 15 mm),阻尼也相对较小。

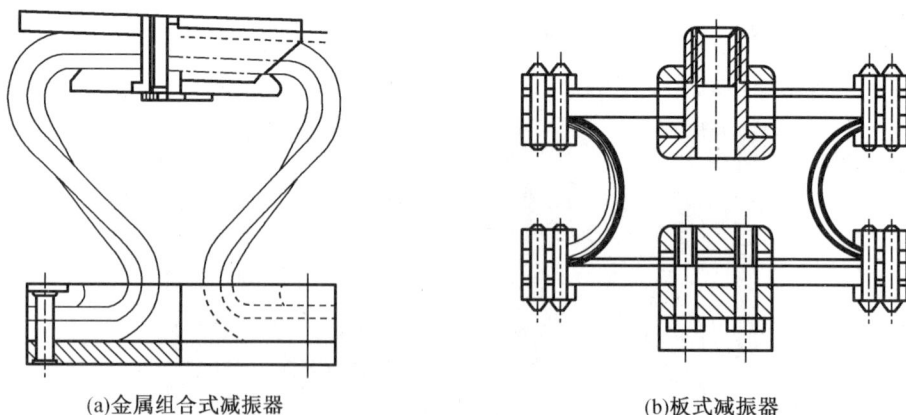

(a)金属组合式减振器　　　　　　　　(b)板式减振器

图 5 - 11　金属组合式减振器和板式减振器结构示意图

5.4.4　隔振元器件的强度校核

①金属弹簧隔振器中的弹簧元件,按机械零件中的设计方法校核强度。

②橡胶隔振器的许用应力应不超过下列数值:

压缩:1 N/mm^2;剪切:0.4 N/mm^2。

③橡胶隔振器的许用应变应不超过下列数值:

静载压缩:15%;剪切:25%。动载压缩:5%;剪切:10%。

④由于船舶倾斜和摇摆,使隔振器元件除受静载荷(自重)作用外,还要受到附加的动载荷作用,因此应进行动强度校核。

一般可只考虑船舶最大摇摆角并作为静态处理。根据船舶相关规范的规定,允许最大角度为:

对船舶推进和船舶安全有关的辅机,纵倾为 $7.5°$,横摇为 $22.5°$;

对应急发电机和根据法定要求安装的设备,纵倾为 $10°$,横摇为 $22.5°$。

对小型船舶,由于摇摆周期较短,则应考虑机械的惯性作用,如图 $5-12$ 所示。

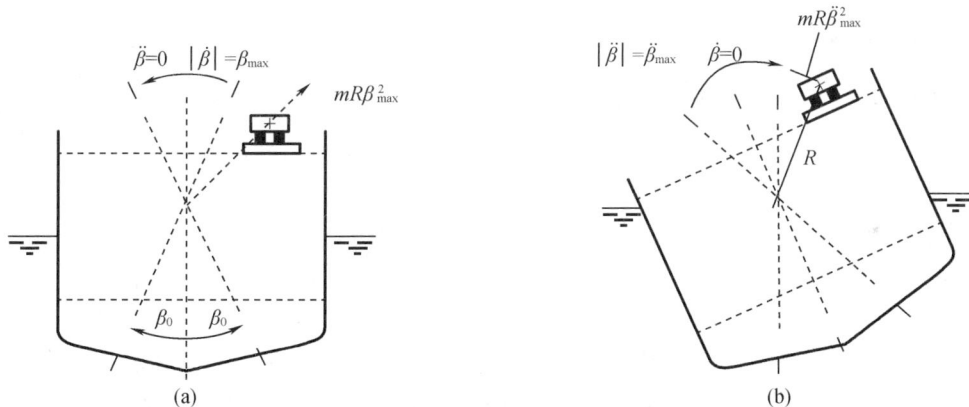

图 5-12　船舶动态影响

图 $5-12$ 中 m 为质量,摆动角位移 $\beta = \beta_0 \sin \omega t$。图 $5-12$(a)表示摆动角位移 $\beta = 0$ 时,$\ddot{\beta} = 0$,$|\dot{\beta}| = \beta_{\max}$ 的情况;图 $5-12$(b)表示摆动角位移 $\beta = \beta_0$ 时,$|\ddot{\beta}| = \ddot{\beta}_{\max}$,$\dot{\beta} = 0$ 的情况。可见惯性力的大小及方向均不同。这说明,动态校核应考虑几种不同情况。

5.4.5　隔振元器件布置

隔振元器件的布置形式,一般可分为支承式和悬挂式两种:

1. 支承式

根据隔振元器件支承角度不同,主要分为平置式和斜置式两种。

平置式是一种常见的传统布置形式,布局简单,安装容易。在这种布置方式中,每个隔振元器件的 3 个相互垂直的刚度轴各自对应平行于所选取的参考坐标轴。

斜置式布置中,每个隔振元器件的 3 个相互垂直的刚度轴相对于参考坐标轴的布置是,除一轴平行于参考坐标轴外,其他两个轴分别与参考坐标轴有一个夹角。一般斜置式的隔振元器件都是成对地布置于垂向纵剖面的两侧,但每对之间的夹角可以不同。这种布置方式的最大优点是,它既有较强的横向刚度,又有足够的横摇柔度;常应用于柴油机的隔振,这样既保证有较大的横向稳定性,又满足较低的横摇固有频率的要求,以隔离由不均匀扭矩引起的横摇振动。

2. 悬挂式

根据舱室空间不同,主要分为悬吊式和侧挂式两种。前者常用于精密设备的隔振,后者用于小功率船舶辅机的隔振。

5.5　管　路　振　动

机械振动、管路内流体产生的脉动和不稳定流动引起的振动与噪声,不仅会产生剧烈的管路振动,以及引起管路及其附件的疲劳损坏,同时也会加剧周围的振动和噪声,并影响相连的机械的正常工作。

因此,在船舶设计和安装阶段,应采取防止管路振动的适当措施。

5.5.1　管路振动的分析与计算

管路系统是一个连续弹性体结构,在管内流体脉动压力激励下将产生强迫机械振动。设计时,建议对管路系统的固有频率和机械振动进行分析计算,防止共振,并预估管路系统的振动,判断管路工作的安全可靠程度。

对于简单管路系统,如不同支承方式和质量分布的单跨管路,悬臂直角弯管和任意角度的平面弯管的固有频率计算方法,可查阅振动手册。

实际管路系统由于结构的复杂性,精确解的求取非常困难。目前一般是采用各种理论方法求取近似解,以满足工程计算的要求。其中有限元法是管路系统振动分析的一个有用的工具,有限元软件可以计算复杂管路系统的固有频率,也可以计算动力响应。

5.5.2　管路防振措施

1. 避免管路共振

管路固有振动频率与两支承间管路的长度有关,管路越长,固有振动频率越低。因此,可采用不同长度来改变管路振动固有频率,以避免共振的发生。

2. 管路弯曲与支承

应尽量避免管路转弯,如不可避免时,转弯半径应尽可能大。应尽量避免管路支承间距过大和管路悬浮,否则应加设支架,而且支架处应有足够的刚性。

3. 管路附件

管路中的阀和仪表等附件,不应安装在管路振动的波腹位置,应尽量靠近支承点或固定点。

4. 管路隔振

机械振动,除通过基础沿船体结构传递外,还可以通过管路、管内工作介质以及固定管路的构件,传递至邻近结构而辐射噪声。为隔离管路振动的传递,应对管路进行隔振。一般通过设备与管路之间采用弹性元件连接实现,即在风机、水泵、空压机、柴油机进出口法兰与管路法兰之间用弹性接头连接,管路通过弹簧吊架或支架由甲板或舱壁支承。图5-13为典型管路隔振示意图。

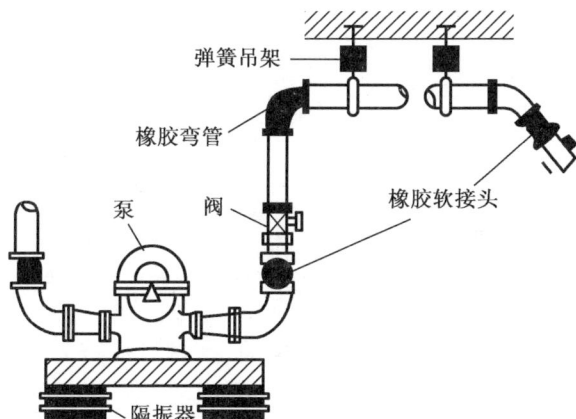

图5-13 典型管路隔振示意图

5. 管路防振弹性元件

根据机械及管路内流体压力温度不同,管路隔振用的弹性元件即软接头,分为下列3种:

① 帆布或人造革制作柔性管接头,适用于进出风口压力较低的通风机管路隔振;

② 橡胶软接头,适用于工作压力小于 3 N/mm^2、流体介质温度在 100 ℃以下管路隔振;

③ 不锈钢金属波纹管,适用于温度高于 100 ℃、压力高于环境大气压的工况,如柴油机、空压机和真空泵的排气口等。

6. 注意事项

为获得良好的管路隔振效果,软接头安装设计时需要注意下列事项:

① 软接头应配置在垂直和水平两个方向;

② 软接头应配置在靠近设备的管路上,习惯上是配置在设备管路的进、出口处;

③ 软接头不能承受轴向拉力,横向补偿位移作用小,安装时不能超过产品的极限额定值。

5.6 典型船舶机械振动噪声控制案例分析

目标船是一艘 4 500 吨级的综合物探调查船,其主要任务是用于无限航区的地震采集作业并兼顾地质调查作业,具有 CCS 噪声舒适性2级 COMF(NOISE 2)和振动舒适性2级 COMF(VIB 2)附加标志。

本船的主要参数见表5-4。

表 5 - 4   船体主要参数

序号	主要参数	
1	总长	87.07 m
2	垂线间长	79.4 m
3	型宽	17.00 m
4	型深	7.8 m
4	设计吃水	5.20 m
5	满载吃水	5.65 m
6	满载排水量	4 980 t

本船为电力推进船舶,其主电站为 4 台主柴油发电机机组和 1 台停泊柴油发电机机组组成,主推进系统设有 2 套电力推进的可调桨桨轴系统。此外还设有艏、艉隧道式侧推装置,具有 DP1 动力定位的能力。为实现地震测量,船上设有 3 套震源空压机,2 台使用 1 台备用。

5.6.1   噪声源及减振目标分析

目标船噪声源繁多,噪声强度大,频谱成分复杂,主要噪声源包含机械噪声、螺旋桨噪声及水动力噪声等三大噪声源。

机械设备多由运动部件组成,是产生振动和噪声的最主要原因。目标船机械噪声源主要包括:布置在发电机舱下层的 4 台主柴油发电机组、1 台停泊柴油发电机组、大功率海水泵、启动空压机及艇甲板的机舱风机;布置在推进电机舱的推进电机、推进齿轮箱;布置在震源空压机舱的 3 台震源空压机组。主要机械设备振动噪声指标见表 5 - 5。

表 5 - 5   主要机械设备振动噪声指标

序号	设备名称	振动加速度级指标/dB(10 Hz ~ 10 kHz)
1	柴油发电机组	148 ~ 150
2	推进电机	125
3	震源空压机	140
4	齿轮箱	128
5	大功率水泵	135
6	启动空压机	128
7	通风机	125

这些设备为主要振动噪声激励源,首先要考虑这些源头舱室的减振降噪方案。参照 CCS COMF(VIB 2)要求,发电机舱、推进电机舱、震源空压机舱的振动目标值均要求不大于 6 mm/s(振动量级 1 ~ 80 Hz)。可考虑对噪声指标大的设备采用衰减量大的隔振措施,其他设备相应适度考虑。

5.6.2　减振降噪措施

目前船上机械设备的隔振措施主要有阻尼隔振、单层隔振、双层隔振和浮筏隔振等。

1. 阻尼隔振

阻尼材料是利用高分子材料的黏弹性将振动机械能转换为热能消耗掉,从而实现减振降噪目的的一种复合材料。阻尼隔振广泛地应用在船舶动力装置的基座上。在船上一般有两种安装方式:将阻尼材料利用黏性剂将其粘贴到结构上,以及先进行粘贴然后加螺栓固定。有文献报道,通过计算和测试发现,在阻尼材料上增加螺栓后,各阶模态阻尼因子增量,得到增加量级在10% ~ 20%,说明阻尼板上的螺栓能明显增加阻尼板的减振降噪性能。

为对比无阻尼基座、仅纵向腹板敷设约束阻尼基座以及在纵向、横向、内底均敷设约束阻尼基座效果,实验室试验对比如图5 – 14所示,由图可看出,敷设阻尼的基座在中高频段能减低等效加速度级10 ~ 20 dB。

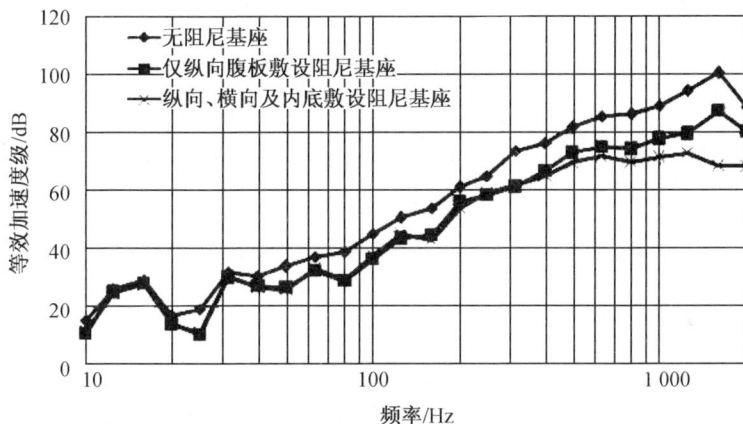

图5 – 14　阻尼减振效果曲线

2. 单层隔振

单层隔振装置通过一组隔振器将动力设备支承在船体基座结构上,利用隔振器的弹性使传递到基座上的动态激励力小于设备激励力。单层隔振装置的主要缺点是中高频隔振效果较差。单层隔振的能量损耗一般在20 dB左右。

单层隔振装置主要用于隔振要求不高的设备。

3. 双层隔振

为了克服单层隔振装置在中高频隔振效果较差的缺点,研究了双层隔振技术。双层隔振装置是在设备和基座之间安装两层隔振器,并在两层隔振器之间插入中间质量体,利用中间质量可衰减一部分上层隔振器传递来的振动,从而提高隔振效果。中间质量体多采用整体框架结构,以获得较大的质量和刚度,当受空间限制,可以在上、下层隔振器之间设置若干个分散的质量块构成双层隔振装置。双层隔振装置的隔振性能要明显优于单层隔振装置,特别是在高频段,双层隔振效果要比单层隔振高出10 ~ 20 dB。试验表明:在条件允许的前提下,适当增加中间质量体质量,可以有效提高隔振效果。

双层隔振装置主要用于发电机组、通风机组和泵类等。

4. 浮筏隔振

浮筏隔振装置是将多台动力设备通过隔振器集中安装在一个较大的中间质量上,中间质量再通过隔振器安装在船体基座上。浮筏隔振装置可以集中布置设备,有效利用空间,其中间质量具有很大的机械阻抗,有利于提高隔振效果,由试验证明,浮筏隔振可以使舰艇的机械辐射噪声减小 20 ~ 40 dB,如图 5 - 15 所示。

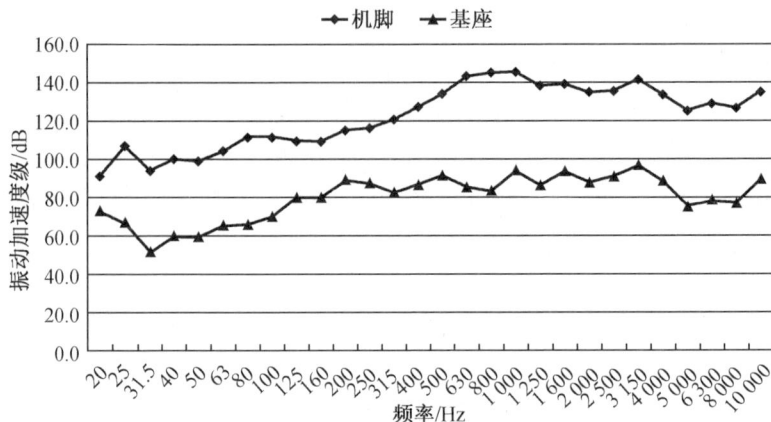

图 5 - 15　浮筏隔振效果图

5.6.3　目标船减振降噪措施的应用

1. 齿轮箱、推进电机

设有两套主推进装置,每套由变频电机通过高弹联轴节、齿轮箱、轴系驱动可调螺距螺旋桨。由于推进动力系统有严格的对中要求,所以与推进轴直接连接的齿轮箱采用与船体基座刚性安装方式,齿轮箱与推进电机采用高弹联轴节弹性连接方式并传递扭矩,由表 5 - 5 可知,推进电机振动量级比柴油机低,通常采用刚性安装。为降低推进系统沿船体结构的振动传递,对齿轮箱和推进电机基座采取约束阻尼处理。

通过图 5 - 14 阻尼减振效果曲线分析对比,结合科学船的高档需求,推进电机及齿轮箱基座采用纵向、横向、内底均敷设阻尼,并加螺栓固定,其示意如图 5 - 16 所示。

图 5 - 16　推进电机及齿轮箱约束阻尼安装示意图

2. 主柴油发电机组

船上设有 4 台主柴油发电机组,机组功率 1 710 kW。由表 5 – 5 可知,发电机组振动加速度级指标为 148 ~ 150 dB,是船上振动最大的设备之一,需要大幅度减振。4 台机组并排布置在机舱底舱,有条件实现浮筏隔振。

4 台主柴油发电机组的浮筏隔振有两种方案可供选择:2 台机组浮筏隔振和 4 台机组浮筏隔振。

如果 4 台柴油发电机组采用一个浮筏隔振装置,浮筏中间质量较大,能产生较大的机械阻抗,有利于提高隔振效果。但是浮筏面积较大,占用大部分机舱底舱面积,妨碍机舱底舱管系敷设。

实船左右 2 台发电机组各安装在一个浮筏上,共设置 2 个浮筏,2 个浮筏之间留出空间敷设管路。这样,中间管路无须绕道两舷边敷设,既满足机舱布置的需要,又尽可能地减小了发电机组运行时产生的辐射噪声和自噪声,在 500 Hz ~ 10 kHz 频率段预计可以取得近 40 dB 的振动衰减,其安装图如图 5 – 17 所示。

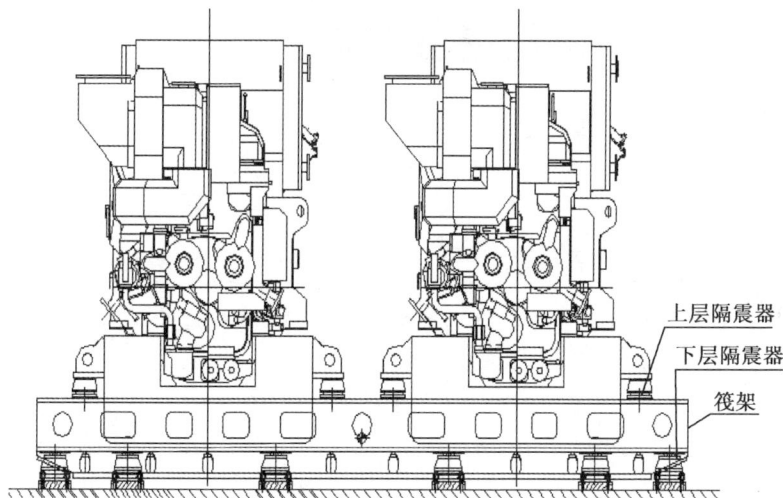

图 5 – 17 2 台发电机组浮筏隔振安装图

3. 停泊柴油发电机组

船上设有一台停泊柴油发电机组,机组功率 760 kW,振动加速度级指标与主柴油发电机组相同,也需要大幅度减振。停泊柴油发电机组布置在机舱右前方,其左边布置有中央冷却系统设备及大直径管路,所以隔振设施不宜过大,否则影响机舱布置。停泊柴油发电机组采用双层隔振,预计可以取得约 30 dB 的振动衰减,其安装图如图 5 – 18 所示。

4. 震源空压机

该船配 3 台震源空压机,能产生

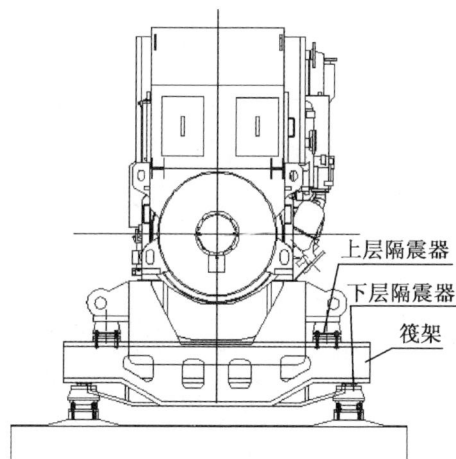

图 5 – 18 停泊发电机组双层隔振安装图

13.8 MPa高压空气,每台空压机由多个螺杆式压缩机和活塞式压缩机组成。震源空压机振动加速度级指标为 140 dB,比柴油发电机组稍低,它也是船上振动较大的设备。

　　3 台震源空压机并排布置在空压机舱,空压机舱较发电机舱的动力设备少许多,叠加振动因素减少。如果采用 3 台浮筏隔振,也会带来船上管系敷设的困难。综合各种因素,选择采用单台双层隔振,预计可取得 35 dB 以上的振动衰减,其示意图及隔振效果预估如图 5 – 19 所示。

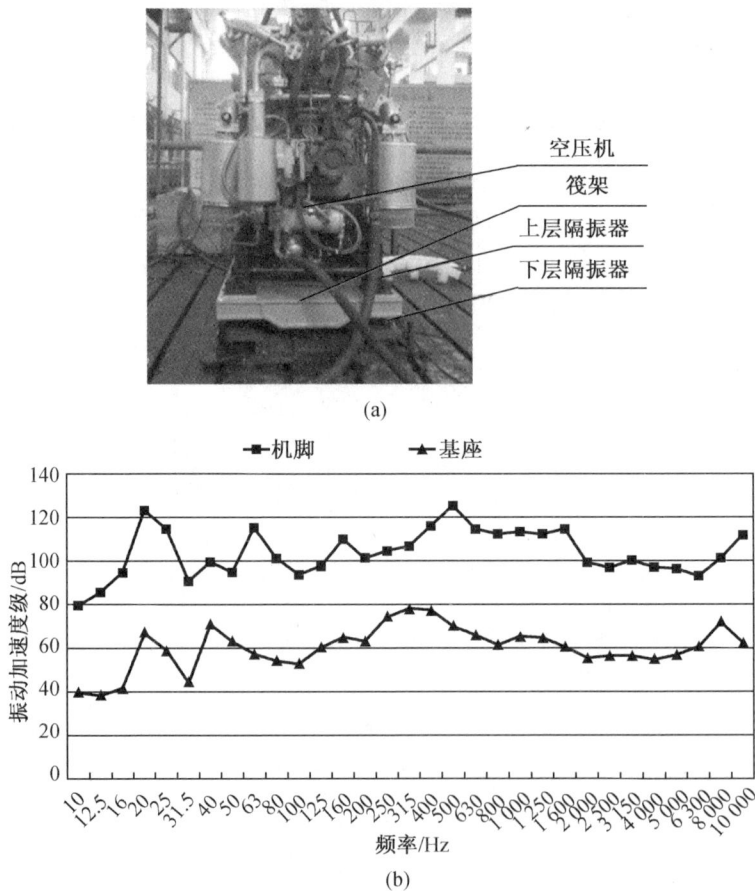

(a)

(b)

图 5 – 19　震源空压机组双层隔振示意图及隔振效果预估

　　5. 重要辅助设备

　　设置若干辅助设备浮筏隔振模块,将布置相对集中的水泵、启动空压机集成在一起,预计可以取得 35 dB 隔振效果,其安装图如图 5 – 20 所示。

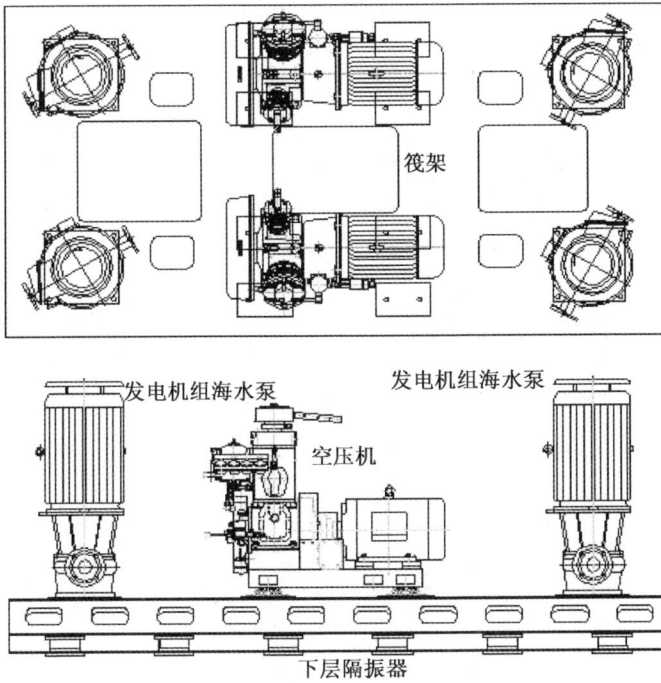

图 5 - 20 辅助设备浮筏隔振安装图

将其他水泵分别采取浮筏/双层隔振措施,预计可以取得 35 dB 以上的振动衰减,其安装图如图 5 - 21 所示。

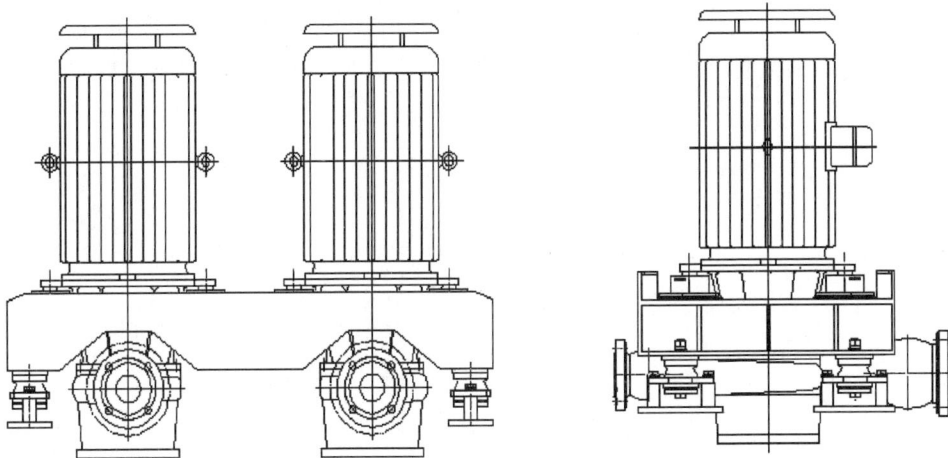

图 5 - 21 水泵隔振安装图

对于质量较小、振级较低的一般性辅助设备采取单层隔振的减振措施,预计可以取得 15 dB 以上的振动衰减。

5.6.4 实船测试结果

部分舱室振动测试结果见表 5 - 6。

表 5 – 6　部分舱室振动测试结果

序号	测量位置	标准值/(mm·s⁻¹)	测量值/(mm·s⁻¹)
1	发电机舱下层(左)	6.0	1.1
2	发电机舱下层(中)	6.0	2.3
3	发电机舱下层(右)	6.0	1.5
4	震源空压机舱(左)	6.0	0.27
5	震源空压机舱(中)	6.0	0.2
6	震源空压机舱(右)	6.0	0.32
7	推进电机舱(左)	6.0	2.22
8	推进电机舱(中)	6.0	3.91
9	推进电机舱(右)	6.0	2.82
10	辅机舱	6.0	0.82
11	集控室	6.0	3.2

5.6.5　结论

上述振源舱室的振动测量值均远远小于标准值,有效降低了机械噪声源和水动力噪声源。

测试结果表明,紧邻主、辅机舱的部分舱室的空气噪声中,仍有较大比例为设备振动传递导致的结构声辐射。经济航行工况下,发电机组、空压机等大型振源设备有半数处于关闭状态,因此各舱室振动源引起的结构声辐射大幅降低,声源设备如风机、空调等产生的流致噪声成为舱室空气噪声的主要组成部分,需要严格控制。

第6章 船舶轴系振动

6.1 概　述

在船舶运行过程中,起至关重要作用的当属船舶动力装置,而船舶轴系又是船舶动力装置的核心部件,船舶轴系能否正常的运行将关系到船舶的安全。然而,船舶轴系由于安装过程中人为、技术、材料的质量及其自身的不平衡等因素,导致船舶发生振动的现象。船舶螺旋桨的旋转能够引起其轴系发生多种振动形式,包括纵向、横向和扭转,以及三种振动形式的不同耦合情况。这些振动形式将导致曲轴、中间轴断裂、弹性轴断裂、局部轴段发热、桨轴锥形大端龟裂破坏等问题,进而使船舶动力系统出现问题甚至瘫痪。

船舶推进轴系振动形式主要有:

1.扭转振动

船舶轴系在柴油机、螺旋桨轴承力等周期性扭矩激励下,出现绕其纵轴产生扭转变形现象,称为轴系扭转振动。

2.纵向振动

船舶轴系在柴油机、螺旋桨轴承力周期性轴向力激励下,出现沿轴线方向产生的周期性运动现象,称为轴系的纵向振动。

3.回旋振动(横向振动)

推进轴系在螺旋桨或转轴上旋转的横向力矩作用下,旋转轴绕其静平衡曲线产生进动的一种振动现象,称为轴系回旋振动。

4.扭转纵向耦合振动

船舶轴系推进系统中,扭转振动将会激发纵向振动,并且,当两者的转速相差不大时更加容易激发产生纵向振动。

5.纵向横向耦合振动

除了必须考虑到轴向推力外,还可能会引发船舶轴系纵向和横向的耦合振动形式。

6.2 轴系扭转振动

6.2.1 轴系扭转振动现象

船舶轴系在柴油机、螺旋桨轴承力等周期性扭矩激励下,出现绕其纵轴产生扭转变形的现象,称为轴系扭转振动。

船舶推进轴系的扭转振动特性,可将轴系看成由数个集中质量并由无质量扭转弹簧相连接的离散系统,这个离散系统具有若干个扭转振动固有频率。柴油机气缸内的气体力和往复运动部件产生的惯性力,通过连杆而作用在曲柄销上的切向分量,可分解成无数个频率不同、幅值和相位亦不同的切向简谐力;螺旋桨在不均匀流场中也产生周期性的切向激励力。当某一激励的频率与推进轴系某节扭转振动固有频率相同或相近时,就产生轴系的扭转振动现象。

轴系扭转振动的激励力矩,对柴油机推进轴系,主要是柴油机气体力;对涡轮机推进轴系和电力推进轴系,主要是螺旋桨叶片次轴承力。

对在国际冰区航行的船舶,如在 0.8~1.2 倍额定转速范围内产生轴系 1 节叶片次共振转速,则应评估最大冰块扭矩激励的影响。

6.2.2 轴系扭转振动的危害

扭转振动引起的振动扭矩/应力是交变的。当轴系在较大振动扭矩/应力的共振转速或非共振转速附近长期运转时,轴系部件会产生疲劳破坏。严重的扭转振动可能引起:

①曲轴、凸轮轴、推力轴、中间轴、螺旋桨轴和艉管轴扭断;

②减速齿轮轮齿间撞击、齿面点蚀及断齿;

③联轴器连接螺栓切断、橡胶联轴器撕裂;

④发动机零部件磨损加快;

⑤柴油发电机组输出不允许的电压波动;

⑥由扭转振动而产生扭转—纵向振动,通过双层底而引起机架纵向振动、双层底垂向振动、船体梁垂向振动、上层建筑纵向振动、局部振动等。

6.2.3 预防措施

1. 改变轴系固有频率

①改变轴系当量系统的惯量、刚度等,可改变轴系振动固有频率,以把危险的共振转速移开。

a. 改变飞轮惯量的措施有:在曲轴自由端装副飞轮,在轴系中相对振幅较大处装附加惯量,可改变 1 节和 2 节共振转速及振型。

b. 改变轴段刚度的措施有:

增大轴直径,可提高 1 节共振转速,并降低轴段扭转振动应力;

减小轴直径,可降低 1 节共振转速;

增大轴的长度,可降低 1 节共振转速,并改变 2 节与 3 节振动振型,致使中间轴上相对振幅增大。

②在 $r=0.9~1.05$ 出现有危害的扭转振动共振时,应采用调频减振方法,把共振转速移到常用转速以外,而尽可能不用减振器减小振幅的方法。

③装高弹性联轴器,可有效降低 1 节共振转速,缓和齿轮箱的冲击。但应注意其他振动频率共振转速的移动情况。

2. 加大阻尼

①轴系安装高阻尼弹性联轴器,当主、从动端相对振幅差较大时,可收到良好减振效果。阻尼减振器应装在相对振幅较大处,其设计制造应保证完全可靠。对采用循环油供油

的减振器,应设有可靠的油压指示与监控装置。营运中要定期检查,防止减振器失效造成轴系破坏。

②在曲轴自由端装副飞轮或增大主机飞轮惯量,可加大 1 节振动螺旋桨相对振幅,提高螺旋桨阻尼作用,可减小 1 节振动振幅。

3.减小激励

①改变发火顺序,可减小常用转速范围内的直列柴油机的副谐次和 V 形柴油机的主、副谐次的相对振幅矢量和,从而降低其激励能。但应注意其他谐次相对振幅矢量和的增大。

②在曲轴自由端装副飞轮、调整主机飞轮惯量,可改变曲轴中的节点位置,降低主谐次相对振幅矢量和,减小其激励能。

(4)其他

增大危险轴段的直径,可降低其扭转振动应力;采用抗拉强度较高的材料,提高扭转振动许用应力值,可增加轴系抗扭转振动的能力。

6.3　轴系纵向振动

6.3.1　推进轴系的纵向振动

船舶轴系在柴油机、螺旋桨轴承力周期性轴向力激励下,产生沿轴线方向的周期性运动现象,称为轴系的纵向振动。

船舶推进轴系的纵向振动特性,可将轴系看成由数个集中质量并由无质量纵向弹簧相连接的离散系统,这个离散系统具有若干个纵向振动固有频率。柴油机气缸内的气体力和往复运动部件产生的惯性力,通过连杆而作用在曲柄销上的径向分量,可分解成无数个频率不同、幅值和相位亦不同的径向简谐力;螺旋桨在不均匀流场中也产生周期性的轴向激励力。当某一激励的频率与推进轴系某节纵向振动固有频率相同或相近时,就产生轴系的纵向振动现象。

螺旋桨产生的周期性轴向力,也可产生轴系的纵向振动现象。

对涡轮机齿轮传动轴系、柴油机齿轮传动轴系,其主要激励力是螺旋桨轴向力,可能会产生齿轮箱到螺旋桨轴系的纵向振动。

6.3.2　轴系纵向振动的危害

严重的轴系纵向振动,可引起下列机械故障与振动现象:

①使曲轴曲柄处产生过大的交变弯曲应力和拉应力,其至会产生曲轴的弯曲疲劳破坏;

②使传动齿轮轮齿产生过大交变负荷,加速齿面磨损甚至损坏;

③使推力轴承产生过大交变负荷;

④引起柴油机机架纵向振动,进而通过双层底引起船体梁垂向振动或上层建筑纵向振动;

⑤通过推力轴承而引起双层底构件的垂向振动、机舱构件局部振动、船体梁的垂向振动以及上层建筑纵向振动。

6.3.3 轴系纵向振动固有频率范围

轴系纵向振动特性比较复杂,这是因为纵向振动的固有频率不仅与轴系的运动件有关,而且还与推力环、推力轴承及相关的船体构件有关;曲柄的纵向刚度除与其结构尺寸有关外,还与曲柄的布置有关。气体径向简谐力作用在曲柄销上时,引起曲柄的纵向变形是比较复杂的,由轴系扭转振动产生的曲柄纵向变形与纵向振动的耦合也是很复杂的。这些复杂因素,对轴系纵向振动固有频率计算和纵向振动响应计算的精确性,均产生较大的影响。因此,在轴系设计阶段,为能进行纵向振动估算并对有害的纵向振动问题采取有效的预防措施,有必要了解在主机使用转速范围内可能出现的简谐次数。

产生纵向振动时,如轴系中不存在纵向振动节点,则称为轴系 0 节纵向振动;如轴系中存在纵向振动的 1 个节点,则称为轴系 1 节纵向振动;以此类推。

由轴系扭转振动而使曲柄产生纵向变形,其交变次数与扭转振动的简谐次数相同。当轴系扭转振动固有频率与纵向振动固有频率相同或相近时,就产生扭转—纵向耦合振动现象。

大型低速二冲程柴油机曲轴纵向刚度比较小,轴系纵向振动固有频率下降,故可能由柴油机气体力而产生轴系纵向振动现象。但四冲程柴油机气体力不会产生轴系纵向振动现象。

大型低速二冲程柴油机推进轴系的纵向振动固有频率范围如下:

0 节纵向振动频率:$f_0 = 4.5 \sim 23.0$ Hz;

1 节纵向振动频率:$f_1 = 20.0 \sim 42.0$ Hz。

对少缸数短轴系,一般只出现 0 节纵向振动;对多缸数或长轴系,还会出现 1 节纵向振动。

6.3.4 轴系纵向振动与扭转振动固有频率的一般关系

0 节纵向振动频率高于 1 节扭转振动频率。气缸数相同情况下,轴系越长,0 节纵向振动和 1 节扭转振动频率下降越大,但 0 节纵向振动下降的幅度稍小一些。

0 节纵向振动频率一般低于 2 节扭转振动频率。但对长轴系,两者的频率可能接近或相等,从而可能产生扭转—纵向耦合振动现象。

短轴系的 1 节纵向振动频率可能高于 2 节扭转振动频率,长轴系的反而可能低于 2 节扭转振动频率。如两者频率相等或相近时,可能产生扭转—纵向耦合振动现象。

一般情况,需要研究的轴系纵向振动固有频率范围,应不小于主机额定转速的 14 倍。

6.3.5 预防措施

为避免由轴系纵向振动产生的轴系故障,以及船舶尾部振动和上层建筑振动,则应对轴系进行合理设计,使主机在常用转速范围内或特殊使用转速范围内的轴系纵向振动振幅不超过衡准值,否则应采取必要的调频措施,把有害的纵向振动共振转速移开。如因条件限制,采取调频措施有困难时,则应考虑采取合适的减振措施。这里仅从轴系纵向振动角度简要叙述其预防措施。

需要指出的是,有害的轴系纵向振动问题的最终解决,还应考虑轴系的扭转振动、回旋振动及轴系校中的计算结果,同时还应考虑螺旋桨表面力的变化情况,因此应予综合考虑。

1. 调频

①改变轴系的纵向刚度。

改变轴系的长度或直径,可以提高或降低轴系的纵向振动固有频率,从而可把有害的纵向振动共振转速移开。轴系纵向刚度对纵向振动固有频率的影响程度,随装置情况、振动形式以及振型曲线变化程度的不同而不同,应通过计算来确定。

②轴系中安装附加质量。

在轴系纵向振动相对振幅较大处安装附加质量或调整主机飞轮质量,不仅可降低轴系的纵向振动固有频率,而且还可以改变振型,从而可达到避开有害的纵向振动共振转速或减小振幅的目的。附加质量的位置及大小,根据所要解决的相关振型由计算确定。

一般飞轮处的 0 节纵向振动相对振幅比较小,所以飞轮质量变化对 0 节纵向振动固有频率和振型影响不大。因此,当采用调整主机飞轮惯量方法来解决或改善轴系的扭转振动特性时,可不必顾及对轴系 0 节纵向振动的影响。但对 1 节纵向振动,随轴系布置不同,有时会产生一定的影响,应予注意。

0 节纵向振动在曲轴自由端处相对振幅比较大,如在自由端安装副飞轮,可使轴系 0 节纵向振动频率下降较大,而且振型也发生变化。这说明,当采用安装副飞轮的方法来解决或改善轴系的扭转振动特性时,应注意对纵向振动的影响,以防止有害的纵向振动共振转速落到常用转速范围内或产生扭转—纵向耦合振动现象。

③改变螺旋桨叶片数。

如纵向振动是由螺旋桨激励产生的,则改变螺旋桨叶片数,可以把有害的纵向振动共振转速移开。

④改变柴油机的发火顺序。

曲轴的纵向刚度除与其结构尺寸有关外,还与相邻曲柄的夹角有关,因此改变柴油机的发火顺序,可改变曲轴的纵向刚度值,进而改变轴系的纵向振动固有频率。

2. 安装调频减振器

相对振幅差矢量大小与柴油机发火顺序有关。如由于较大的副简谐产生有害的纵向振动响应,则改变柴油机发火顺序可使相对振幅差矢量减少,从而减少输入系统的激励能量。但应注意其他简谐的相对振幅差矢量大小的变化。

如由于主简谐产生的有害振动,则应在曲轴自由端安装纵向振动调频减振器。由于与曲轴一体的圆盘在固定于柴油机主轴承底座横梁上的减振器液压缸内产生相对运动,这样使曲轴自由端受到一定的纵向约束作用,从而提高轴系的纵向振动固有频率;同时,由于液压油的阻尼作用,使纵向振动振幅减小,达到减振的目的。

低速二冲程柴油机推进轴系,可能产生 0 节轴系纵向振动,作为惯例,目前柴油机制造厂已设计成与主机整机供应的纵向振动调频减振器,从而在常用转速范围内无轴系纵向振动主共振转速产生。对较长轴系船舶如集装箱船,也可能 1 节轴系纵向振动,为此也需要考虑在振幅较大处安装纵向减振器。这也是避免由轴系纵向振动而引起强烈的机架纵向振动和上层建筑振动的方法。

图 6-1 是纵向振动调频器与扭转振动减振器示意图。图 6-2 是纵向振动调频减振效果。

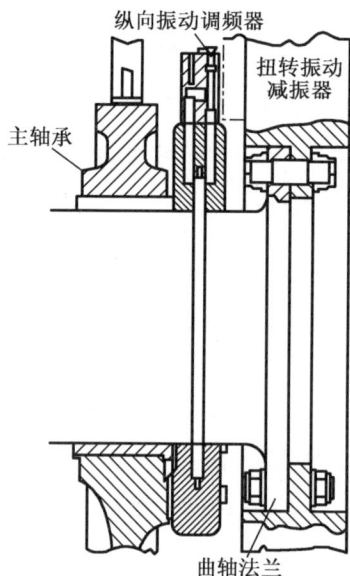

图 6-1　纵向振动调频器与扭转振动减振器

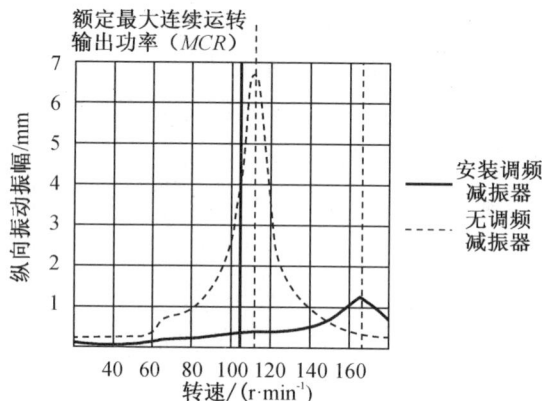

图 6-2　纵向振动调频减振效果

为防止减振器供油不足而产生曲轴故障或机架纵向振动,减振器应设有进油压力指示与监控装置或纵向振动振幅过大的报警装置,在日常工作中应注意维护。

6.3.6　其他

①如在曲轴自由端实测所得的纵向振动振幅较大,且主要是由轴系扭转振动而引起的,则应采取解决轴系扭转振动的措施来消除。

②如单独计算的轴系扭转振动和纵向振动的固有频率,二者相近或相同时,可能产生强烈的扭转—纵向耦合振动,这时应设法使二者的相关频率尽量远离。这种情况仅需在柴油机设计阶段考虑即可,在实船轴系计算中,不必计算轴系的耦合振动。

③如由轴系纵向振动产生的继发性激励引起其他振动体强烈的振动响应,则应设法使继发性激励频率与振动体固有频率尽量远离,或者改变轴系纵向振动的固有频率,或者减少轴系纵向振动产生的继发性激励。

④如轴系纵向振动频率与船体梁某阶垂向振动频率无法远离,且激励力又比较大时,则应把柴油机推力轴尽量布置在相应船体梁垂向振动振型的波腹位置。

⑤尽管轴系纵向振动量级没有超过规范的规定值,但为避免轴系纵向振动产生的继发性激励作用,进而引起机架纵向振动、上层建筑纵向振动或船体梁垂向振动,低速二冲程柴油机一般均安装轴系纵向振动调频减振器。同时,柴油机制造厂应提供纵向振动调频减振器的维护保养说明书,供船员检查保养使用。

6.4　轴系回旋振动

6.4.1　推进轴系的回旋振动

推进轴系在螺旋桨或转轴上旋转的横向力矩作用下,旋转轴绕其静平衡曲线产生进动的一种振动现象,称为轴系回旋振动。

螺旋桨在不均匀的伴流场中工作时,将产生周期性的弯曲力矩作用在螺旋桨轴上,激励力的简谐次数为

$$v_p = iZ_p\,(i=1,2,\cdots)$$

式中,Z_p 为螺旋桨叶片数,主要的简谐次数为叶片次 $v = Z_p$。

此外,由螺旋桨或风机的不平衡、轴的弯曲、法兰的不平行等产生的激励力,一般只是1次简谐。然而,如轴系长度部分对它的两个主轴具有不同截面模数时,则亦产生2次简谐的激励力。具有万向节的轴系,可能产生2次简谐的激励力。

另外,外部的激励力通过基座和轴承,也可能引起轴系的回旋振动,简谐次数与外部激励力次数相同。

6.4.2　轴系回旋振动的危害

严重的轴系回旋振动将导致下列机械故障和振动现象:
①艉管后轴承过热或早期磨损,并导致轴衬套的腐蚀;
②螺旋桨轴特别是锥端键槽前面区域内产生附加交变弯曲应力,甚至出现龟裂、折断等疲劳破坏;
③引起轴承反力的动力放大,进而引起船体尾部结构的振动;
④艉管密封装置漏损,甚至过早损坏。

6.4.3　轴系回旋振动的一般特性

一般民用商船低速大功率柴油机推进轴系,由于其1阶1次回旋振动固有频率远远高于额定转速,不会出现螺旋桨不平衡质量离心力引起的共振问题。

但对于具有人字架的轴系、螺旋桨有较多桨叶(如5叶或6叶)的轴系或客船和高速船轴系,其1阶叶片次回旋振动固有频率有可能下降到额定转速以内,使轴系产生共振。

在轴系回旋振动设计中,即使已将回旋振动共振转速置于工作转速范围以上,但由于轴系校中不佳,艉管前轴承脱空,使回旋振动固有频率下降,仍可能使共振转速进入或接近工作转速范围,对此应予以足够重视。

在大型船舶中,即使在工作转速范围内不会发生回旋振动共振,但由于流体激励力较大,亦可使回旋振动响应增大到不容忽视的程度。一般情况下,随着轴系转速的升高,回旋振动幅值增大,在转速达到最大时,回旋振动幅值亦为最大。

6.4.4　预防措施

1. 调频

①改变螺旋桨叶片数。

改变螺旋桨叶片数(通常是减少叶片数),可能把叶片次临界转速改变很多,其效果往往是其他措施所不及的,但这一措施不能调整 1 次临界转速。

②改变轴系尺寸。

主要是改变轴系直径,通常都是加大螺旋桨轴轴径,使刚度增加,同时又增大质量与转动惯量,其综合效果是增大固有频率。

③调整轴承间距。

调整轴承间距,特别是调整艉管前后轴承或靠近螺旋桨的最后两个轴承之间的距离,对回旋振动固有频率影响较大。减小轴承间距,可提高固有频率,但应防止由于间距过小引起轴承负荷分配不合理。增加轴承间距,可能产生轴系的回旋振动或使轴承负荷偏大。

④轴系合理校中。

轴系校中应满足规范要求,以使轴系各轴承为正负荷,特别是艉管轴承和中间轴轴承应在各种船舶工况下,均处于正负荷状态。

2. 减小激励力

在大型船舶中,由于主机功率增大,螺旋桨激励增加,即使在运转转速范围内没有产生共振,也可能使回旋振动响应大到不可忽视的程度,解决振动问题的根本途径,是减小螺旋桨的激励力。

6.5　轴 系 校 中

6.5.1　推进轴系校中

按照要求并采用相应方法,把推进轴系的螺旋桨轴、艉管轴(如有时)、中间轴、推力轴和发动机轴(柴油机或齿轮箱)敷设成一定状态,称为轴系校中。

船舶推进轴系安装是船舶建造中重要的一环,轴系安装应按批准的轴系校中计算结果和对应的安装工艺进行。能否正确合理进行轴系校中设计和安装,直接影响到船舶轴系的安全运转,因轴系校中不良而引起的故障时有发生,特别是近年来,大型低速柴油机轴系也出现因轴系校中不良而引起的轴系故障。

6.5.2　推进轴系校中不良的危害

轴系校中不良可能不同程度导致下列危害出现:

①支承螺旋桨的轴承负荷过大,特别是轴承后端出现过大的局部负荷,加速了轴承的磨损或损坏,如图 6-3 所示;

②艉管前轴承负荷很小,甚至出现负负荷,改变轴承间距,使轴系回旋振动固有频率下降,回旋振动共振转速可能落入常用转速范围内;

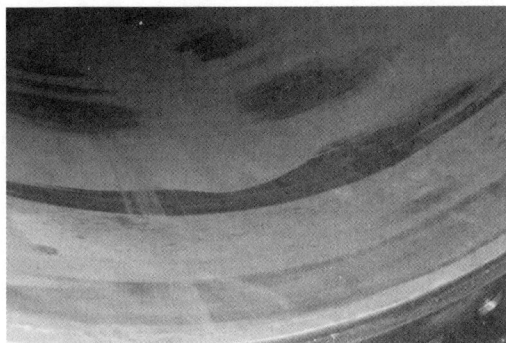

图6-3 轴承磨损

③艉管前轴承密封装置破坏;

④中间轴轴承磨损或损坏;

⑤柴油机最后1~3个主轴承磨损或损坏;

⑥齿轮传动轴系的减速大齿轮前后两轴承的轴承负荷差过大,破坏油膜建立,导致齿轮啮合不良,严重时产生齿击振动、推力块及推力轴承发热、轴承合金烧熔等;

⑦引起船体尾部振动。

6.5.3 轴系校中原理及其校中方法

1. 轴系校中

船舶轴系校中,就是按一定要求和方法,把螺旋桨轴、艉管轴(如有时)、中间轴、推力轴和发动机轴(柴油机或齿轮箱)敷设成一定状态,使轴承负荷、轴附加弯曲应力、螺旋桨轴倾角等,处于允许范围内的设计和安装过程,从而保证船舶轴系的安全使用。图6-4所示为某集装箱船的轴系布置图。

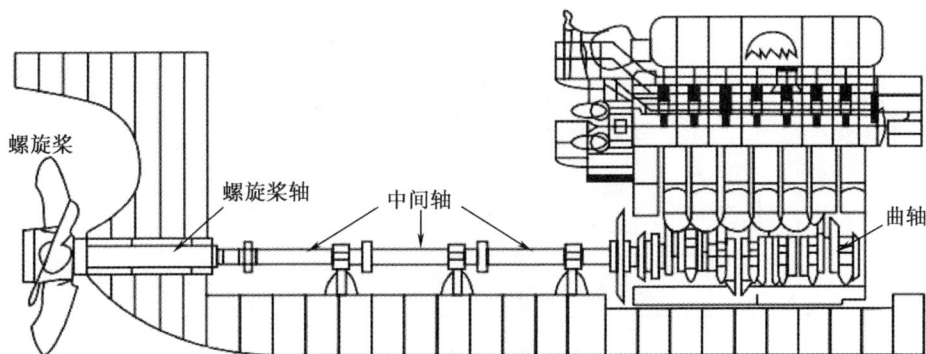

图6-4 某集装箱船的轴系布置图

2. 轴系校中安装过程

根据所选的轴系校中原理及其校中方法,轴系校中安装过程主要包括(适用时):

①确定轴系参考线;

②艉管轴承斜膛孔或轴承倾斜;

③柴油机底座预先开口；

④初步确定中间轴轴承位移、齿轮箱轴承和主机轴承位移；

⑤调整法兰开口和偏移；

⑥连接法兰螺栓,轴承负荷验证测量(或轴承负荷测量、调整)；

⑦确定中间轴轴承、齿轮箱和主机垫片高度；

⑧固定中间轴轴承、齿轮箱和主机底座螺栓；

⑨轴承负荷复核测量；

⑩检查齿轮箱啮合情况；

⑪检查曲轴臂距差。

3. 轴系参考线

根据船舶设计需要,推进轴系可采用不同的布置形式。推进轴系一般采用直线布置,也可采用斜线布置,而轴系校中的首要工作是确定轴系参考线——理论中心线,也就是确定轴系中心线与船体基线的布置形式。

如何确定轴系参考线,由船厂决定。因为最终的轴系中心线,是由所采取的轴系校中原理及其校中方法确定的。

轴系参考线可使用光学仪、激光准直仪或拉线法等方法确定,如图6-5和6-6所示。艉基准点标定板置于艉管轴承后面,艏基准点标定板一般置于机舱前舱壁上。

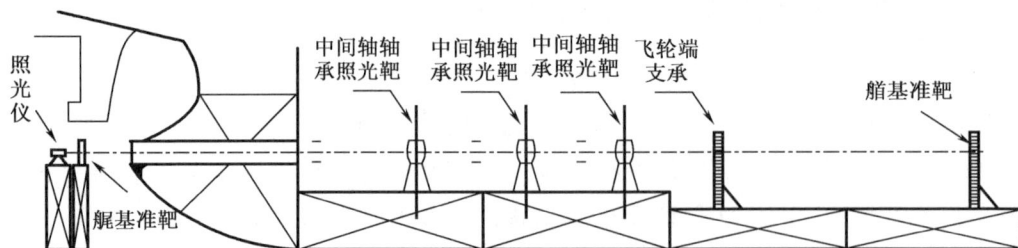

图6-5　照光法确定轴系参考线

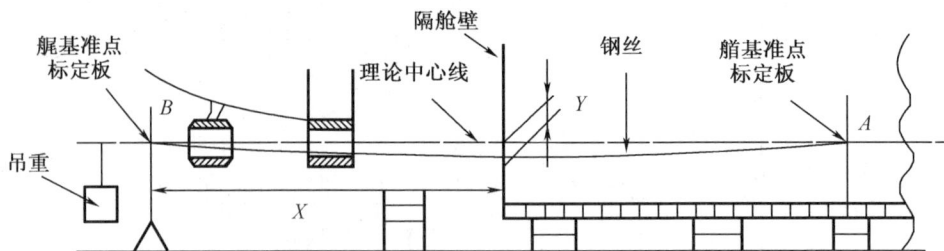

图6-6　拉线法确定轴系参考线

轴系参考线确定后,可进行艉管加工或安装。然后根据采用的轴系校中原理及其校中方法,进行轴系校中、安装。

4. 轴系校中原理

船舶的主推进轴系校中,按轴系校中原理,目前可分为3种:轴系直线校中、轴承负荷校中、轴系合理校中。民用船舶主要采用轴系直线校中和轴系合理校中。

轴系校中原理及其校中方法如图6-7所示。

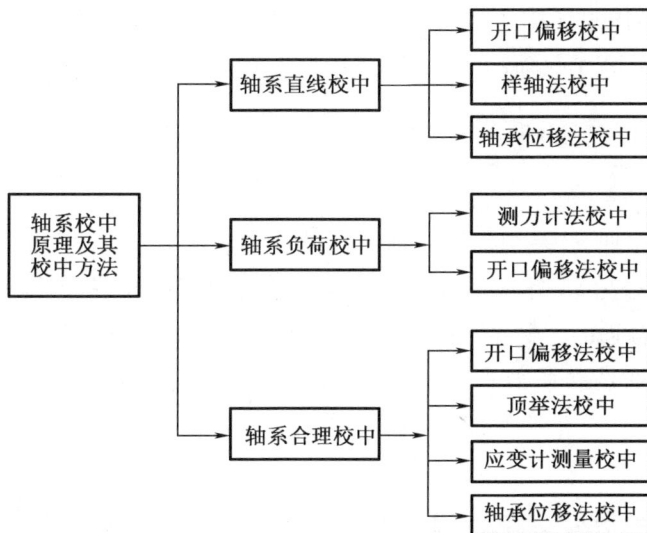

图6-7 轴系校中原理及其校中方法

5. 轴系校中方法

不同的轴系校中原理,可以采用几种校中方法;反之,一种校中方法,也可适用于不同的校中原理。如开口偏移法校中可适用于:轴系直线校中、轴承负荷校中和轴系合理校中;轴承位移法校中可适用于:轴系直线校中和轴系合理校中。

6. 轴承位移

轴承中心线距轴系理论中心直线的垂向距离称为轴承位移。根据坐标系规定,轴承位移相对轴系理论中心直线,一般向下为正值,向上为负值;有的向下为负值,向上为正值。

7. 开口和偏移

理论上,如未连接两法兰达到同轴,则相邻两根轴亦同轴;反之亦然。

由于轴的自重、轴承位移、安装误差、船体变形等原因,使未连接法兰偏离理论轴心线。表示偏离理论轴心线法兰参数的名称不尽相同,但含义是相同的。如图6-8所示。

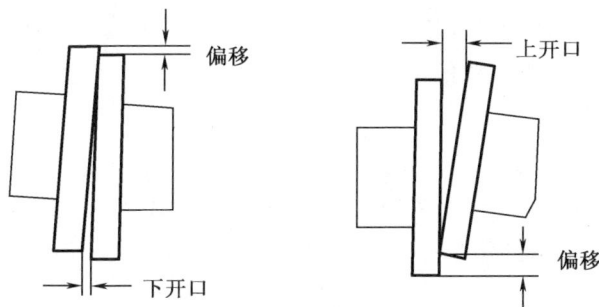

图6-8 开口和偏移示意图

开口(GAP):是指未连接两法兰的轴心线交叉成一定角度,其与法兰直径之积称为开口;两法兰上缘轴向之间距离大于下缘轴向之间距离,称为上开口(负值);反之为下开口

（正值）。

偏移（SAG）：是指未连接两法兰的轴心线不重合，两法兰上缘或下缘之间的距离称为偏移；后轴（左）法兰高于前轴（右）法兰，偏移为正值；反之为负值。

6.5.4 轴系直线校中

1. 轴系直线校中原理

轴系直线校中原理，就是把螺旋桨轴、艉管轴（如有时）、中间轴、推力轴和齿轮箱或柴油机排成一条直线的安装过程。轴系直线校中，过去应用比较普遍，这是因为人们认为整根轴系排成直线是合理的。轴系直线校中，即所谓 0 - 0 校中，螺旋桨轴和艉管轴、中间轴、齿轮箱轴或柴油机轴是处在轴系理论中心线直线上，轴系中心线呈直线状态，如图 6 - 9 所示。

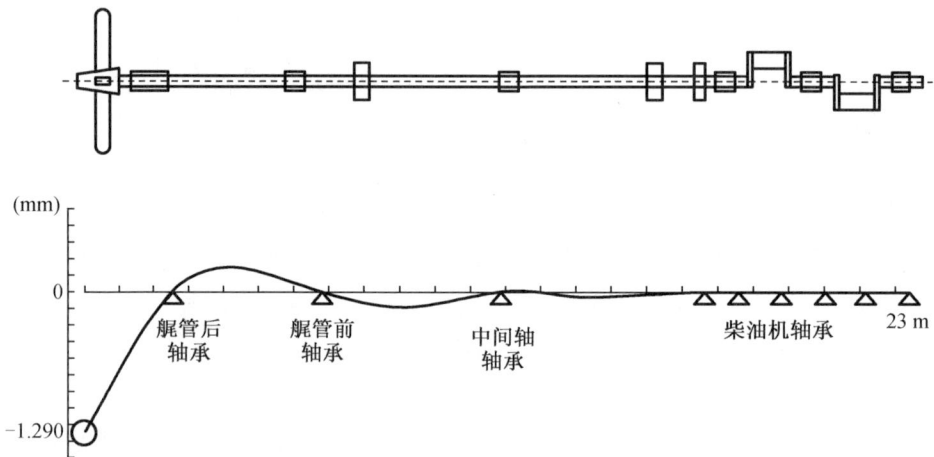

图 6 - 9　轴系直线校中轴系中心线状态

轴系直线校中可不必进行理论校中计算，因此不能反映轴系校中的实际受力及变形状况、实际轴承负荷情况。在轴系设计阶段，无法对不合理的因素致使可能出现轴系各轴承实际负荷分配不良等情况进行预报，存在一定的隐患和风险。因此，目前民用小型船舶轴系，一般可采用开口偏移法的直线校中。

凡采用确定轴系理论中心线的方法，均可适用轴系直线校中。

2. 直线校中实施

对直线校中的实施，相应可采用 3 种方法：

①开口偏移法校中，调整未连接的法兰开口和偏移值，使之各对法兰的开口和偏移在 0.08 mm 范围内，认为轴承的位移处在一条直线上，以开口和偏移值为依据；

②样轴法校中；

③轴承位移法校中，可用拉线法或光学仪器法等方法，使各轴承的位移为 0。

3. 轴系直线校中控制要素

轴系直线校中，可从以下 4 个要素进行控制：

①轴承的长度应满足规范的要求或应符合设计惯例；

②轴承的间距应布置合理,既不能太长,也不能太短;

③为减少轴和法兰自重的影响,安装时,应在适当位置设临时支承,并控制法兰的开口和偏移值,采用拉线法或光学仪、激光准直仪等方法,使轴承位移为0;

④主机臂距差或齿轮啮合情况,应符合制造厂的规定。

6.5.5　轴系轴承负荷校中

1. 轴承负荷校中原理

轴承负荷校中,有的称测力计法校中,就是先对螺旋桨轴和艉管轴与齿轮箱或柴油机进行初步校中,然后把轴系法兰连接螺栓全部连接起来,通过调整中间轴轴承位移,在轴承座下面安装测力计,使艉管前轴承、中间轴轴承、推力轴轴承的实际负荷,处在规定范围内的安装过程。轴承负荷校中,螺旋桨轴和艉管轴、齿轮箱轴或柴油机轴,是处在轴系理论中心线直线上,而中间轴轴承不在轴系理论中心线直线上;轴系中心线在中间轴处呈曲线状态,如图6-10所示。

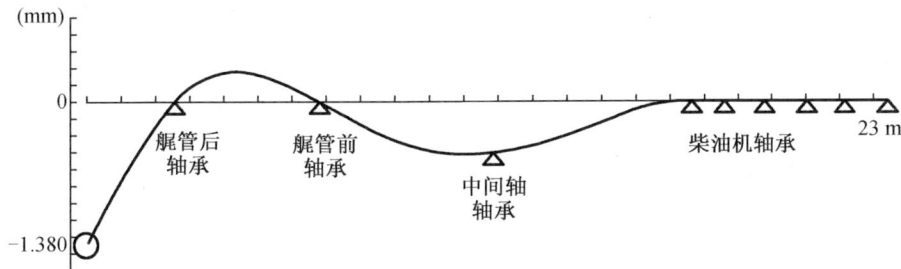

图6-10　轴系轴承负荷校中轴系中心线状态

轴承负荷校中不必通过理论校中计算,因此不能反映轴系校中的实际受力及变形状况;在轴系设计阶段,无法对不合理的因素致使可能出现轴系各轴承实际负荷分配不良等情况进行预报,也不能判断轴的弯曲情况,以及艉管后轴承倾角情况等,也存在一定的隐患和风险。因此,目前小船轴系仍可采用轴承负荷法校中,军船比较多采用轴承负荷法校中。

2. 轴承负荷校中实施

对轴承负荷校中的实施,相应可采用两种方法:

①测力计法校中,通过装在各中间轴轴承座上的测力计进行测量调整,使之各有关轴承负荷处在允许范围内,以有关轴承负荷为依据;

②开口偏移法校中,根据轴承允许负荷确定各对连接法兰开口和偏移值,使之调整未连接的法兰开口和偏移值在一定范围内,以开口和偏移值为依据。

3. 轴承负荷法校中控制要素

轴承负荷法校中,可从以下4个要素进行控制:

①轴承的长度应满足规范的要求或应符合设计惯例。

②轴承的间距应布置合理,既不能太长,也不能太短。

③用测力计测量中间轴轴承的实测负荷,应满足规范的要求;中间轴轴承负荷应尽量均匀,一般为中间轴轴承平均负荷的0.5~1.5倍;或通过计算转化为控制法兰的开口和偏移值。

④主机臂距差或齿轮啮合情况,应符合制造厂的规定。

6.5.6 轴系合理校中

1. 轴系合理校中原理

轴系合理校中原理,就是把轴承负荷、螺旋桨轴在艉管后轴承处的相对倾角、轴弯曲应力作为限制条件,通过理论计算,以确定轴系中心线,并转化为各轴承位移的设计和安装过程。

轴系合理校中,一般螺旋桨轴和艉管轴是处在轴系理论中心线直线上,而中间轴轴承和齿轮箱轴或柴油机轴不在轴系理论中心线直线上;轴系中心线呈现曲线状态,如图 6-11 所示。

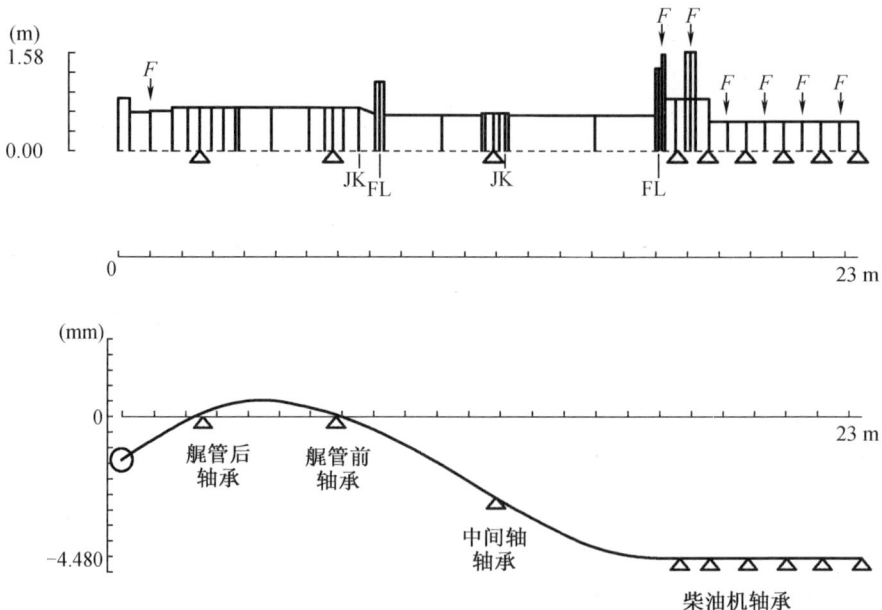

图 6-11 合理校中轴系中心线状态

注:JF 为千斤顶;PL 为连接法兰。

轴系合理校中,一般通过调整合理布置轴系轴承位置达到。推进轴系沿船舶纵向直线布置,轴承位置只在平面内二维自由度变动。轴系布置图确定后,轴承纵向位置一般不再改变,轴系校中轴承位置只在垂向可调整轴承位移。推进轴系合理校中,实际上是轴系校中设计,包括轴系轴承布置、轴系校中计算、轴系校中说明(校中条件、校中步骤)、轴系校中检验。因此,合理校中可适用于所有船舶推进轴系,特别是螺旋桨轴直径在 250 mm 及以上的推进轴系。

轴系合理校中计算,是使轴系校中参数满足规范要求并求得各轴承相应位移值,从而确定安装状态各轴承位移值,完成热态、冷态和安装状态整个轴系校中的计算。

轴系合理校中设计,是轴承布置、校中计算(包括相适应的安装工艺参数计算),以及轴系进行校中安装的总称。轴系校中的设计与安装是紧密联系的一个整体。

因此,能直接反映出计算的轴系中心线的轴系参数有:未连接的各法兰的开口和偏移、各轴承的负荷、各轴承的位移。

2. 轴系合理校中实施

对轴系合理校中的实施,相应可采用4种方法:

①法兰开口偏移法校中,调整未连接法兰开口和偏移值,使之符合校中计算书的要求;轴系法兰螺栓连接后,一般用顶举试验(Jack – up test),1~2个有代表性的轴承,进行负荷测试验证;以开口和偏移值为依据。

②顶举法(Jack – up method)校中,调整未连接法兰开口和偏移值,仅作为中间过程;轴系法兰螺栓连接后,一般用顶举试验,测量、调整艉管前轴承到主机最后第3个主轴承或齿轮箱后轴承的负荷,使之符合校中计算书的要求,以测量轴承负荷值为依据。

③应变计测量法校中,通过直接测量轴的应变,再换算成轴承负荷,使之符合校中计算书的要求;以轴承负荷为依据。

④轴承位移法校中,可用光学仪或激光准直仪等方法,调整各轴承的位移,使之符合校中计算书的要求;以轴承位移为依据。

轴系合理校中包括:

(1)轴系静态校中

目前轴系合理校中基本都采用静态校中。静态校中假定轴系各个轴承为刚性支点,推进轴系视为放置在刚性铰支上的连续梁。静态校中一般考虑轴系的3种状态:

①热态。

热态为轴系运行时状态。热态需考虑由于柴油机机座温度升高而引起曲轴轴承的升高量或齿轮箱机座温度升高大齿轮轴轴承的升高量,以及中间轴轴承下方双层底舱油温升高的升高量(如有时)。

热态作用载荷有:螺旋桨、轴段、柴油机飞轮、链传动的作用力、齿轮箱减速齿轮的大齿轮质量等,以及轴系运行时齿轮箱减速齿轮传递扭矩等。

②冷态。

冷态为轴系连接安装后静止时的状态。其作用载荷有:螺旋桨、轴段、柴油机飞轮、齿轮箱减速齿轮的大齿轮质量、链传动的作用力等。

③安装状态。

安装状态为轴系所有的轴还未连接或某几根轴已连接起来进行安装的状态。轴承位移值、作用载荷均与轴系冷态相同;但为便于安装,可考虑增加临时支承(T.S)与辅助安装外力载荷等。

(2)轴系动态校中

轴系动态校中更接近轴系实际工作状况,能更好地提高轴系校中质量和轴系运行可靠性。动态校中计算除考虑在轴系作用的静外力及工作温升影响外,还计入作用在轴系上的动外力和力偶、轴承的油膜及结构弹性、船体装载变形等影响。目前,工程应用中尚未有符合定义的轴系动态校中。

(3)轴系运转状态校中

①运转状态校中考虑的内容。

轴系运转状态校中是更合理、更接近实际情况的轴系校中状态。

所谓轴系运转状态校中计算,是指计入轴系运转状态所产生的有关力和力矩时的校中计算。与热态校中计算相比,运转状态校中计算还应计入下列力和力矩:

螺旋桨水动力产生的力矩;

作用在船体上的推力;

作用在推力轴承上的弯矩;

齿轮力。

②螺旋桨水动力产生的力矩。

在船舶处于满载工况时,螺旋桨产生的推力偏心一般在螺旋桨的上方,如图6－12所示;计入螺旋桨弯矩后,可使艉管后轴承负荷减少,艉管前轴承负荷增加,这对改善艉管轴承的润滑和受力情况是有益处的。而在船舶压载时,螺旋桨产生的推力偏心一般在螺旋桨的下方;计入螺旋桨弯矩后,可使艉管后轴承负荷增加,艉管前轴承负荷减少。一般情况下,可不必计入螺旋桨弯矩的影响。

③作用在推力轴承上的弯矩。

作用在推力轴承上的弯矩,是由螺旋桨推力引起的。如图6－13所示为推力轴上的弯矩影响。从抵消由船体变形引起的主机最后1个主轴承负荷增加来讲,推力轴承上的弯矩有改善作用。

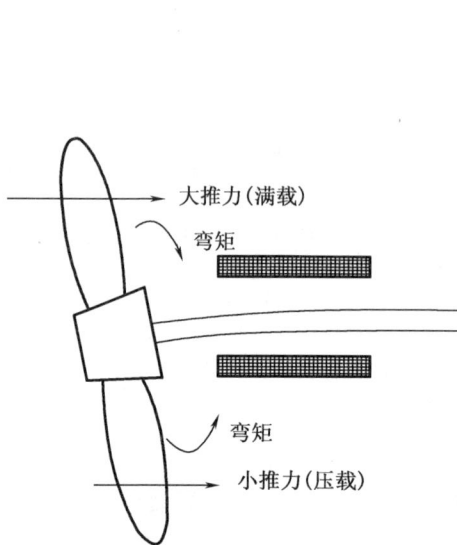

图6－12　螺旋桨水动力

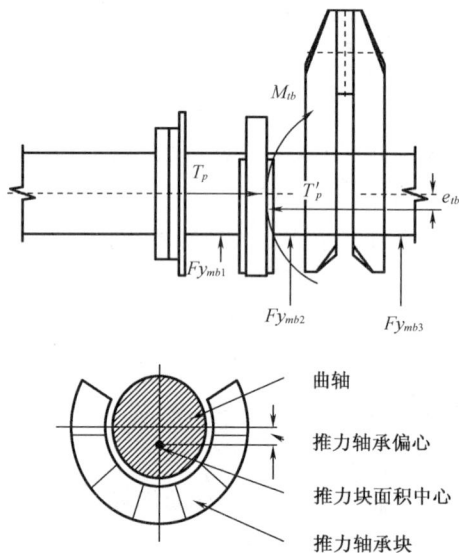

图6－13　推力轴上的弯矩影响

④作用在船体上的推力。

作用在船体上的推力,将引起船体中拱变形,正如吃水增加一样,但其数值比较小,可不考虑推力的影响。

⑤齿轮力。

3. 轴系校中条件

（1）推进器柱镗孔前要求

推进器柱镗孔前,推进器柱到上层甲板和机舱前舱壁的船体结构,一般应予完工。

（2）重大设备应安装就位

船舶上层建筑、主机、锅炉、发电机以及其他重大设备均已吊装就位。校中安装及检验过程中,船上应无重大设备的迁移及压载的变更。这主要是防止过度焊接而最终产生结构变形而影响轴系校中。

（3）轴系区域装焊工程应结束

轴系区域船体的加工及装焊工程应结束,主要是防止由于焊接温度变化而影响轴系校中。

（4）船舶结构温度应稳定

船舶结构的温度应稳定并尽可能均匀。为此,确定参考线最好在早晨日出之前和晚上日落之后进行,这样可保证结构温度均匀分布。如在白天进行,阳光会引起结构变形,使船体影响不均,测量读数可能有极大不同。因此,了解这些不同或在早晨实施测量,都是很重要的。

（5）轴系校中的船舶工况

在漂浮工况校中时,船舶应处于正常的漂浮工况,螺旋桨浸水状态应尽量与计算书相近。在这个阶段,船舶各系统还没有完成,即没有压载水,确认螺旋桨浸没状态应与计算书的状态相近。如螺旋桨浸没状态与计算书有较大差异时,对法兰开口和偏移可能影响不大,甚至仅有 0.01 mm,仍在安装误差范围内,但对艉管前轴承的负荷影响很大。如表 6-1 是某大型油船在螺旋桨不同浸没状态的计算结果,艉管前轴承负荷可达 2 倍之多。

表6-1 某大型油船在螺旋桨不同浸没状态的计算结果

	50%螺旋桨浸没	100%螺旋桨浸没	两者相差/%
艉管前轴承负荷/N	11 885	24 498	增加 206
中间轴轴承负荷/N	180 127	178 167	减少 1.1

再如某大型油船,安装时,如螺旋桨为全浸没状态,安装环境温度为 10 ℃,则应为表6-2 所列的数据。

安装时,如螺旋桨为部分浸没状态,安装环境温度为 10 ℃,则应为表 6-3 所列的数据。

表6-2 螺旋桨为全浸没状态计算结果

状态	轴承位移和负荷	艉管后轴承	艉管前轴承	齿轮箱后轴承	齿轮箱前轴承	艉管后轴承倾角/(10⁻⁴ rad)	Gap/mm	Sag/mm
冷态	轴承位移/mm	0	0	-0.82	-0.9	2.04	0.183	-0.238
	轴承负荷/kN	88	28	9.8	34			
热态	轴承位移/mm	0	0	-0.673	-0.753	1.92		
	轴承负荷/kN	96.2	19	24.4	24			

表6-3 螺旋桨为部分浸没状态计算结果

状态	轴承位移和负荷	艉管后轴承	艉管前轴承	齿轮箱后轴承	齿轮箱前轴承	艉管后轴承倾角 /(10^{-4} rad)	Gap /mm	Sag /mm
冷态	轴承位移/mm	0	0	-0.82	-0.9	2.14	0.187	-0.256
	轴承负荷/kN	95.5	24.7	10.6	33.7			
热态	轴承位移/mm	0	0	-0.673	-0.753	2.02		
	轴承负荷/kN	96.2	19	24.4	24			

从表6-2和表6-3可看出,热态时,螺旋桨全浸没状态的轴系校中满足规范要求,那么冷态时(根据实际安装时的机舱温度),螺旋桨全浸没和部分浸没状态的轴系校中数据是不同的。

因此,在轴系校中计算时,应根据船舶漂浮工况来确定螺旋桨的浸没情况,并应按此进行轴系校中。

6.5.7 轴系校中步骤

首先确认满足轴系校中条件后,才可进行轴系校中施工。否则,易造成轴系校中误差,甚至造成轴系故障。

①满足轴系校中条件后,可按批准的轴系校中计算或校中工艺文件进行轴系校中。

②轴系安装时,如与计算条件不符而且可能影响校中结果时,例如安装时机舱的环境温度、螺旋桨浸没情况、船舶状态、柴油机主轴承负荷调整等,则应将校中计算书包括其校中说明重新提交批准,除非在计算书中已包含上述内容的影响。

③在轴系法兰没有连接的情况下,如艉管前轴承出现脱空状态,则螺旋桨轴前法兰处向下施加的力,应符合计算书的要求。如设有临时支承,则其轴向距离应符合计算书的要求。

④轴系校中时,应以螺旋桨轴前法兰为基准,自艉向艏调节各轴承或临时支承及柴油机(或齿轮箱)位置,调整未连接的各对法兰的开口和偏移值,并符合相应要求。

⑤在轴系校中调整过程中和完成调整的同时,应检查齿轮的啮合情况或测量柴油机曲轴臂距差,其结果应满足制造厂的要求,并做出记录。

⑥轴承参数复测合格后,应按相应技术要求配置各法兰连接螺栓、配置柴油机(或齿轮箱)垫片或浇铸环氧树脂、配置机座底脚连接螺栓,然后加以连接和紧固。

⑦对直线校中的轴系,各对法兰的开口和偏移的误差,应满足有关规范或标准的要求。

⑧对合理校中轴系,如采用法兰开口和偏移校中法,是以法兰的开口和偏移为依据,并在漂浮状态下至少选1~2个轴承进行负荷验证。

⑨对合理校中的轴系,如采用顶举法校中时,船厂可自行在坞内或船台调整未连接的各对法兰的开口和偏移值。法兰连接后,应在漂浮状态下,对艉管前轴承到主机最后1~3个主轴承进行负荷测量、调整。冷态实测值与计算值的误差,如在±20%左右以内,则可以接受,但主机主轴承至少为正负荷。

6.5.8　关于坞内轴系校中

为缩短船舶建造周期,近几年国内一些船厂开始尝试采用坞内/船台轴系校中。由于船舶在坞内/船台状态,可以认为船体没有变形;而船舶在漂浮状态,船体变形对轴系校中的影响不能忽略。

为达到缩短建造周期,以及由于需要再次调整主机主轴承和中间轴轴承的目的,就出现顶举法校中。顶举法校中的前提,仍然是合理校中,只不过是采用调整、测量有关轴承负荷,以达到校中计算结果而已。这时,可按漂浮状态或坞内状态轴系校中计算的开口和偏移值,进行初步轴系校中,调整轴线,然后把法兰连接起来。这种状态的轴系校中,不是实际意义上的"坞内校中",因此法兰开口和偏移不作为"检验点"——不作为检验要求,由船厂进行控制,但仍应满足轴系校中的基本条件。

在漂浮状态下,如采用顶举法,测量、调整艉管前轴承到主机最后第 3 个主轴承的负荷,使之满足计算书的要求。

在漂浮状态下,如采用法兰开口和偏移校中法,则应以开口和偏移为依据,采用 1～2 个轴承(艉管前轴承、中间轴轴承、主机/齿轮箱最后轴承)进行实测验证即可。

漂浮状态或坞内状态的轴系校中,主要有 3 个不同,螺旋桨质量、螺旋桨轴/艉管轴质量和船体变形不同。考虑螺旋桨质量和螺旋桨轴/艉管轴质量影响的轴系校中计算,与漂浮状态的轴系校中计算结果比较,法兰的开口和偏移仍属安装误差范围内,但轴承负荷相差很大。因为在坞内校中阶段,是初步进行轴系校中,法兰的开口和偏移为参考点,故可采用漂浮状态或坞内状态的开口和偏移值。

正如前述,没有按校中计算结果来调整轴承负荷,将带来一定的不确定性和风险,有的船舶艉管轴承产生故障,与此有一定关系。这就是为什么"主机主轴承最小负荷,一般应不小于主轴承许用负荷的 10%;也可以接受柴油机厂规定的最低值,但应在轴系校中计算书中体现",以及"轴系安装时,如与计算条件不符而且可能影响校中结果时,例如安装时的环境温度、螺旋桨浸没情况、船舶状态、柴油机主轴承负荷调整等,则应将校中计算书包括其校中说明重新提交批准,除非在计算书中已包含上述内容的影响"的原因。

6.5.9　关于安装环境温度对轴系校中影响

①轴系校中计算时,应计入柴油机或齿轮箱运转后轴承受热(如 55 ℃)膨胀的影响,并尽可能计入中间轴轴承下方双层底舱加热(如 45 ℃)膨胀的影响。

②轴系校中计算时,应计入实际可能的不同安装环境温度(如分别以 0 ℃、10 ℃、20 ℃ 进行计算)的影响。

③轴系安装时,如与计算条件不符而且可能影响校中结果时,例如安装时的环境温度、螺旋桨浸没情况、船舶状态、柴油机主轴承负荷调整等,则应将校中计算书包括其校中说明重新提交批准,除非在计算书中已包含上述内容的影响。

6.5.10　柴油机安装机舱环境温度对轴系校中结果的影响分析

安装环境温度对轴系校中的影响,根据不同船型有不同的影响,特别是对短轴系,对艉管前轴承和主机最后 1 个主轴承影响更大。

以 7S80MC 柴油机为例，柴油机厂给出的机舱环境温度为 20 ℃，在热态 55 ℃时的主机热膨胀量为 0.38 mm，那么在其他安装环境温度的主机热膨胀量见表 6 - 4。

表 6 - 4　安装环境温度对膨胀量的影响

安装时环境温度/℃	温度差/℃	在 55 ℃时的热膨胀量/mm	与环境温度 20 ℃的膨胀量的百分比/%
20	35	0.38	100
10	45	0.49	129
0	55	0.60	158

从表 6 - 4 可看出，如按安装机舱环境温度为 20 ℃来计入膨胀量，那么在 0 ℃安装时，主机热膨胀量可增大到 158%。

对中间轴轴承下方设有油柜时，由于油温不断升高，使轴承下方结构热膨胀，也可能影响轴承的位移量。

为分析不同安装环境温度对校中热态和冷态的影响，以某大型散货船为例，在安装机舱环境温度 20 ℃（冷态和热态温差 35 ℃）、10 ℃（冷态和热态温差 45 ℃）和 0 ℃（冷态和热态温差 55 ℃）情况下，进行轴系校中计算，见表 6 - 5。

表 6 - 5　某大型散货船不同安装环境温度下校中热态和冷态计算结果

状态	热态 （环境温度 55 ℃）		冷态 （环境温度 20 ℃）		冷态 （环境温度 10 ℃）		冷态 （环境温度 0 ℃）	
轴承与相关参数	位移 /mm	负荷 /kN	位移 /mm	负荷 /kN	位移 /mm	负荷 /kN	位移 /mm	负荷 /kN
艉管后轴承	0.11	527.62	0.11	531.24	0.11	529.8	0.11	528.40
艉管前轴承	0.00	84.83	0.00	70.43	0.00	73.21	0.00	75.91
中间轴轴承	-2.55	96.37	-2.55	125.46	-2.60	124.92	-2.65	124.56
主轴承 1	-4.47	111.68	-4.8	25.19	-4.894	19.01	-4.99	12.31
主轴承 2	-4.47	191.02	-4.8	260.84	-4.894	266.33	-4.99	272.26
主轴承 3	-4.47	249.44	-4.8	247.37	-4.894	247.20	-4.99	247.20
主轴承 4	-4.47	230.10	-4.8	230.66	-4.894	230.70	-4.99	230.75
主轴承 5	-4.47	292.94	-4.8	292.80	-4.894	292.78	-4.99	292.78
主轴承 6	-4.47	83.24	-4.8	83.26	-4.894	83.26	-4.99	83.26
艉管后轴承倾角 /（10^{-4}rad）		4.066		4.015		4.035		4.055

从表 6 - 5 可以看到，如轴系校中计算书中按常规冷态环境温度 20 ℃计算，那么艉管前轴承和主轴承 1 的负荷是 70.43 kN 和 25.19 kN，而如船舶实际在环境温度 0 ℃安装时，轴系安装完成后进行轴承负荷校验应该按照艉管前轴承和主轴承 1 的负荷是 75.91 kN 和 12.31 kN，如仍

然按照 20 ℃时的轴承负荷进行校验,轴系的安装状态与校中计算书的状态完全不一致。

通过计算分析,可得出以下结论:

①安装机舱环境温度对轴系校中是有影响的,特别是对短轴系,对艉管前轴承和主机最后 1 个主轴承影响更大。因此,如船舶轴系在环境温度较低时安装,应考虑安装环境温度对轴系校中的影响。

②在轴系校中计算书中,应分别计算安装环境温度为 20 ℃、10 ℃和 0 ℃时的轴系校中数据;轴系校中时,应按接近的环境温度的计算数值进行安装。

③中间轴轴承位移对轴系校中的影响也较大。因此,在轴系校中计算中,尽可能计入中间轴轴承下方双层底油舱加热膨胀的影响。

因此,如船舶轴系在环境温度较低时安装,应考虑安装环境温度对轴系校中的影响。校中计算时,应按实际可能的安装温度,如按 0 ℃、10 ℃、20 ℃,与主机或齿轮箱最高温度 55 ℃之差,计算热膨胀量。如为减少计算工作量,也可由船厂提出可能的最低温度进行计算,如 0 ℃,则温度差即为(55 - 0)℃,以此来计算变形量。这实际上是适当增加轴承的位移量,以抵御船体变形对轴系校中的不良影响。现场施工和检验时,应采用和确认与上述相近温度的校中计算结果。

6.5.11　中间轴安装环境温度对轴系校中结果的影响分析

为分析不同中间轴轴承位移对轴系校中的影响,以某大型散货船轴系各轴承位移不变,仅仅改变中间轴轴承位移,对中间轴轴承在 - 1.9 mm、- 1.8 mm、- 1.7 mm、- 1.6 mm、- 1.5 mm 和 - 1.4 mm 情况下的轴系校中进行计算,计算结果见表 6 - 6。

表 6 - 6　某大型散货船不同中间轴位移对轴系校中的影响

状态	热态位移/mm	中间轴- 1.9 mm时各轴承负荷/kN	中间轴承- 1.8 mm时各轴承负荷/kN	中间轴- 1.7 mm时各轴承负荷/kN	中间轴- 1.6 mm时各轴承负荷/kN	中间轴- 1.5 mm时各轴承负荷/kN	中间轴- 1.4 mm时各轴承负荷/kN
艉管后轴承	0.0	541.7	546.64	551.57	556.50	561.43	566.36
艉管前轴承	0.0	59.23	45.46	31.70	17.92	4.157	- 9.613
中间轴轴承	变化	110.31	127.97	145.62	163.28	180.93	198.59
主轴承 1	- 2.7	51.37	14.45	- 22.47	- 59.38	- 96.30	- 133.22
主轴承 2	- 2.48	292.38	321.16	349.94	378.71	407.49	436.26
主轴承 3	- 2.26	195.62	194.76	193.90	193.05	192.19	191.33
主轴承 4	- 2.04	238.34	238.57	238.79	239.02	239.25	239.48
主轴承 5	- 1.82	298.52	298.46	298.41	298.35	298.30	298.24
主轴承 6	- 1.61	79.75	79.77	79.77	79.78	79.79	79.80
艉管后轴承转角/(10^{-4}rad)		4.123	4.053	3.983	3.913	3.844	3.774

从表 6 - 6 中可以看到,中间轴轴承位置的变化对艉管后轴承的负荷、主轴承 3 至主轴承 6 的负荷影响较小,而对艉管前轴承、中间轴轴承和主轴承 1 的负荷影响较大,当中间轴轴承位移为 - 1.9 mm 时,艉管前轴承和主轴承 1 的负荷分别为 59.23 kN 和 51.37 kN,当

中间轴轴承位移为 - 1.7 mm 时,主轴承 1 的负荷已为负值,不满足校中要求;当中间轴轴承位移为 - 1.4 mm 时,艉管前轴承和主轴承 1 的负荷分别为 - 9.613 kN 和 - 133.22 kN,艉管前轴承已脱空。

因此,如船舶轴系在环境温度较低时安装,应考虑安装环境温度对轴系校中的影响。校中计算时,应按实际可能的安装温度,如按 0 ℃、10 ℃、20 ℃,与中间轴轴承下方油柜油温 45 ℃之差,计算热膨胀量。如为减少计算工作量,也可由船厂提出可能的最低温度进行计算,如 0 ℃,则温度差即为(45 - 0)℃来计算变形量。这实际上是适当增加轴承的位移量,以抵御船体变形对轴系校中的不良影响。现场施工和检验时,应采用和确认与上述相近温度的校中计算结果。

6.5.12 关于船体变形对轴系校中的影响

船体变形对轴系校中的影响,尽管各船级社规范均有要求,但实际上,目前所有船舶包括大型船舶的轴系校中计算,并没有计入船体变形影响。考虑船体变形的影响,是指船厂在轴系校中设计时,应考虑船舶压载与满载时船体变形的影响,以便校中计算时纳入。另外,不同的船体变形计算模型,可能会得出不同的船体变形结果,而且需要通过实测来验证规范的要求。

因此,通过船体变形对轴系中心线垂向相对变形影响的有限元计算分析,研究船舶在漂浮工况、压载工况和满载工况时,轴系中心线变形的态势,即每一工况的变形状况、各种工况的相对位置,以便为轴系校中设计提供参考。

通过建立船体的"艉部 - 机舱 - 货舱"结构三维立体舱段有限元模型(图 6 - 14),并计入各种主要装载工况的重力和浮力分布载荷,计算出以基准为参考线时,满载工况和压载工况相对变形与漂浮工况相对变形的差值,可以对船体"艉部 - 机舱 - 货舱"变形和轴系中心线的垂向变形态势进行预报。

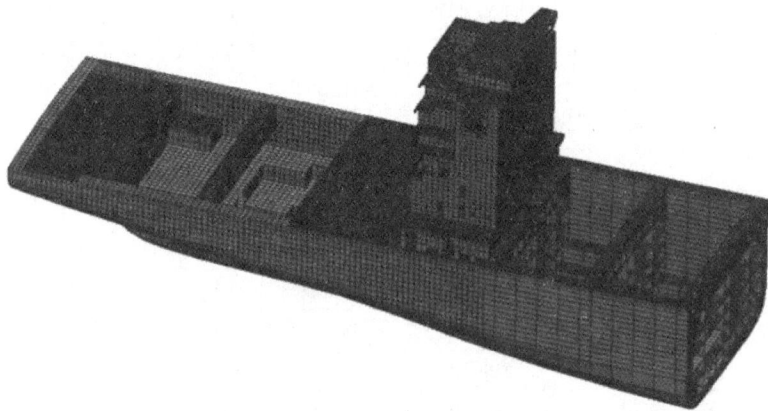

图 6 - 14 艉部 - 机舱 - 货舱有限元模型

确定船体变形计算的一般原则如下:

1. 船舶工况(状态)

①漂浮工况:即船舶下水后状态,所有压载舱为空舱,船舶主要部分已建造完成,且包

括上层建筑、主机和主要设备等已安装到位,这是轴系的校中工况;

②轻载(或压载)工况:所有货舱为空舱,所有压载舱装满或按装载手册指定的实际装载工况;

③满载工况:所有货舱满载,所有压载舱为空舱或按装载手册指定的实际装载工况。

2. 计算载荷

①考虑船舶模型区域上的所有典型特征质量,如船体结构自重(含上层建筑)、主机、主要设备、舵和螺旋桨质量;

②各种油水、压载水、货物;

③各个工况对应吃水下的外部静水压力;

④忽略以下因素的影响:波浪载荷、螺旋桨动态力、螺旋桨推力。

3. 船体建模要求

①模型能正确反映机舱双层底的垂向变形;

②模型范围至少包括从机舱前的一个货舱的前横舱壁开始向后的所有船体结构部分(包括上层建筑)、机舱及机舱以后模型;

③主机附加刚性的影响可不予考虑;

④以轴承支承点作为计算取值点:白合金的艉管后轴承 $d_p/3$ 处作为支点,d_p 为螺旋桨轴直径(或取 $L/4$,L 为轴承长度);其他轴承 $d_p/2$ 处作为支点,d_p 为轴承直径。计算时,分别假定以艉管前轴承处或艉管后轴承处和曲轴自由端第 1 个主轴承处的相对变形为 0,并以此作为基准参考线。

4. 边界条件

模型端面的前横舱壁上的所有纵向连续构件节点设为铰支约束,即节点的纵向、横向和垂向的 3 个方向上的位移为 0。

对轴系校中影响的船体变形有限元计算的基本评价:

①通过建立船体的"艉部 – 机舱 – 货舱"结构三维立体舱段有限元模型,并计入各种主要装载工况的重力和浮力分布载荷进行有限元分析计算的方法及工作流程,可以对船体"艉部 – 机舱 – 货舱"变形和轴系中心线的垂向变形态势进行预报;

②该计算方法和流程具有通用性,且与船型无关,但计算得到的轴系中心线变形量值和变形态势具有其特殊性,与具体船型及实际装载情况相关。

6.5.13　典型船舶船体变形对轴系校中的影响态势

1. 集装箱船推进轴系

图 6 – 15 为某大型集装箱船,机舱后面有一个货舱,在船舶漂浮、压载、满载 3 种工况时,轴系中心线的垂向相对变形态势如下:

①轴系中心线的相对变形分布呈现"凸"形曲线,即轴系中心线中间高出两端;

②漂浮工况下的相对变形最小,满载工况下的相对变形最大;

③漂浮和压载工况下的推力轴承和曲轴后轴承处出现了拐点;

④每一工况下最大相对变形值出现在曲线中间位置处,轴系显得比较"软";

⑤压载工况与漂浮工况相对变形差值较小,而满载工况与漂浮工况的相对变形差值

较大。

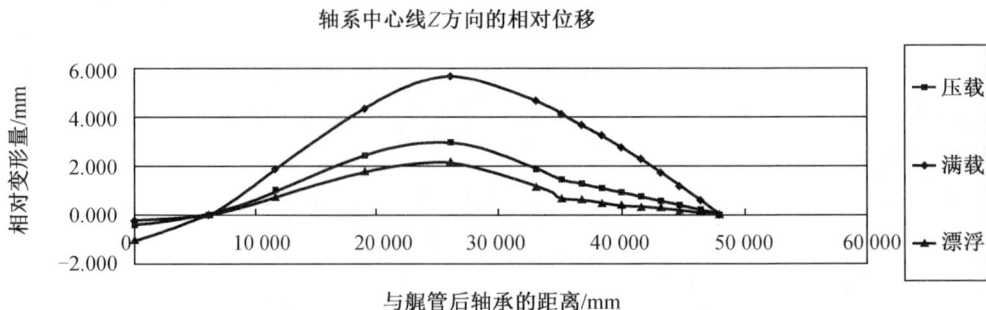

图 6-15 某大型集装箱船轴系中心线的垂向相对变形态势

2. 液货船和散货船尾机型推进轴系

图 6-16 为某大型油船,具有艉机型,在船舶漂浮、压载、满载 3 种工况时,轴系中心线的垂向相对变形态势(也可适用于散货船)如下:

①轴系中心线的相对变形分布满载工况呈现"凸"形曲线,即轴系中心线中间高出两端;而漂浮和压载相对变形分布则较平稳,且为"凹"形;

②压载工况下的相对变形最小,满载工况下的相对变形最大;

③压载工况绝对变形比漂浮工况绝对变形大,而压载工况相对变形比漂浮工况相对变形小,同一工况下的相对变形并不一定和绝对变形成"正比"关系。

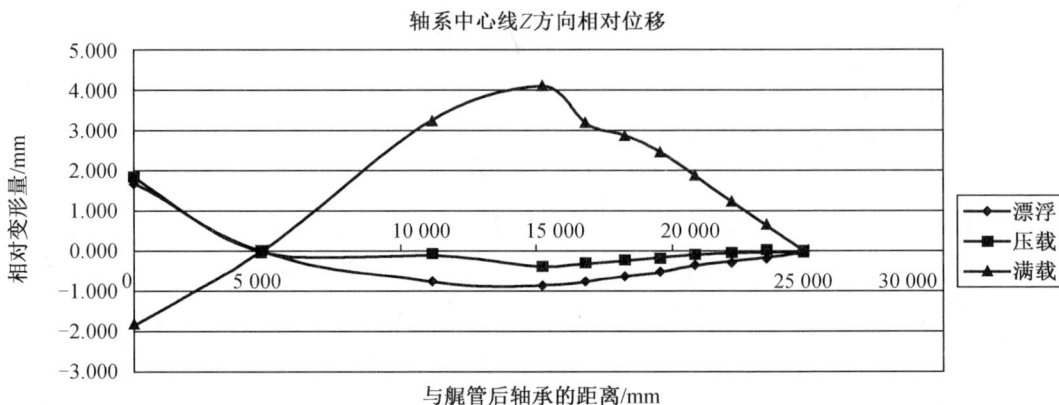

图 6-16 某大型油船轴系中心线的垂向相对变形态势

考虑船体变形对轴系校中影响的基本原则:

(1)对轴系校中影响的船体变形计算的应用

对轴系校中影响的船体变形有限元计算,可用来预报船体变形,虽然较为耗时费力,但可用于首制船轴系校中的设计参考,也可用于对事故案例的定性分析参考。

(2)船体变形准确值计入

如有准确的船体变形值,则船体变形对轴系校中影响的计入,仅仅是作为一组输入参数而已。

（3）轴系校中设计考虑船体变形影响的基本原则

目前船舶轴系校中计算中，虽然没有考虑船体变形的影响，但实际上，有的也考虑中间轴轴承的膨胀量，有的采用艉管后轴承斜镗孔。采用增大主机和中间轴的位移值，相当于计入船体变形的影响，而且均满足轴系校中的要求。

根据分析研究一些船舶的轴系故障现象，可认为，在轴系校中计算时，只要计入足够的主机位移量，即可抵御船体变形对轴系校中的不良影响，因而可不必再进行耗时的船体变形量的计算、测量等研究工作，致使复杂的技术问题简单化。

因此，在轴系校中设计时，可采取以下基本原则：

①轴承应布置在刚性基座上，而且应尽量离开船体变形最大的位置，以减少船体变形对轴承负荷的不利影响；

②对柴油机直接推进轴系，在热态时主机主轴承的位移值，建议低于理论中心线至少1.20 mm；

③对柴油机直接推进轴系，主机最后第 1 个和第 2 个主轴承热态轴承负荷，可控制在许用负荷的 10% ~40%，以防止由于船体过大变形而可能使最后主轴承超负荷；

④要根据不同船型情况，在船舶漂浮、压载、满载 3 种工况时，轴系中心线相对变形呈现的态势，确定最大的位移量。

第7章 船舶振动与噪声控制流程

7.1 船舶的主要噪声源

一切向周围辐射噪声的振动物体都可称为噪声源。船舶主要噪声源有:推进系统噪声、机器噪声、通风系统噪声、水动力噪声、电磁性噪声。

推进系统噪声包括:螺旋桨、侧推桨等噪声;机器噪声包括:柴油机、压缩机、齿轮和泵组等噪声;通风系统噪声包括:空调装置、通风装置、通风机和通风管道等噪声。船舶正常航行时,水下部分船体结构表面受到湍流脉动压力激励以及突体、附体、空腔等水下结构与湍流脉动压力相互作用产生的噪声称之为水动力噪声。水动力噪声按照是否激起结构振动区分为流噪声、流激噪声,当航行速度提高到一定程度时,和螺旋桨桨叶情况一致,会在水下船体局部表面发生空化现象,诱发空泡噪声。电磁性噪声是由于交变磁场的相互作用,产生周期性的交变力所引起磁振动而产生的噪声,如船上的发电机组、变电器、配电板等产生的噪声。

柴油机是船舶最大的噪声源。船舶柴油机主要噪声源有:空气动力噪声、燃烧噪声、柴油机机械噪声。

柴油机空气动力噪声主要包括进气噪声、排气噪声、涡轮增压器气流噪声。随着船用柴油机增压度的提高,增压器噪声所带来的影响越来越大。速燃期时,柴油混合着空气喷入缸内,缸内压力迅速上升并形成压力波动,通过活塞、连杆、主轴承传至机体,以及气缸盖引起内燃机结构表面剧烈振动而辐射出的噪声称之为燃烧噪声。柴油机机械噪声主要包括金属撞击噪声、摩擦噪声和液压冲击噪声。

7.2 噪声的危害

1.噪声对听力的损伤

噪声级在 80 dB 以下,可保证人们长期工作不致耳聋,在 90 dB 以下,只能保护 80% 的人工作 40 年后不会耳聋,长期处于高噪声或偶然处于极高噪声环境会引起慢性或急性噪声性耳聋。慢性噪声性耳聋是指,听力损失是由于强噪声环境的影响日积月累缓慢发展形成的。急性噪声性耳聋(暴振性耳聋)是指,当突然暴露在极其强烈的噪声环境中,例如 150 dB 以上的爆炸声,会使人的听觉器官发生急性外伤,出现鼓膜破裂、内耳出血、基底膜的表皮组织剥离等症状。

2.噪声对睡眠的干扰

连续噪声可以加快熟睡到半睡的回转,会使人多梦,熟睡的时间缩短。40 dB 的连续噪声可使 10% 的人睡眠受影响,70 dB 可使 50% 的人受影响。

突发的噪声使人惊醒,在 40 dB 时可使 10% 的人惊醒;60 dB 时,可使 70% 的人惊醒。

3. 噪声对生理的影响

噪声会引起人体的紧张反应,使肾上腺素分泌增加,引起心率加快,血压升高。

在高噪声条件下工作的人们,高血压、动脉硬化和冠心病发病率比低噪声条件下工作的人要高 2~3 倍。

4. 对神经系统的影响

噪声对神经系统的影响与噪声的性质、强度和接触时间有关。噪声反复长时间的刺激,超过生理承受能力,就会对中枢神经系统造成损害,使脑皮层兴奋与抑制平衡失调,导致条件反射的异常,使脑血管功能紊乱,从而产生神经衰弱综合征,可出现头痛、头昏、耳鸣、易疲倦及睡眠不良等表现,还可以引起暴露者记忆力、思考力、学习能力、阅读能力降低等神经行为效应。在强声刺激下可引起交感神经紧张,引起呼吸和脉搏加快、皮肤血管收缩、血压升高、发冷、出汗、心律不齐、胃液分泌减少、抑制胃肠运动、影响食欲。

5. 噪声对交谈和通信联络的干扰

人们相对交谈距离 1 m 时,平均声级大约是 65 dB。噪声级比语言声级低很多时,噪声对语言交谈几乎没有影响。噪声级与语言声级相当时,正常交谈受到干扰。噪声级高于语言声级 10 dB 时,谈话声就会被完全掩蔽。当噪声级大于 90 dB 时,即使大声叫喊也难以进行正常交谈。通常,噪声每提高 10 dB,发话声级约增加 7 dB。由于噪声容易使人疲劳,因此会使相关人员难以集中精力、降低工作效率,这对于脑力劳动者尤为明显。

由于噪声的掩蔽效应,会使人不易察觉一些危险信号,从而容易造成工伤事故。

7.3　船舶振动评估

为指导船舶设计、船厂对新设计建造船舶可能产生的有害振动(船体总振动、上层建筑振动、局部振动、机械设备振动和轴系振动)进行有效的控制,制订本振动控制流程。

由于振动控制需要有关船舶资料,因此振动控制是逐步深入的过程。从船舶设计到投入运营,振动控制可分为下列 4 个阶段:

①初步设计阶段;

②详细设计阶段;

③建造阶段;

④建造后阶段。

设计者可根据具体船舶情况,在每个阶段中,参考本流程的部分过程或全过程,按照所完成的图纸与已知数据进行相应的振动计算,分别采用估算和详细计算方法,预报船舶振动特性,然后根据有关衡准进行评价,提出存在的问题和采取的必要措施,以及进一步的研究方向。

一般情况下,除非有相当一致的母型船振动资料(包括振动研究报告、详细的振动计算或实船振动测试报告),否则,对新设计船舶振动特性的掌握,总是随着设计过程的深入而逐渐深化的。

船舶振动评估,实际上是对可能产生结构振动的各种激励力进行计算、分析,与振动体的固有频率相比较,并逐步排除产生共振的可能性。图 7-1 是振动评估流程,供在各振动阶段进行振动控制分析参考。

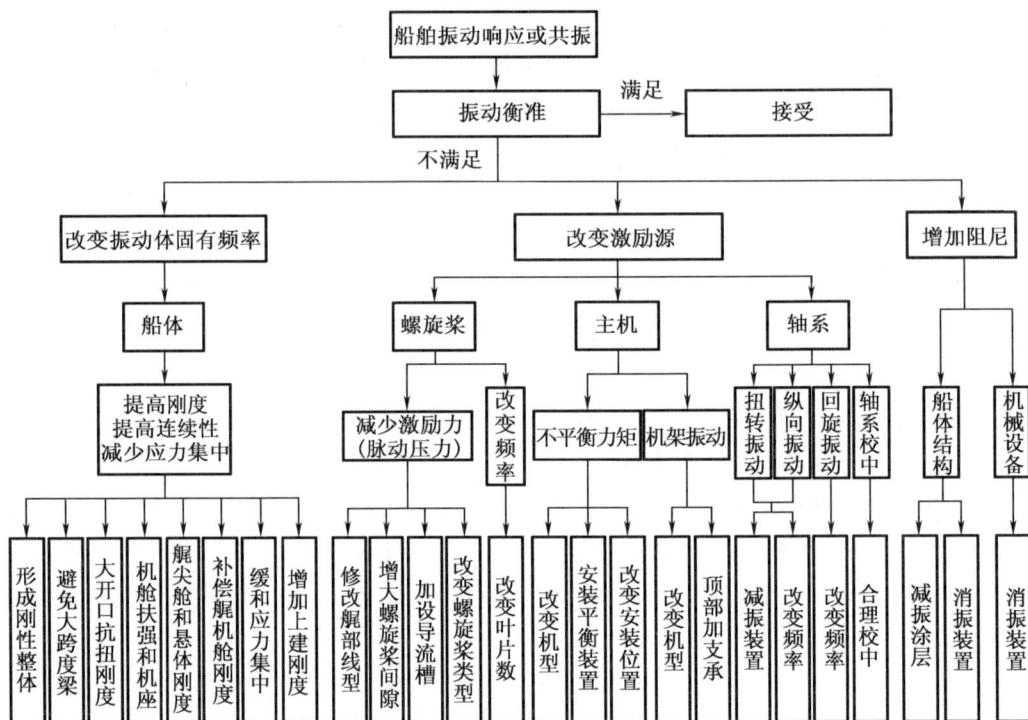

图 7-1 振动评估流程

（流程图内容：）

船舶振动响应或共振 → 振动衡准 → 满足 → 接受；不满足 →

改变振动体固有频率 / 改变激励源 / 增加阻尼

- 改变振动体固有频率 → 船体 → 提高刚度 提高连续性 减少应力集中 → 形成刚性整体、避免大跨度梁、大开口抗扭刚度、机舱扶强和机座、艉尖舱和悬体刚度、补偿艉机舱刚度、缓和应力集中、增加上建刚度

- 改变激励源 →
  - 螺旋桨 → 减少激励力(脉动压力) → 修改艉部线型、增大螺旋桨间隙、加设导流槽、改变螺旋桨类型；改变频率 → 改变叶片数
  - 主机 → 不平衡力矩 → 改变机型、安装平衡装置、改变安装位置；机架振动 → 改变机型、顶部加支承
  - 轴系 → 扭转振动 → 减振装置；纵向振动 → 改变频率；回旋振动 → 改变频率；轴系校中 → 合理校中

- 增加阻尼 →
  - 船体结构 → 减振涂层、消振装置
  - 机械设备 → 消振装置

目前,由于船舶振动响应计算的准确性还没有达到满意的程度,因此为防止产生强烈振动,振动评估应关注:

①在主机(85% ~ 100%)最大营运转速范围内,分析确定主要激励力及其频率,且激励力应不超过规定值;

②在主机(85% ~ 100%)最大营运转速范围内,分析确定振动体主要振动频率,且与主要激励频率之比应满足设计准则的要求。

激励频率是确定的,而激励力一般可控制在一定范围内。如激励力较大时,应尽可能准确估算相关振动体的固有频率,并使激励频率和相关振动体固有频率满足设计准则的要求。此外,还应注意二次激励力对相关振动体的影响。

7.4 防振设计

为防止有害振动,要求在设计阶段就进行必要的结构振动计算,并采取预防措施。但影响船舶振动及激励大小的因素很多,它涉及船舶总体性能、船体结构和动力装置等方面。船舶设计阶段的防振措施及营运船舶的减振措施,两者仅是对象的差异及处理角度有些不同,其基本原理是一样的,其方法有很多是相同的。船舶设计采用的防振措施,一般也适用营运船舶的减振措施,但设计阶段预防措施对已建成船舶有些却较难实施。

本节将综合叙述减小船上有害振动的有关预防措施。

7.4.1　防止共振

1. 改变结构固有频率

在船舶详细设计阶段或营运船舶,其船体总振动固有频率较难改变,但对船上各种局部结构,例如梁、板、板格、板架、管路等,当其固有频率与激励频率相等或接近时,通过改变结构刚性或质量而改变结构的固有频率,使之离开共振区是一种有效的减振措施。如对梁可在跨中增设支座,对板可沿长边方向加设中间加强筋或增加质量,对板架可增设支柱、舱壁或强框架。

2. 改变激励频率

改变激励频率是避免结构共振的有效措施之一。但应首先对引起结构共振的激励源进行改变激励频率的可行性及经济性分析。

3. 改变激励源的作用位置

当船体梁发生第 i 阶共振时,把柴油机产生的不平衡力移置到第 i 阶主振形的节点上或节线上,把产生的不平衡力矩移置到第 i 阶主振形的腹点上,就可避免激起该节点共振。

7.4.2　减小激励的幅值

船体或其局部结构振动响应超过评价基准时,尤其对高频振动响应,减小其振动响应最有效的方法是减小激励的幅值。具体措施应根据引起船体结构振动的激励源分析,例如选择惯性力和惯性力矩得到平衡的柴油机主机;修改艉部线形,改善伴流分布;增加螺旋桨和船体的净空尺寸等。

7.4.3　减小激励的传递

减小激励的传递,消耗激励的能量,也是降低振动响应的有效方法。如在中速、高速柴油机和机座间装置隔振器,使柴油机传递到船体上的激励力减小。一般为单级隔振装置,减振要求高时,可采用浮筏技术或双层隔振。

7.4.4　船、机、轴、桨的合理匹配

①柴油机主机、螺旋桨、轴系是船舶振动的激振源,合理选择它们之间的匹配及与船体的匹配,是减少船舶振动的重要因素。

②注意轴系校中,设计时应计及船体可能产生的变形因素,以减少由轴系引起的轴频激励。同时还要防止过大的轴系扭转、纵向和回转振动,以减小其对船体的二次激励。

③对长冲程、超长冲程低速大型柴油机,可在主机机架的两个方向设置支承,改变机架的固有频率,防止机架的纵向和横向共振,减少机架振动对船体的二次激励。

7.4.5　合理设计船体结构

合理设计船体结构,提高结构的刚度,也是降低结构响应的有效方法。结构设计时应注意以下几个方面:

①保证纵向构件的连续性,尽可能使甲板、舷侧及船底结构有效连接,构成一个刚性较大的整体。

②避免设计大面积的板架和大跨度的梁,当需要设计无支柱甲板板架时,应采用专门的措施或非常规的结构形式。

③对大开口船舶,如集装箱船,应注意提高抗扭刚度,如设置抗扭箱、甲板条,防止产生不利的扭转振动。

④机舱内应合理设计船侧、甲板、平台等的扶强结构,主机机座与龙骨(或船底纵桁)的连接应均匀过渡,且在机舱内避免纵向呈折角线,小型船舶的机座应尽可能延伸到机舱前、后壁。

⑤对艉尖舱和艉悬体结构,应注意减小肋板、扶强材的跨距和减小板的尺度。为提高艉尖舱和艉悬体的刚性,可设置支柱、桁架或舱壁,使甲板板架与船体板架相连接;对艉悬体,则还需提高纵向刚度(设纵桁架、纵舱壁或加强的纵框架)。

⑥在整个机舱长度范围内,船体的垂向和水平方向的惯性矩急剧减小,剪切刚度也随外板减薄及随船体几何形状的变化而下降,结构设计时应注意补偿所损失的刚度。补偿垂向惯性矩的办法是设置一舷到另一舷,并有大量纵向板的艉楼;补偿水平惯性矩则可设置平台;补偿剪切刚度则可在整个机舱长度上设置边舱。

⑦注意避免或缓和应力集中,特别是在机舱和艉部,由于接近激励源,在构件连续的孔槽、截面端、焊接硬点等应力集中区域,容易发生振动结构疲劳破坏。

⑧增加上层建筑的剪切刚度和支承刚度,可以有效地提高上层建筑纵向振动的固有频率,具体措施如下:

a. 上层建筑的侧壁应上下对齐;

b. 对具有 4 层以上的上层建筑,应设置内纵壁;

c. 上层建筑所在主甲板下应设置强纵桁或其他强构件;

d. 主船体横舱壁与上层建筑的前端壁,应上下对齐,否则应设置大肘板连接;

e. 上层建筑的各层后端壁,应尽可能上下对齐,与主船体横向舱壁上下对齐,否则在主甲板下要设置强横桁材。

7.4.6 采用阻尼材料和装设消振装置

在受到强烈振动的外板、甲板、舱壁或其他结构表面上覆盖(包括喷射、涂抹或粘接等方法)减振涂层,造成人工阻尼,可消耗振动能量。其结构形式有自由阻尼层和约束阻尼层两种。阻尼涂层在很宽的频域内对减小振动的传递,降低振动响应,减弱结构噪声都有明显的效果。

消振装置有主动消振装置和被动消振装置两类。其广泛应用于各种机械工程,对船舶来说主要用于局部结构及某些机械设备上,且适用于消减某一固定频率范围内的幅值。消振器也可用于消减总振动。

还应注意非计算项目的防振设计,如扶手、栏杆、管路、门窗、烟囱、排气管等固定和支承。

7.5　振动控制内容

7.5.1　初步设计阶段

在初步设计阶段,设计者应根据产品设计任务书中给出的船舶航区、设计性能指标、使用要求和船上可能采用的主要设备和推进系统,收集有关的母型船资料和主要设备的技术资料。

在决定船舶主尺度、选择主机机型和螺旋桨叶片数时,应根据船舶主要尺度或船舶类型和排水量,估算船体梁垂向振动固有频率和上层建筑振动固有频率,防止由二冲程柴油机主机不平衡力矩产生船体梁垂向共振,防止由螺旋桨叶频激励产生上层建筑共振。同时应尽可能选择不平衡力矩较小的柴油机为船舶主机。

振动控制设计研究内容:

①估算船体梁垂向振动 1~3 阶固有频率,并在主机常用转速范围内,避免与柴油机较大的 1 次、2 次和 4 次不平衡力矩产生共振;如预计会发生严重的振动情况,则应及时调整方案,使问题尽可能在本阶段解决。如因客观条件限制而不能在本阶段改善不利状况,则应将存在问题指出,并在详细设计阶段做进一步研究。同时,应注意螺旋桨叶片次脉动压力的影响。

②估算上层建筑纵向振动固有频率,并在主机常用转速范围内,避免与螺旋桨叶片次频率产生共振。

③应向柴油机厂索取最新二冲程柴油机不平衡力矩的有关资料,计算柴油机单位功率不平衡力矩评估值(PRU),再根据 PRU 的大小,对船体总振动的影响程度进行评估,考虑是否采取防振措施。如采用平衡补偿装置,则应初步确定平衡补偿装置的形式。如需要安装在柴油机上,则订货时应予注明。

④向柴油机厂索取二冲程柴油机 H 型激励力矩和 X 型激励力矩值资料,以及相应的机架 H 型振动、X 型和 L 型振动固有频率。

为防止或减小机架横向振动,进而产生船体振动,建议在主柴油机顶部装设机架横向支承。

为防止螺旋桨引起机架 L 型振动,进而产生船体振动,可在柴油机机架顶部前端加装纵向支承。

7.5.2　详细设计阶段

在详细设计阶段,船舶图纸已基本完成。已完成总布置图、结构形式、构件尺寸和主要结构图纸,主要机械设备和机舱布置图,轴系布置图,螺旋桨图等。在此基础上,可对引起船舶振动的各项激励,船体总振动,典型的局部振动,轴系的扭振振动、纵向振动和回旋振动,机械设备振动,进行较详细的计算和研究,如不满足要求,应采取改进措施。

1.振动控制设计研究内容

(1)螺旋桨脉动压力估算

按照已设计的线型,估算螺旋桨脉动压力,并与其衡准相比较;尽可能改善船尾伴流场的不均匀性,使其处于可接受范围;注意螺旋桨叶片数和艉型的配合,如单桨船尾部一般不能采用 V 形,而要用 U 形;同时还应考虑修改螺旋桨的参数,螺旋桨叶梢与壳板净空尺寸间隙过小,则应减小螺旋桨直径或设置避振穴。

(2)柴油机不平衡力矩

对已选定的二冲程柴油机,计算并确认 PRU 在允许范围内,如不满足要求,则应考虑增设平衡装置或采用隔振装置。

(3)柴油机机架振动计算

对已选定的二冲程柴油机,计算机架横向和纵向振动。力求避免和减小机架振动对船体的二次激励,必要时可考虑在机架上部设纵向或横向支承,支承处的船体结构应具有足够的刚性。同时,对拟采用的机架支承的结构形式进行评估。

(4)轴系振动和校中计算

计算轴系扭转振动、纵向振动固有频率及其响应,以及回旋振动固有频率,计算结果应满足规范的要求,否则应修改设计或增设减振措施。应考虑轴系振动对船体的二次激励。同时,进行轴系校中计算。

对低速二冲程柴油机,为避免轴系纵向振动引起机架纵向振动或上层建筑纵向振动,一般选择主机可考虑安装纵向减振器。

(5)机械振动计算

计算主要机械设备系统的振动固有频率,并与可能产生的激励频率相比较,使之满足设计准则的要求。

同时,应考虑机械设备和管路的防振措施、布置和安装要求。

(6)船体梁振动计算

用有限元法计算船体梁固有频率,应满足设计准则的要求。同时进行振动影响估算。

由于船体梁垂向振动,主要是由二冲程柴油机的 1 次、2 次和 4 次不平衡力矩产生的,不平衡力矩产生船体垂向总振动的条件如下:

①某次不平衡力矩频率与船体垂向总振动某阶频率相同;

②相关的不平衡力矩达到一定的数值;

③主柴油机安装在相关船体垂向总振动的节点处。

在常用转速范围内,避免激励频率和总振动频率相同或相近。当不满足设计准则要求时,对船体总振动固有频率较难改变,则应根据激励源情况,分别考虑改变激励频率或减小激励力。

(7)上层建筑振动固有频率计算

用有限元法计算上层建筑振动固有频率,应满足设计准则的要求。应防止螺旋桨产生的叶片次激励(其频率为螺旋桨转速乘以叶片数),通过船体结构传递到上层建筑而产生共振。

应防止由二冲程柴油机作用在曲轴上的径向力,引起轴系的纵向振动,进而通过推力轴承和船体传递到上层建筑而产生共振。二冲程柴油机径向力的主要简谐次数,与柴油机气缸数有关,例如柴油机已安装轴系纵向振动减振器,则可不必考虑轴系纵向振动的影响。

（8）局部振动计算

计算机舱板架、机舱底板、螺旋桨上方船底壳板、螺旋桨叶片、平台、桅杆等典型结构的局部振动固有频率,对大型平台结构(如面积超过 40 m²),应采用有限元法进行多个固有频率计算,并与主要激励频率相比较,应满足设计准则的要求。

在常用转速范围内,如不满足设计准则要求时,对局部振动则可通过改变结构形式或增加支承结构、增加质量,达到改变固有频率的目的;也可通过改变齿轮箱传动比或改变螺旋桨叶片数,达到改变激励频率的目的。

在详细设计阶段,振动控制设计应注意考虑以下几方面:

①局部结构,如螺旋桨上方船壳外板、机舱船底板架、船体尾部等螺旋桨激励和主机激励直接作用区域结构,应进行振动分析,以便及时发现问题,消除隐患;

②螺旋桨脉动压力是船舶尾部振动、上层建筑振动和局部振动的主要激励之一,修改螺旋桨设计(叶数、直径、转速等)及结构参数,是减小船舶振动尤其是减小艉部振动的有效措施;

③对于主机机架和轴系振动,既要关注其本身的振动响应,又要注意它们可能成为激励船体振动的继发性激励源;

④如通过增设减振装置减小船舶振动,则有必要根据实际结构进行详细的振动计算,并拟订今后的实船试验计划;

⑤各种减振装置如隔振器、避振穴、消振器,均应有加工和安装工艺文件,根据其不同的特性和材料的性质,提出明确而又具体的施工艺流程和质量要求,以确保减振装置的性能,同时应列出相应的维修保养要求。

2.振动预报的综合分析

通过对船上主要激励源和船体梁、上层建筑、局部结构、局部部件的振动特性研究和计算,进行全船性振动预报的综合分析,防止可能的疏忽而使原发性激励源或继发性激励源可能引起的有害振动。

合理设计船体结构,提高结构的刚度,也是降低结构振动响应的有效方法。因此,在船体结构设计和上层建筑设计时,应合理进行设计。

防振设计研究工作结束后,应完成下列工作:

①船上振动计算分析报告,包括:

船上振动特性分析;

各项振动计算书;

填写主要结果汇总表(见附表 1 ~ 附表 10)。

②船上振动测量项目及其测点布置。

7.5.3　建造阶段

建造阶段包括船舶建造阶段和试航阶段。船舶建造阶段,全船详细生产图纸和施工工艺文件已完成。由于新船振动特性除取决于船舶设计外,还与建造因素有关,故在上述图纸和文件中,应充分考虑振动控制要求,做出有关规定,提高施工质量,控制因工艺制造偏差而造成的对船舶振动的不利因素。

1. 船舶建造阶段

①船舶各项施工图纸及工艺文件,应满足有关规范和标准的要求。

②防振措施:应编制各种防振措施的施工图纸及工艺文件,并按工艺文件要求进行安装。

③减振装置:各种减振装置如隔振器、避振穴、消振器,均应编制施工图纸及工艺文件,根据其不同的特性和材料的性质,提出明确而又具体的施工工艺流程和质量要求,以确保减振装置的性能,同时应列出相应的维修保养要求,提供给船方。

④编制船上振动测量大纲。

2. 船舶试航阶段

①在船舶试航阶段,应按船上振动测量大纲进行各种振动测量。

②在船舶试航阶段,如发现振动量级超过有关规范或标准的规定时,船厂应按振动评估流程,进一步查找原因,并采取经济而有效的减振或避振措施。

③如手扶、栏杆、天线、桅杆、平板、管路等,新船试航时可能出现局部振动现象。局部振动现象一般包括局部结构共振,采用局部加强,可以很容易地达到修正目的。

④编制船上振动测量报告。

7.5.4 建造后阶段

①试航时船体振动测量,是按规定条件进行的,但在船舶营运中,如主机使用转速与振动测量时的转速不同时,也可能产生船舶振动现象。对船舶结构的共振,通过调整主机转速,可避免共振的产生,也可减少振动响应。

②试航振动测量时受测量点布置的限制,有的振动现象没有发现,但在船舶营运中可能产生一些局部振动现象,这时可采用适当加强方法,可有效改变共振频率和振动响应。

③由于局部结构振动估算,往往只计算 1 阶固有频率即可,但对较大的平台结构,试航振动测量时受测量点布置的限制,可能被忽略的多阶振动,在船舶营运中会产生较大的振动响应。在这种情况下,需要进行详细的振动测量和计算,才能采取有效的解决方案。

④如使用中产生复杂的振动现象,则应按振动评估流程,进一步查找原因,进行必要的计算和测量,才能采取经济而有效的减振或避振措施。

7.6 船舶低噪声建造工艺

船舶的振动噪声性能是衡量船舶总体性能的一项重要指标,影响船舶舒适度、船舶电子设备可靠性以及船员的工作环境。对于一些特殊的船舶如科考船、物探船等特种工程船舶,常配备大量的测量仪器、仪表,因此对振动噪声信号十分敏感。更有豪华邮轮、高档车客渡轮等船舶对舒适度要求高,需要低噪声的舱室环境。为了保护船员及旅客健康舒适的工作、休息舱室环境,近年来各国船东对船舶的振动噪声性能要求越来越高,世界各国也制订了相应的评价指标和规范要求。对于舰船来说,振动噪声性能则是关键的总体性能指标之一,其往外辐射的噪声是被动探测装置的信息源,直接影响舰船的生命力和作战能力。

船舶建造阶段往往比设计阶段长得多,如大型散货船的建造周期可达 3 年以上,因此建造过程是实现船舶总体设计性能指标的重要环节。在建造过程中,从船舶振动噪声源及传递路径出发,通过控制包括船体结构、船体舾装件、旋转机械设备、减振元器件、系统管路、电缆等船机管电各个环节的安装精度和要求,力求使减振降噪的各项措施达到最好效果,使设计的振动噪声性能最终得以实现。

船舶低噪声建造工作,应以工艺保证为根本,以管理控制为手段,以创新提高为方向,通过严密工艺保证方法可行,通过严格管理做到过程可控,通过强化创新达到持续改进,并通过不断的优化,最终实现低噪声建造工艺水平的不断提升。

7.6.1　船体结构低噪声建造工艺

1. 船体结构放样

船体结构外形是影响船舶水动力设计的重要因素,船体结构放样时应保证准确度,设计胎架工装时需严格控制胎架的型值尺寸,采用计算机放样确定胎架模板型值的正确性,并采用相应的检测手段。同时,胎架工装设计需充分考虑分段的焊接变形,采用合理的反变形控制手段,确保船体结构外形的光顺。

2. 船体结构下料及成型

在钢料加工、下料切割、结构弯制、结构成型等各道工序中,应严格控制加工精度,可采用新型的多自由度弯板机提高结构弯制精度。尤其是外壳板,加工后应采用传统样板、样箱或新型三维扫描等工具和手段进行线型的检测,对超差部位及时矫正。

3. 船体分段制作

分段制作阶段,控制船体结构的焊接质量以及分段外壳板、附体的线型是低噪声建造的关键工艺。

①分段建造前胎架需交验合格,必要时对胎架的型值进行复测,满足线型公差要求。

②对结构件线型进行检查,并对结构件上的焊接坡口形式进行复核,满足设计要求。

③依据计算机放样提供的胎架装配值对结构件进行精准的划线、定位和装配,满足定位公差要求,严禁强制装配。

④分段焊接前应制订合理的焊接顺序,通过“先中间后四周”、对称焊、控制焊接速度和电流等手段控制焊接变形。由于薄板焊接变形的复杂性、多元性、随机性,如处理不当不但无法满足船体线型要求,严重影响船舶外观和焊接质量,甚至造成整个分段的报废,在施工中需要重点关注,采取必要的反变形手段。焊后按设计要求对焊缝焊址进行打磨光顺,与基体圆滑过渡,且不伤害基体。

⑤分段交验前,对分段外线型进行检测,超差部位及时矫正,按设计要求对焊缝进行探伤。

4. 船体分段大合龙

船体分段大合龙是在船台上对全船分段进行合龙焊接的工艺过程,该阶段低噪声建造工艺措施主要控制各分段定位精度、合龙部位的外壳板线型、大合龙焊接质量等。

①选择合理的基准分段,采用数控对中装置将船体分段与基准段靠拢,通过调整分段的基线、中心线、水平度及高度等,采用全站仪等高精度测量设备,确保分段的定位精度。

②分段调整到位后,测量分段合龙处壳板的余量,采用高精度切割设备对合龙处的壳

板进行精确余量切割和开坡口。

③采取必要手段控制大合龙焊接变形,控制外线型光顺,并按设计要求对大合龙焊缝进行探伤。

④合龙后,按原分段中心线标记对全船中心线进行统一修正,建立全船统一基准,确保后续的壳、舾、涂等工作。

7.6.2 船体舾装低噪声安装工艺

船体舾装包括甲板机械、活动铺板、门窗盖、可折板、固体压载、通海阀等,如其安装质量不到位,极易产生异常振动噪声,影响舱室环境以及船舶振动噪声性能,低噪声安装工艺措施需重点保证舾装件的安装牢固性。

①严控甲板机械设备的制造和装配质量,上船安装过程中确保甲板机械安装紧固,启闭部件均按要求关闭到位。

②船舱内活动铺板的安装需保证其刚度和强度,铺板框架板格尺寸建议控制在 1 m 以内,可在钢制或铝制活动铺板与框架之间加装橡胶阻尼衬垫或采用新型的减振阻尼铺板,活动铺板与框架之间通过螺栓紧固连接,必要时可将螺母点焊固定。活动铺板框架应远离振动设备,条件允许时可加大框架结构尺寸以提高其刚度。所有活动铺板安装后,应以人员踩动时无异常振动响声为合格。

③船内门、窗、盖、可折板等舾装件安装时,可在密封位置处增加弹性橡胶垫进行减振处理,确保关闭后无异常响声。下水前,对通海阀、固体压载等部位的紧固情况进行检查,未紧固部位采取相应措施进行控制,并对紧固结构的防腐涂层进行检查,涂层脱落部位及时修补。

7.6.3 旋转机械设备低噪声安装工艺

旋转机械设备是船舶上的主要设备,包括各类主辅机组、电动泵类等,是船舶振动噪声的主要来源,因此在船舶建造中需要关注旋转机械设备的安装,低噪声安装工艺措施需重点保证设备的安装精度和要求。由于旋转机械设备一般安装于船体基座上,因此应从基座结构建造以及旋转机械设备安装两个方面进行低噪声安装工艺控制。

1.基座结构建造

船舶基座结构的低噪声建造,主要是提高基座的结构刚度和阻抗值,建造过程中需从以下几个方面进行工艺控制:

①采用计算机放样对基座钢料进行精确下料,对于焊接量较大的大型基座,还需考虑一定的焊接收缩变形。基座面板与主船体焊接部位等需要预留一定的后期加工余量。

②基座制作应在胎架上进行,控制胎架的整体水平度,制作时建议以基座面板为基准采用反造法。

③严格按照设计公差要求进行基座板架结构的定位、装配和焊接,避免虚焊漏焊,焊接过程中严格控制焊接变形,控制基座各构件的垂直度及变形量等。焊接完毕后按要求对焊缝进行探伤,对大型基座还应采用各种有效方式消除基座的热应力,防止后续基座结构产生较大变形。

④基座成型后上船安装,按设计要求找准基座定位,确保在公差范围内。大型基座板架一般与船的纵筋、纵桁、横梁等强结构对齐以提高刚度,施工时尤其要保证其与强结构的板壁差。在对焊接部位结构余量进行精确切割后,进行基座上船施焊。对于舱底的基座,焊接过程中应注意不要封堵结构上开设的流水孔,避免舱底积水腐蚀影响基座的强度和刚度。基座在船上焊接完毕后按要求进行焊缝探伤。

⑤可通过在基座结构上敷设高阻尼材料进一步提高基座的阻抗性能,降低机械设备的振动向船体结构传递的强度。阻尼材料的施工应在良好的通风、温湿度、照明等环境条件下进行,不能与电焊、切割等明火高温作业同时进行。避免施工遗漏,施工完成后应对阻尼材料表面进行遮盖和提醒,以防其他施工对其产生破坏。如后期阻尼材料周围不可避免地需要进行电焊和切割作业,则应拆除局部阻尼并及时修补。

⑥当前部分公开研究成果表明基座结构上采用阻振方钢可有效抑制设备振动向船体结构的传递,阻振方钢尺寸大、质量大,焊接时应采用合理的坡口形式,确保阻振方钢焊透,提高阻振效果。

⑦基座面板在设备安装前进行机加工,尽量使面板的切削量少,严禁小于设计要求的最小厚度。此外,还需保证机加工后基座面板的表面粗糙度及平面度、水平度等指标。

⑧基座加工后、设备安装前,在基座非机加工结构上按要求进行防腐处理。对于机加工面,则应采用油封防止遭破坏。

2. 旋转机械设备安装

①设备安装前,检查设备机脚及基座安装面板,确保与设计要求一致。检查安装使用的紧固件,应符合设计规定的品种规格要求,并经检验合格,一般固定螺栓上应有防松锁紧装置。

②调整设备安装位置及角度,满足设计要求。允许现场研磨调整垫片来调整设备安装位置,垫片表面粗糙度应与基座面板及设备机脚相匹配。通过设备预装,确定基座面板上的螺栓孔布置并号孔,现场配钻基座面板上的螺栓孔确保与机脚匹配。

③安装紧固件前,确保设备机脚和基座与紧固螺栓、螺母的贴合面光洁平整,必要时进行修平。安装紧固件时,建议对称均匀拧紧。安装完毕后,应检查螺栓、螺母与设备机脚、基座接触面的贴合性。对于会产生热胀冷缩的设备,安装时还应提前考虑设备膨胀位移的方向,可以将机脚上表面与螺栓头、螺母之间留有一定的间隙。

④旋转机械设备一般采用弹性安装于基座上,对于减振器的安装应按要求进行预压,详细低噪声建造工艺要求见7.6.4节。对于需要连接的旋转机械设备(如刚性联轴器、齿式联轴器、弹性联轴器、离合器等),还应按要求达到设计的偏移和曲折值指标。

⑤考虑设备运转工作时可能产生的位移,设备安装后,与周围刚性固定物或旋转设备的间隙应保证在 10～50 mm 左右。

7.6.4　减振元器件低噪声安装工艺

现代船舶设计中,通常采用减振元器件隔离舱内旋转机械设备工作时船体给船体结构的振动。减振器是最典型、最常用的减振元器件,其类型主要包括橡胶减振器、金属减振器、气动减振器、聚合物材料减振器、智能减振器等。橡胶减振器凭借其低固有频率、高损耗特性、低造价等优点,在船舶中应用最为广泛。

低噪声安装工艺措施,应重点保证减振器的安装质量,确保发挥其隔振效果。

①应选用正规厂家且经鉴定合格的减振器,具有生产厂家标记、型号或代号、制造日期和检验合格证书,并在规定的使用有效期内。减振器入厂前应附带静刚度(或额定载荷下的静变形)测量数据,如没有则必须进行静刚度检查测试。

②橡胶减振器的存放地点应专门规划,环境温度宜保持在 $-5 \sim 30$ ℃,保持通风干燥,防止日光直接照射,避免与酸碱、油漆等有机溶液接触,远离热源以及尖锐物品,避免受到损坏。

③考虑到橡胶件的寿命,应尽量避免橡胶减振器库存时间过长。特殊情况下,对于超过库存一年以内的橡胶减振器,在经两次橡胶邵氏硬度测试合格后,其实际使用期可仍为规定使用期;超过库存期一年以上不到两年的,其实际使用期应适当缩短,缩短时间不小于库存期延长时间的1/2。

④橡胶减振器不能有影响其使用性能和安全性的问题,安装前重点检查橡胶是否存在变形,橡胶与金属之间是否脱胶、分层,橡胶表面是否存在气泡、裂纹等现象,内外表面是否存在压痕、划痕、毛刺及其他损伤等现象。

⑤橡胶减振器一般适用于机脚安装部位不大于 70 ℃ 的设备,高于此温度时可考虑过渡板或更换为金属减振器。

⑥减振器安装前,应对每一减振器的自由高度进行测量记录,同时测量其表面平面度,确保与设备机脚及基座安装面匹配。按要求选定减振器后,按静刚度对减振器进行编号。刚度较大的减振器安装在承载较大的一侧,刚度小的减振器则安装在承载较小的一侧。

⑦减振器固定前,应对减振器进行预压。根据不同类型的橡胶减振器,预压时间一般为 $3 \sim 30$ 天。

⑧减振器预压后,可采用调整垫片调整设备位置达到设计要求,调整垫片布置在设备机脚与减振器之间:预压后测量减振器上设备机脚与减振器下基座面板的实际距离,通过设计的理论距离减去每支减振器部位处测量的实际距离即为调整垫片的厚度。通过现场研磨,完成调整垫片的制作和减振器的安装。

⑨减振器安装完毕后,测量减振器的实际高度,根据先前测量的自由高度值计算减振器的变形量,检验是否满足减振器的技术要求。如不满足,则需重新更换减振器,禁止继续使用超出变形要求的减振器。

⑩禁止在橡胶减振器上涂刷油漆,安装交验后对减振器表面进行清理,并实施必要的保护措施。

⑪在船舶运营过程中,还应根据减振器的使用舱室环境和设计使用寿命,定期检查减振器的变形情况,及时更换已到寿命或变形超差的减振器。

7.6.5 管路低噪声建造工艺

船舶系统管路众多,尤其是与旋转设备相连的管路,通过管路本身及其支吊架将设备的振动传递给其他部位及船体结构,成为振动传递的"第二通道"。因此,管路建造质量也是影响船舶振动噪声性能的重要环节。

管路建造环节多,在船舶上的布置复杂,其低噪声安装工艺措施需要控制包括三维生产设计管路走向、管路制作、支吊架制作、管路及支吊架安装、管路阻尼敷设等众多环节和因素。

①管路三维生产设计应严格执行减振降噪技术要求,确保减振降噪设计措施的落实,确保实现减振降噪的各项指标。管路生产设计除保证系统功能以外,还需重点考虑减振降噪要求:

a.管路设计尽量保持平直,减少弯曲。如必须,弯管的弯曲半径建议选取为 $2\sim4$ 倍的管路通径,以减少管路内介质流动对弯管的冲击。同时,两个弯管之间需保持一定的直管段距离,避免连续急弯。

b.管路通径突变位置处,应选用一定长度的变径管进行平滑过渡,避免直接刚性突变。

c.管路上的附件应根据系统工况选择设计点匹配的附件,避免理论设计工况偏离实际运行工况,导致异常振动,附件之间也需留有一定的直管段距离。

d.三维设计中还应重点检查管路与周边刚性固定物、设备、管路等的间距,按要求保持一定的减振降噪安全间距,对于需要包覆的管路,该安全间距还需考虑包覆层的厚度。

②管路制作的各个环节,主要从以下几个方面进行工艺控制:

a.管路制作前,应选择检验合格、标记齐全的管段,对管段的牌号、规格、化学成分和力学性能进行确认,并检查管段表面是否存在裂纹、划痕、凹坑等缺陷。

b.管路制作时,严格控制弯曲角度、椭圆度和偏差,提高管段的制作精度,为管路低噪声安装提供有利条件。管路弯制时还应考虑一定的回弹量,确保满足设计的管路弯曲半径要求。

c.弯制后,还应进行外观检查,弯曲处表面不得有裂纹、分层、折叠凳缺陷。弯曲处的圆度、壁厚减薄量等关键指标,应按标准规范进行验收。

d.管路焊接时,应控制焊接变形量,焊接完毕后还应对所有焊缝进行打磨光顺,清理焊渣,并对内表面进行清洗,确保管路内流道的平整光顺,防止焊瘤、焊渣等成为扰动管路内介质流动的障碍物。

③管路上船安装时应严格按生产设计图样进行,管路末端应自由对中,禁止强制装配。管路与弹性安装的旋转设备之间建议采用减振接管,且在设备减振器固定超过 24 h 之后连接,在自由状态下紧固,不允许强制拉扯设备。减振接管安装时,尽量保证其在轴向和径向上不发生变形。减振接管与设备安装完毕后,还需再次测量减振器的高度,确保减振器变形在要求范围之内,否则应重新安装减振接管。

④管路支吊架用于保证管路的固定,其低噪声建造工艺措施包括:

a.支吊架的设置应能防止管路的振动及固定,并能避免船体结构变形引起的管路受损。支吊架之间的距离应根据管理走向、质量等因素合理选择。

b.管路敞口部位,应设置支吊架,避免介质流经出口时的振动过大。

c.对于管路上质量较大的阀件,应在其前后端设置支吊架。

d.支吊架结构应与船体结构焊接牢固,并尽量焊接在强结构、厚板部位。如必须生根在薄板结构部位,则应在支吊架生根位置设置一定大小的垫板。

e.对于部分振动较大的管路,可充分考虑在支吊架卡箍内增设弹性橡胶垫或选取带减振器的弹性支吊架。支吊架不宜过紧,以免橡胶垫变形过大影响其减振效果。带减振器的弹性支吊架安装时,其减振器低噪声安装要求可参照 7.6.2 节。同一段管路的所有弹性支吊架应保证均匀受力,避免管路局部下沉导致部分弹性支吊架失效。弹性支吊架应优先采用正装的形式,尽量避免倒装。

f.设备与减振接管连接时,应在减振接管前后设置支吊架,其中设备与减振接管之间的支吊架应生根在设备的机架上,减振接管之后的支吊架应生根在设备外。

⑤在管路外表面敷设高阻尼材料,是一种抑制管路振动的有效手段。阻尼敷设前,应确保管段已交验合格,管段两端采用相应的工装进行了封堵,并对管路表面进行了充分的清洁,施工区域具有良好的温湿度、通风及照明条件。管路阻尼敷设时,一般采用胶黏及缠绕式敷设方式,确保敷设管路表面粘黏剂涂刷均匀、阻尼材料与管路附着牢固、无凸起和翘边,一般敷设完毕后24 h以后认为可达到最大的粘黏强度。交验合格后,应实施必要的保护措施,并尽量避免在敷设阻尼的管路区域附近进行电焊、切割等作业。如不可避免,则应采用防护布等将作业部位附近的管路阻尼进行覆盖保护。

7.6.6　电缆低噪声敷设工艺

由于旋转设备的用电需求,除系统管路外,部分电缆也与旋转设备直接连接,将设备振动传递到船体结构当中。尤其对于大型、大功率的旋转设备(如制冷机、压缩机、发电机等),其连接的电缆外径大、刚性大,是低噪声控制中不可忽略的部分。针对船舶电缆,低噪声敷设工艺控制主要包括以下几个方面:

①电缆支承件需与船体结构焊接紧固,不得有松脱现象。

②电缆的走向取决于支承件的布置,支承件的选取、定位及走向等应符合设计要求,尽量保证电缆束的水平或竖直,弯曲段的转弯半径应满足规范设计要求。根据电缆的数量、质量、外径等因素合理制订支承件的间距,保证电缆敷设后支承件之间的电缆无明显下垂。

③电缆的整理一般从电缆束的一段开始,电缆束不应有缠绕现象,逐段整理紧固,直到连接到用电设备。

④在靠近用电设备的前两个电缆支承件建议采用弹性橡胶垫紧固,以达到减振效果。橡胶垫应与电缆支承件上的卡箍紧固连接,不得产生脱离和损坏。

⑤与旋转设备相连的电缆,在靠近设备时应留有足够的自由位移量,可采用螺旋圈形、弓形、U形、Ω形等,并确保电缆在自由状态下的紧固,防止设备运转时或船体结构冲击时电缆被拉断,也防止声桥的产生。同时,预留位移量的电缆应保证不与其他刚性固定物、设备及管路接触。

⑥如需套管敷设的电缆,尽量选择橡胶套管。橡胶套管的固定采用支吊架,并保证紧固后电缆管外径不变形。

7.7　典型船舶振动噪声综合控制技术案例分析

案例选择为某科考船,科考船是一类载有科技人员和专用仪器,对海洋自然特性进行测量研究并获取其基础数据的专门作业船舶。

7.7.1　科考船振动噪声控制的主要工作

科考船振动噪声控制是一个系统工程,如果前期没有系统地策划,后期控制就会受到限制,很多方法无法实施,对最终指标的达成构成威胁。因此,减振降噪工作应贯穿于科考船的初步设计、详细设计、生产设计及现场施工、制造、产品检验整个过程。

1. 初步设计阶段

初步设计阶段,根据科考船的建造目标要求,船的主体布置及性能参数基本确定。在该设计阶段可以将船体振动噪声指标与性能指标一同确定,如果水下噪声对科学试验有影响,也要提出水下辐射噪声和自噪声指标。

2. 详细设计阶段

详细设计阶段,主要根据船体振动、舱室噪声以及水下辐射噪声和自噪声的指标要求,通过计算分析相似船型的设计经验,确定主要设备船体基座的振动限值、阻抗要求,以及部分辅助设备的振动指标要求和通风系统的噪声要求。该阶段还须对船体的振动性能、舱室噪声、水下噪声以及自噪声性能进行评估,避免共振以及振动、舱室噪声、自噪声和水下噪声超标情况出现。如果有超标现象,提出优化设计意见和控制措施,通过优化设计和采用振动噪声控制措施使整船的振动噪声达到指标要求,最终形成全船的振动噪声综合控制方案。

3. 生产设计阶段

生产设计阶段开展船体详细结构设计和设备采购,在该阶段须将前面的振动噪声控制方案落实到各个设备的设计中,并确保指标的达成。同时,编制全船的振动噪声控制手册,以便后期现场施工和管理人员了解振动噪声控制流程、关键节点和注意事项。在设备采购过程,落实振动噪声指标。

4. 施工阶段

施工阶段的中间过程质量控制主要包括:生产放样阶段的控制、减振降噪产品的设计和生产指标控制、关键设备出厂验收(FAT)、建造过程控制、振动噪声摸底测试等,确保振动噪声控制手段的有效落实。

7.7.2　科考船振动噪声指标确定及分解

科考船的振动噪声指标主要包括:船舶振动指标、舱室噪声指标、自噪声指标和水下辐射噪声指标。

1. 振动和舱室噪声要求

目前振动和舱室噪声指标可以参考的标准比较多,主要有 CCS COMF、MSC. 337(91)以及其他船级社的标准。其中,对于动力定位(Dynamic Positioning,DP)工况噪声提出了考核要求,需要额外予以关注。

2. 自噪声要求

自噪声要求目前没有标准可以参考,一般考虑多波束安装位置的噪声水平。以往出现过多波束位置噪声过大,影响测量结果的案例。多波束位置噪声指标须根据科学仪器的测量要求提出,一般分频段提出。

3. 水下辐射噪声要求

水下辐射噪声要求目前仅有挪威船级社水下辐射噪声（DNV Silent）标准可以参考，其他船级社均未提出水下噪声相关标准。中国船级社在 2017 年初，发布了水下噪声测试指南，在测量阶段可以作为参考。该指标与自噪声有些类似，但也有区别，需综合考虑。科考船振动噪声相关指标的确定，除了参考相关标准外，更要考虑科考船舒适性要求、科学试验抗振动噪声干扰等要求，目前的相关标准具有普适性。因此科考船的声学指标提出，既要考虑科学测量要求，也要考虑经济性要求。科考船振动噪声指标分解是在全船振动噪声以及水下噪声和自噪声指标要求的基础上，通过计算评估和经验数据，对大型动力设备的振动噪声提出限值要求；同时对安装基座的阻抗特性提出要求，以确保全船声学指标达成。

7.7.3 振动噪声评估及优化设计

振动噪声评估主要包括：整船的振动性能评估、局部振动评估、舱室噪声评估、水下辐射噪声评估和自噪声评估。在计算结果不满足指标要求的情况下，提出优化建议。

1. 整船振动性能评估及优化设计

整船振动性能评估主要包括：船体模态评估和振动响应评估。整船模态评估主要考察船体模态频率是否与大型动力设备激励频率重合，以避免共振情况发生；整船振动响应评估主要考察船舶各位置的振动水平是否超过限值，以保证振动指标的达成。

根据评估结果，当出现共振或者振动超标情况时，提出相应的解决方案，给设计提供支撑。船舶振动评估主要根据型线图、外板展开图、各层甲板结构图等船体结构图纸，利用有限元软件建立船体模型，并考虑机械设备质量、油水装载情况、舱室分布及附连水质量。模态计算中，对比整船模态和主要激励频率，评估发生整船共振和振动超标的风险。然后考虑主要动力设备的激励，计算整船的振动响应，并与指标要求对比，如果超标则进行优化设计，提出整改方案。图 7-2 给出了总振动及局部振动评估流程图。

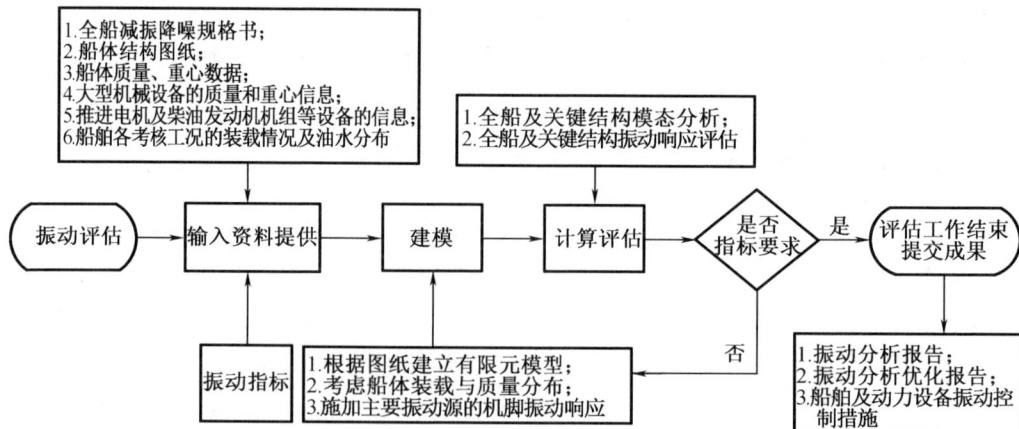

图 7-2 总振动及局部振动评估流程图

2.局部结构振动评估及优化设计

局部结构振动计算主要采用有限元方法,对所关心的局部结构,如桅杆、烟囱、大跨度区域、舵机舱及其他舱室进行固有频率计算,并与主要动力设备的激励频率做比较,对共振风险区域提出优化建议。

3.舱室噪声评估及优化设计

舱室噪声的评估采用统计能量方法(SEA)。统计能量方法采用"能量"的观点,统一解决结构振动和声场问题。统计能量法所有参数都是时、空、频域的平均统计量,所以其分析结果能够从统计意义上预测整个子结构的平均响应。使用软件建立全船 SEA 声学模型,考虑船体外部的流场环境,加载主要振动噪声设备,包括推进柴油机组、推进电机、风机等的能量输入,并在模型中考虑舱室的吸隔声材料及减振降噪措施。将计算得出的各个舱室的声压级与限值指标进行对比,对于超标现象提出相应的改进建议,如:设备隔振隔声初步方案、全船内装、绝缘材料的设计建议,以及全船阻尼材料敷设建议等。最终形成全船的舱室噪声分布图及优化设计报告。图 7 – 3 所示为舱室噪声评估的整体流程。

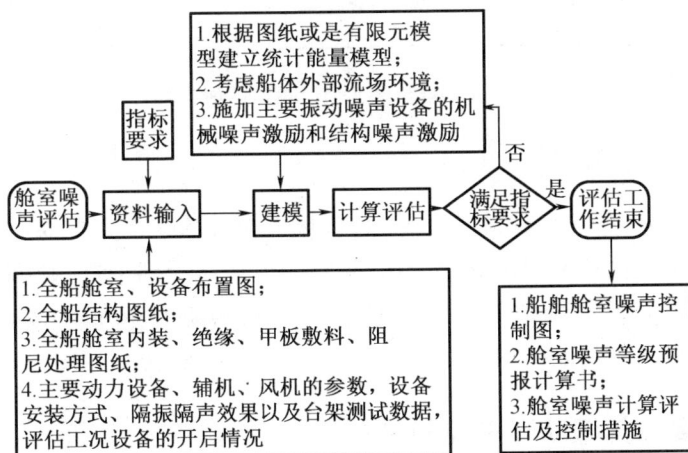

图 7 – 3　舱室噪声评估的整体流程

4.水下辐射噪声评估及优化设计

通过水下噪声预测得到科考船船体的水下噪声情况,并结合已选用的动力设备的振动情况,评估其他辅机设备的隔振要求,最终得到船体的水下噪声情况,提出降噪方案。船舶水下辐射噪声主要由三部分组成:机械噪声、螺旋桨噪声、水动力噪声。评估过程中分别计算每个噪声源对水下辐射噪声的贡献。机械噪声贡献评估基于统计能量方法和边界元方法,实现水下辐射噪声的全频段预报,在模型中加载船上主要动力设备的噪声激励,计算分析得出机械噪声对水下辐射噪声的贡献量;根据设备商提供的直叶桨的具体振动数据评估对应工况下直叶桨引起的水下辐射噪声;水动力噪声评估是通过计算流体动力学(CFD)计算得出海流造成的船体脉动压力,再转化为机械噪声激励,然后计算其对水下辐射噪声的贡献。将各部分的噪声贡献汇总,得到全船的水下辐射噪声水平,与限值曲线对比,提出降噪措施建议,形成全船的水下辐射噪声优化设计方案。船舶水下辐射噪声评估流程如图

7 - 4 所示。

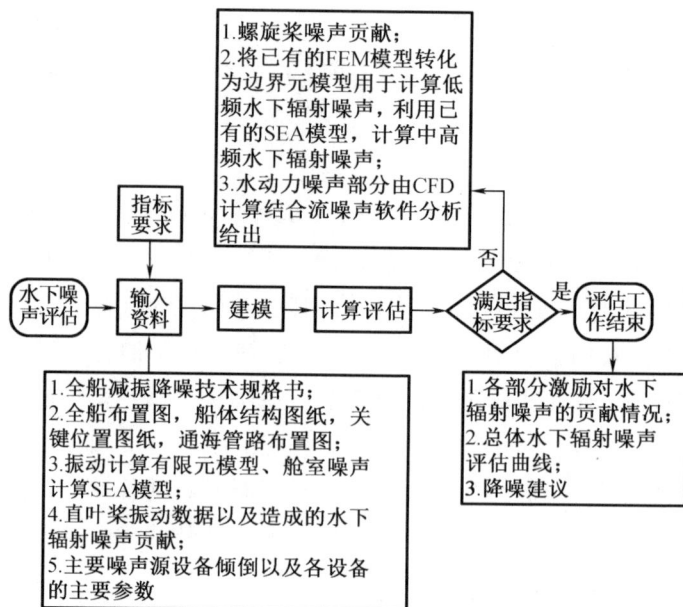

图 7 - 4　船舶水下辐射噪声评估流程

5. 自噪声计算评估

自噪声与水下辐射噪声的声源基本相同,自噪声为近场噪声。自噪声对科学试验影响非常大,尤其是多波束位置的噪声如果超标,采集的信号将受到干扰,影响试验结果的准确性。在自噪声评估过程中,须根据航速的不同,改变机械噪声、螺旋桨噪声、水动力噪声的贡献量,将计算结果与限值曲线对比,如果超标则提出降噪措施。

7.7.4　主要设备振动噪声控制措施

1. 发电机组及主推进柴油机噪声控制措施

发电机组及推进柴油机都是科考船的主要噪声源。常用的减振措施有单层隔振和双层隔振(或者浮筏隔振)方式。单层隔振装置隔振效果一般可以达到 15 ~ 25 dB,双层隔振装置隔振效果可以达到 25 ~ 45 dB。在降噪方面,主要采用隔声罩控制辐射噪声,隔声罩的隔声效果一般可以达到 15 ~ 45 dB;采用排气消声器控制排气噪声,消声器的消声效果一般可以达到 15 ~ 35 dB。当机组采用隔振安装时,油、水和气管均须采用挠性接管安装;排气管路也须采用弹性安装。主推进柴油机还须在输出端采用高弹性联轴器等径向位移补偿装置。当隔振装置和隔声罩同时使用时,隔振装置的隔振效果会更优。图 7 - 5 所示为带隔声罩发电机组双层隔振示意图。

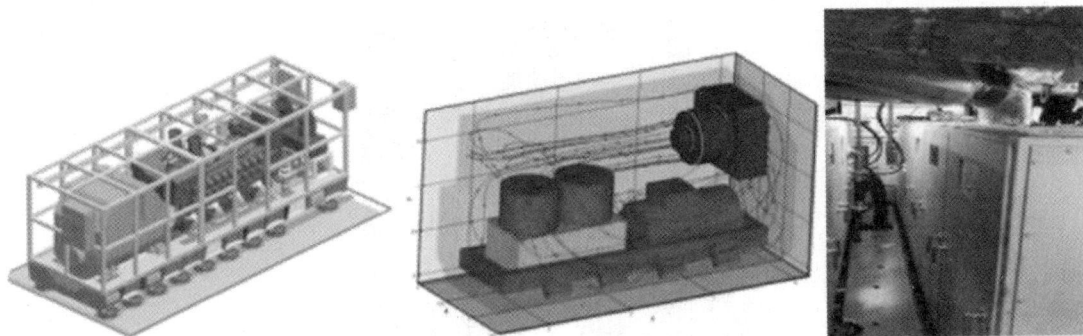

图 7 - 5　带隔声罩发电机组双层隔振示意图

2. 齿轮箱噪声控制措施

当主推进装置为柴油机时,需要安装齿轮箱进行转速变换。当主机采用隔振安装时,齿轮箱也采用隔振安装。齿轮箱隔振既要保证隔振效果,也要考虑稳定性,不能有大的变形位移。目前齿轮箱的隔振形式一般为硬弹性隔振(图 7 - 6),隔振效果可以达到 20 dB。同样与齿轮箱连接的油水管路也须弹性安装。

图 7 - 6　齿轮箱隔振示意图

3. 推进电机噪声控制措施

目前科考船大多采用电力推进,推进装置采用硬弹性隔振(图 7 - 7),设备机脚和基座面板之间的加速度振级落差不低于 20 dB。根据以往科考船项目经验给出推进电机机脚和基座的振动加速度限值;连接的油水管路采用挠性接管;推进电机基座采用声学优化设计。

4. 吊舱推进装置和侧推噪声控制措施

吊舱的振动噪声控制比较复杂,可以从桨的优化和电机的低噪声设计着手;基座安装可以采取阻尼减振和主动减振等技术。侧推噪声控制除了优化桨外,还可以安装导流罩,并且在导流罩上做阻尼减振处理。

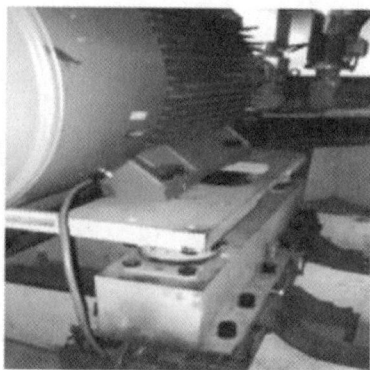

图 7 - 7　硬弹性隔振示意图

5. 辅机设备噪声控制措施

一些振动或噪声比较突出的辅机,如流量加大的水泵、空压机、风机、焚烧炉、分油机、冷水机组等,尤其是水线以下设备,也需进行振动噪声控制。可以根据评估结果采用单层隔振、双层隔振以及浮筏隔振形式,一般隔振效果可以达到 40 dB。所有弹性安装的设备连接管路采用弹性安装,如图 7 - 8 所示。

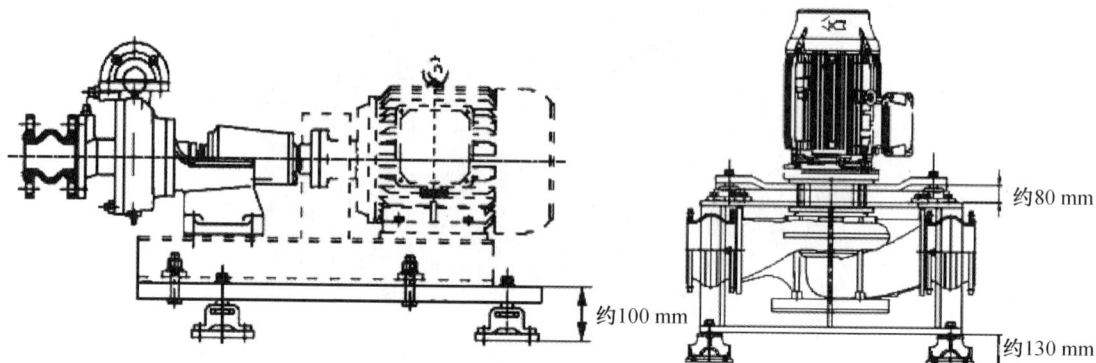

图 7 - 8　辅机单层和双层隔振示意图

6. 管系减振降噪设计

这里的管系主要指设备隔振的挠性接管、排气管路和靠近水线以下舷侧舱壁的油水管路。在船厂排气管路放样图的基础上,对管路设计和安装进行减振优化设计,并对排气管路弹性吊架布置(数量、间隔距离、刚度和固有频率)进行振动性能评估。对于有共振或者强迫振动超标风险的情况,进行进一步优化设计。

7. 其他

除了上述的一些具体要求外,对于一些对科考船振动、噪声指标不利的设计也应该予以关注,具体如下:

①螺旋桨的初生空泡航速尽量高一些,水下噪声尽量低于限值的 5 dB 以上;

②风机房尽量采用进排风消声器、内部采用阻尼等措施,以降低百叶窗外噪声水平;

③空调通风系统,确保最大负荷时布风器出口噪声值低于房间噪声限值的 5 dB 以上;

④对于多波束位置上方 3 层舱室尽量不要布置激励源(泵组、空调机组等,附近不要出现通海管路。

随着新材料和新技术的不断出现,振动噪声控制手段也越来越丰富。例如在基座、舱壁等位置,高阻尼因子的阻尼材料可以达到 3～6 dB 的减振效果;对于局部振动和船体振动,可以应用振动主动控制技术,其控制效果可达 3～6 dB,单线谱可以达到 10 dB 以上;对于管路和噪声要求比较高的区域,可以应用噪声主动控制技术,控制效果可以达到 3～6 dB,单线谱可以达到 15 dB。

7.7.5 振动噪声控制过程管理

1. 振动噪声控制手册

振动噪声控制手册是通过全船模态及局部振动响应、舱室噪声、自噪声及水下噪声计算分析,结合科考船的减振降噪特点编制的。主要包括:减振降噪标准,控制范围,全船振动噪声源示意图,振动噪声源传播、隔振、消声、吸声、隔声示意图,全船减振降噪综合措施(简介),FAT、建造检验、试航等的相关描述及注意事项,减振降噪对外校验项目,生产设计检查的标准及流程,并组织船东、船厂、设计院等单位进行评审。主要目的是让船厂现场工作人员了解科考船的振动噪声控制流程、关键节点、检查项目和注意事项,以避免施工和检查过程中漏项。

2. FAT 验收

通过台架验收,确认主要动力设备在出厂时振动噪声满足规格书指标要求,同时掌握设备已经达到的振动噪声水平。尤其关注发电机组、推进柴油机(如有)、传动齿轮箱(如有)、推进电机、吊舱(如有)等大型动力传动设备。当然,对于一些泵组、风机等设备也应予以关注。验收中须关注测点的选取、测量的频率范围、传感器的安装等影响测量结果的因素。需强调一点,当设备实船弹性安装,而验收时采用刚性安装验收时,须将刚性安装的隔振效果折算成实船的弹性安装状态,否则可能会存在 FAT 验收合格,而实船超标的情况。

3. 建造过程控制

全船的振动噪声控制措施都必须在建造过程体现。而船厂一般对船舶建造本身比较关注,而减振降噪是一个比较专业的领域,船厂涉猎较少,尤其是现场施工人员。这就需要在前期培训的基础上,加强过程监控,核查减振降噪措施的落实和施工工艺的执行情况,规避振动噪声短路现象。主要核查内容包括:

①主要动力设备基座声学结构特征,阻抗测试,隔振装置核验;

②风机消声装置状态核验;

③空调通风系统降噪装置的安装,包括消声器和接管等;

④管系布置,管系和船体连接安装及包覆情况;

⑤阻尼材料施工、吸隔声材料贴覆质量核查;

⑥机舱棚及附近舱室吸隔声处理情况是否满足设计要求,是否存在声短路情况。

4. 振动噪声测量

振动噪声测量是全船振动噪声控制最关键的一环,主要包括全船的振动噪声测量、水辐射噪声测量和自噪声测量。测量前须编制测量大纲;对测量结果中振动或者噪声超标情况,判断原因并给出改进措施。

附表 1　船体总布置

船型						
主要尺度	两柱间长/m	型宽/m	型深/m	设计吃水/m	排水量/t	
机舱位置	中/中后/后		前舱壁距 AP/m	后舱壁距 AP/m	机舱长度/m	

上层建筑	位置	中前/中/中后/后		前端距 AP/m	后端距 AP/m	总高度/m	
	尺度	层数	每层长度/m		每层面积/m²		
	结构形式						
		A	A1	B	C	D	

附表 2　船舶线型和螺旋桨净空间隙

船舶线型	特征			伴流		
后体线型	常规/球艉	特征值 τ	UV 型	不均匀参数 W_Δ	最大伴流	平均伴流

螺旋桨净空间隙(是否满足规范)

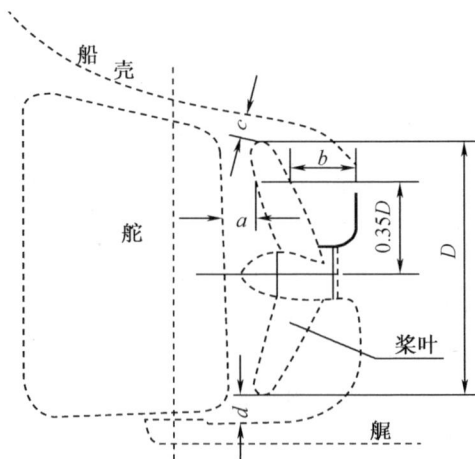

附表3 螺旋桨

螺旋桨类型	常规桨/调距桨/串列桨			桨叶形式		常规/侧斜	
桨数	桨叶数	桨叶直径/m	螺距/m	转速/(r·min⁻¹)	叶频/Hz	空泡情况	
激励力	伴流均匀性						
	脉动压力/(N·mm⁻²)						
是否满足衡准				减振措施			

附表4 主机

类型	型号	台数	气缸数	额定转速/(r·min⁻¹)	额定功率/kW	不平衡力/kN·m	不平衡力矩/kN·m	单位功率不平衡力矩/(N·m·kW⁻¹)
二冲程柴油机						—		
四冲程柴油机								—
涡轮机		—	—			—	—	—
是否满足衡准				减振措施				

附表5 二冲程柴油机机架振动

振动类型	振型	振动固有频率/Hz	激励力频率/Hz	减振措施
横向振动	H			
	X			
纵向振动	L			

附表6 轴系振动

轴系振动类型	柴油机推进轴系/涡轮机推进轴系/柴油机齿轮传动推进轴系				
扭转振动	固有频率/Hz	轴系扭转振动附加应力/(N·mm⁻²)			
		曲轴	中间轴	推力轴	螺旋桨轴
	$f_1 =$				
	$f_2 =$				
	$f_3 =$				
	齿轮振动扭矩/kN·m		弹性联轴器扭转振动扭矩/kN·m		
	是否满足规范		减振措施		

附表 6（续）

纵向振动	振动固有频率/Hz		齿轮振动加速度/(m·s⁻²)	
	纵向振动振幅/mm		是否满足规范	
	继发性激励/kN		减振措施	
回旋振动	振动固有频率/Hz			
	1 次回正旋临界转速 /(r·min⁻¹)		叶片次正回旋临界转速/(r·min⁻¹)	
	是否满足规范		减振措施	

附表 7　机械设备振动

机械设备名称	振动固有频率/Hz	激励力频率/Hz	是否满足设计准则	减振措施

附表 8　船体梁振动

阶数	垂向振动固有频率/Hz	纵向振动固有频率/Hz	横向振动固有频率/Hz	扭转振动固有频率/Hz	激励力频率/Hz	是否满足设计准则
1						
2						
3						
4						
5						
6						
减振措施						

附表 9　上层建筑振动

纵向振动固有频率/Hz	激励力频率/Hz	是否满足设计准则	减振措施

附表 10　局部结构振动

结构名称	振动固有频率/Hz	激励力频率/Hz	是否满足设计准则	减振措施

第8章　船舶振动与噪声测量基础

8.1　振动测量要求

8.1.1　船上振动测量的目的

通过实船振动测量,确认船舶的振动特性,符合入级规范的要求;

如通过测量发现存在有害振动的问题或不满足入级规范的要求,则应分析产生振动的原因,以便采取必要的减振措施。

①申请居住性(振动)附加标志 HAB(VIB)的船舶,船上振动测量应符合本章的要求。主要参考有关国际标准为:

a. ISO 6954 – 2000《机械振动 客船和商船适居性振动测量、报告和评价准则》;

b. ISO 20283 – 2 – 2008《机械振动 船上振动的测量. 第 2 部分:机构振动的测量》。

②申请结构振动附加标志 VIB(S)、机械振动 VIB(M)附加标志或振动附加标志 VIB 的船舶,船上振动测量应符合本章的要求。主要参考有关国际标准为:

a. ISO 20283 – 2 – 2008《机械振动 船上振动的测量. 第 2 部分:机构振动的测量》;

b. ISO 10816 – 6 – 1995《机械振动 在非旋转部件上测量和评定机械振动. 第 6 部分:额定功率在 100 kW 以上的往复式机器》。

③船上振动测量应按同意的或批准的船上振动测量大纲进行。但经有关方同意后,可根据实际情况适当进行调整。

8.1.2　船上振动测量的内容

①船舶振动测量;
②机械振动测量;
③机架振动测量;
④轴系振动测量;
⑤振动居住性测量。

8.1.3　船上振动测量的方法

①单项测量;
②相关项目同步测量;
③综合项目同步测量。

8.1.4　船舶振动测量

（1）船舶振动测量的仪器

①一般应选用多通道并能长期保存记录的电子测量系统,由传感器、放大器、滤波器和记录器等组成;

②应具有足够宽的频率范围和幅值线性,要满足被测部位的频率和幅值要求,并能适应船上温度、湿度和噪声等环境条件;

③仪器的灵敏度、幅频特性、幅值线性应定期进行计量检定和校验,一般不超过两年;以使仪器精度保持在规定的范围内;

④传感器应安装牢固,在整个测量过程中不应有任何移动;

⑤脉冲装置安装在主机或螺旋桨轴上时,要使脉冲信号与主机第1气缸上止点或螺旋桨某叶片位置相对应;

⑥在能满足测量要求前提下,可以使用单点测量的电子仪器或手持机械式测振仪。

（2）船舶振动测量的参数（适用时）

①振幅:位移,mm;速度,mm/s;加速度,mm/s^2;应变;

②频率,Hz。

8.1.5　机械和轴系振动测量

（1）机械和轴系振动测量的仪器

①用于测量的仪器应能正确地反映测点处的振幅或变形;

②应定期对测量仪器进行校验,一般不超过1年,以使仪器精度保持在规定的范围内;

③测量仪器系统一般由传感器、放大器、记录器及监测指示装置等组成;

④应具有较宽的频率范围,频率响应平直部分的允许误差为±10%以内,并能适应船上温度、湿度、振动与噪声等环境条件;

⑤传感器安装应牢固可靠,在整个测量过程中不应有任何移动。

（2）机械和轴系振动测量的参数（适用时）

①振幅:位移,mm;速度,mm/s;加速度,mm/s^2;

②频率,Hz。

8.2　振动测量条件

船舶振动测量条件有如下几点:

①船舶应处于压载或满载状态,并使螺旋桨全部浸入水中。

②水深一般应不小于4倍平均吃水,如船舶一直在浅水中营运,则也可在营运水域进行。

③海况应不大于3级。

④船舶航向应尽量保持直线航行,舵角左右变化应小于±2°。

⑤除另有说明外,主机应在90%～100%最大营运转速,并应处于稳定运转状态;所有

其他机械应处于正常运转状态。

⑥如不在上述条件下进行测量,应予以注明。

8.3 测量参数

典型的测量参数表征及度量单位如下:

①振动加速度的度量可用振动加速度和振动加速度级表征。振动加速度级一般用频段总振动加速度级、倍频程、1/3 倍频程振动加速度级来表征,单位为 dB,参考级为 1×10^{-6} m/s^2;振动加速度表征一般用时域、自功率谱频率或某一频率范围内的幅值进行描述,单位为 m/s^2。

②振动速度的度量可用振动速度幅值或均方根值表征,单位为 mm/s。

③振动位移的度量可用位移幅值或均方根值表征,单位为 mm。

④空气噪声的度量可用声压、声压级、声功率级来表征。声压一般用时域、自功率谱频率的幅值进行描述,单位为 Pa;声压级、声功率级一般用频段、倍频程、1/3 倍频程声压级、声功率级来表征,单位为 dB,声压级参考级为 1×10^{-6} Pa,声功率级参考级为 1×10^{-12} W。

需要说明的是,振动噪声量级的测量仅仅是动力学试验中的很小一部分,本书对于振动噪声测量方法的描述仅限于振动加速度、声压的测量,其他参数可根据振动加速度、声压,按照相关理论进行计算、测量布置方式调整、数据处理方式得到,如振动加速度级、声压级、声功率级、固有频率、模态、频响函数(导纳)、相干函数、相关函数、阻抗、隔振效果、隔声量、吸声系数、混响时间、损耗因子、插入损失、声强等。

8.4 测量信号基础

8.4.1 信号的分类

测量工作涉及信号采集、数据分析、结果评定,工程中测量的主要参数有:位移、速度、加速度、激振力、振动频率等。根据参数的表征,信号采集又分为确定性信号和随机信号。其中确定性信号又分为周期信号、非周期信号,随机信号分为平稳信号、非平稳信号。信号分类见表 8 - 1。

表 8 - 1 信号分类

确定性信号				随机信号			
周期信号		非周期信号		平稳信号		非平稳信号	
正弦	谐波	非谐波正弦	瞬态	各态历经	非各态历经	瞬态	连续

8.4.2 测量信号的处理

从传感器出来的信号一般为模拟信号,模拟信号经过调理后再进行模 - 数转换形成数字信号。调理的方法主要有放大、滤波、量化等。滤波是为了防止信号高频成分引起的信号混叠,信号的最高频率受到采样频率的限制;放大是将低电位的信号放大为与信号采集设备匹配的电位;量化是按照基准信号的幅值、频率进行信号量级或者灵敏度的确定。

根据信号类型的不同,信号的描述方式也不同,具体如下:

①正弦信号主要由单个频率分量组成,可用幅值、频率、相对于参考点的相位描述。

②谐波信号包含有多个谐波分量,数学上可用傅里叶级数描述,可由一系列频率为基频整数倍的正弦波叠加而成,可用多个频率、幅值、相对于参考点的相位描述。

③非谐波正弦信号包含有多个频率分量,频率不全是基频的整数倍,亦可用多个频率、幅值、相对于参考点的相位描述。

④非周期瞬态信号衰减迅速且包含连续分布的频谱成分。

⑤各态历经平稳信号具有不随时间改变的统计特征,可以时间平均代替集合平均。

⑥非各态历经平稳信号需通过多次试验获得。

⑦非平稳瞬态信号需通过时间函数的统计特性描述,可用傅里叶频谱表征。

⑧非平稳连续信号必须用时间函数的统计特性描述,用功率谱表达。

信号分析的方法可分为时域分析、统计分析、频域分析、时 - 频分布等。时域分析是用来确定幅值随时间变化的函数,主要包括幅值分析;统计分析主要包括分布函数分析、矩分析、协方差分析、相关性分析(自相关、互相关)、卷积、冲击响应谱分析、脉冲相信函数等;频域分析主要通过加窗、滤波等获取均方根幅值谱、能量谱密度函数、自功率谱密度函数、互功率谱密度函数、相干函数、频率响应函数等;时 - 频分布方法主要包括短时傅里叶变换、魏格纳分布、连续小波分布等。

在目前的船舶行业的振动噪声中,对于机械设备、结构的稳态振动噪声测试和处理是基于随机平稳各态历经信号,以短时间的平均代替集合平均;对于冲击、脉冲等信号的测试和处理基于确定性非周期瞬态信号和随机非平稳瞬态信号。

8.5 测量仪器设备

典型的振动测量系统框架图如图 8 - 1 所示。

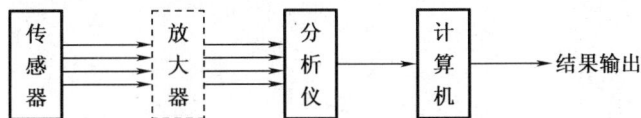

图 8 - 1 振动测量系统框架图

8.5.1 信号采集仪

现有的测量仪器设备主要分为模拟信号和数字信号的测量。模拟信号的放大一般采用放大器,滤波采用滤波器。滤波器分为高通滤波器、低通滤波器、带通滤波器、带阻滤波器等。随着数字技术的发展,数字放大、信号滤波也可在信号处理中实现,但两者有区别。

数字信号采集设备是记录、处理、分析信号的重要仪器设备,以 B&K 振动噪声多分析仪为例,如图8-2所示,介绍设备的主要参数,见表8-2。

图8-2 噪声振动多分析系统

表8-2 噪声振动多分析系统参数

型号	通道数	频率范围	动态范围	频率分辨率	通道相位差
噪声振动多分析系统	78	DC 25.6~51.2 kHz	90~110 dB	0.001 Hz	<0.02°

8.5.2 振动传感器

振动传感器根据测量参数分为位移传感器、加速度传感器、速度传感器,三者可以通过积分或者微分电路实现参数的转换。一般地,位移传感器适用于低频测量,加速度传感器适用于高频测量。

振动传感器根据输出信号的不同也可分为电荷式、电压式等。电荷式传感器在较长信号导线中的衰减小于电压式传感器,电荷式传感器电荷灵敏度可通过转换器转换为电压灵敏度。目前较为常见的是恒流源供电振动传感器。常用传感器如图8-3所示,典型传感器参数见表8-3。

图8-3 常用传感器

表 8 – 3　典型传感器参数

仪器示例	量程/(m·s⁻²)	灵敏度(非校准值)	频率范围/Hz	备注
393C 型传感器	—	112.5 m V/m s²	800	低频传感器
357B61 高温振动传感器	—	1 p C/m s²	—	需用电荷转换器
4513B – 001 型传感器	490	10 m V/m s²	10 000	
4533B 型传感器	—	1 m V/m s²	—	
4534B 型传感器	—	1m V/m s²	—	
4514B – 001 型传感器	490	10 m V/m s²	10 000	
4533B – 001 型传感器	700	10 m V/m s²	—	
4534B – 001 型传感器	700	10 m V/m s²	—	
8339 型传感器	200 000	0.023 01 m V/m s²	—	冲击传感器

8.5.3　噪声测量仪器

噪声测量的仪器设备主要用于测量声压级、声功率级等参数。目前较多使用的为声传感器配合数据采集设备使用或者单独使用便携式声级计。以便携式声级计 B&K 2250 型为例,如图 8 – 4 所示,介绍空气噪声测量的种类及参数,其技术参数见 8 – 4。

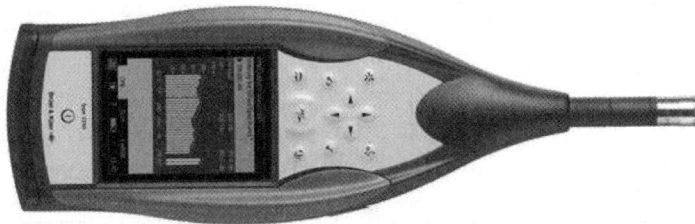

图 8 – 4　便携式声级计

表 8 – 4　便携式声级计技术参数

类型			测量参数
稳态噪声	一般设备噪声		a. 宽频带 A 计权等效声压级 L_{Aeq},即 A 计权总声级; b. 宽频带 Z 计权等效声压级 L_{Zeq},即 Z 计权总声级; c. 1/3 倍频程频带 Z 计权等效声压级,即 1/3 倍频程频谱。
	一般环境噪声		
非稳态噪声	变动噪声	道路噪声	a. 宽频带 A 计权等效声压级 L_{Aeq},即 A 计权总声级; b. 宽频带 Z 计权等效声压级 L_{Zeq},即 Z 计权总声级; c. 1/3 倍频程频带 Z 计权等效声压级,即 1/3 倍频程频谱。 d. 统计声压级 L_N。
		波浪噪声	
	冲击噪声	雷弹发射等	a. 宽频带 A 计权脉冲(I 时间计权)声压级 L_{Almax}
	脉冲噪声	枪、炮、爆炸等	b. 宽频带 A 计权峰值声压级 L_{Apeak}

8.5.4　激励力测量仪器

激励力测量的主要参数为力。主要的测量传感器为力环,根据力施加方式的不同,可采用不同形式的测量。典型的力测量设备包括力锤,力锤的典型结构如图 8-5 所示。力锤形成的激励力信号为脉冲信号,力锤根据施加激励力的大小要求,可配不同质量的锤头;根据频率范围的要求可采用不同硬度的锤头。

在实际测量过程中为实现不同种类的激励力信号,需要在激励力施加部位加装激振器,在试件的受力点出加装力环。激振器一般分为液压式、电磁式激振器,电磁式激振器的典型结构如图 8-6 所示。通过激振器控制台控制激振器输出信号类型,典型的信号包括正弦、白噪声、粉红噪声等。电磁式激振器系统连接图如图 8-7 所示。

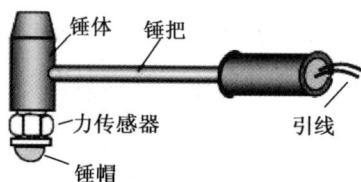

图 8-5　力锤的典型结构

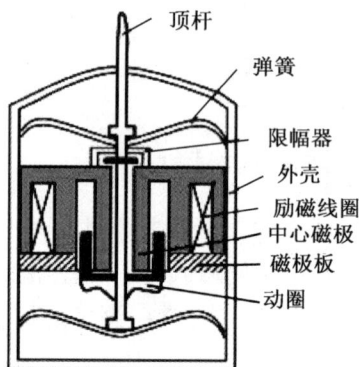

图 8-6　电磁式激振器的典型结构

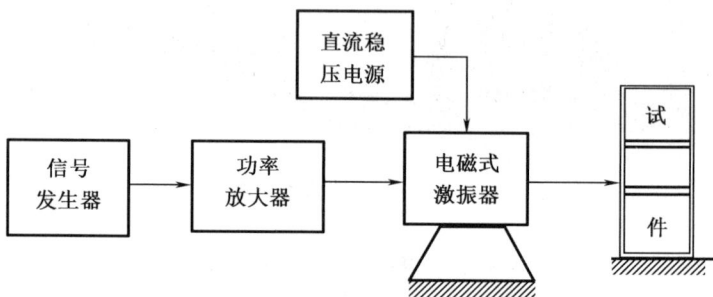

图 8-7　电磁式激振器系统连接图

8.6　振动噪声测量方法及评价

船舶的振动噪声测量根据测量对象、目的的不同分为多种测量方法。每种测量方法要求的测点布置、频率范围、工况、评价标准、数据记录方式均有所不同。

一般地,测量的目的为通过实船振动测量,确认船舶的振动特性符合入级规范的要求,用以申请居住性(振动)附加标志 HAB(VIB)或结构振动附加标志 VIB(S);如通过测量发现存在有害振动的问题或不满足入级规范的要求,则应分析产生振动的原因,以便采取必要的减振措施。

无论是振动测量还是空气噪声的测量,背景工况的测量必不可少。背景数据确定了测量数据是否满足信噪比的要求,同时也为测量数据的修正提供输入。

船上振动测量的内容按照中国船级社《船上噪声控制指南》,主要包括:

①船体振动测量;

②机械振动测量;

③机架振动测量;

④轴系振动测量;

⑤振动居住性测量。

8.6.1 船体振动测量

针对船体的振动分为总振动、局部振动、结构振动。

1. 船体振动的测点布置

总振动主要在艉部、上层建筑、主甲板、主机和推力轴承箱等部位进行测点布置,测量的工况及评价方式见相关标准。局部振动主要是指梁、板、板架、轴包架、轴支架、螺旋桨叶片、桅杆、平台等局部结构的振动。

测点布置应考虑可能产生的振动振幅较大处;对大型处所或大平台(如面积超过 40 m²),由于可能存在 2 阶以上垂向振动固有频率,故应结合相应振型布置多个测点。

为查明船体振动特性与振源的关系,测量位置和测量方向见表 8−5。图 8−8 所示为某大型油船的振动测点布置情况。

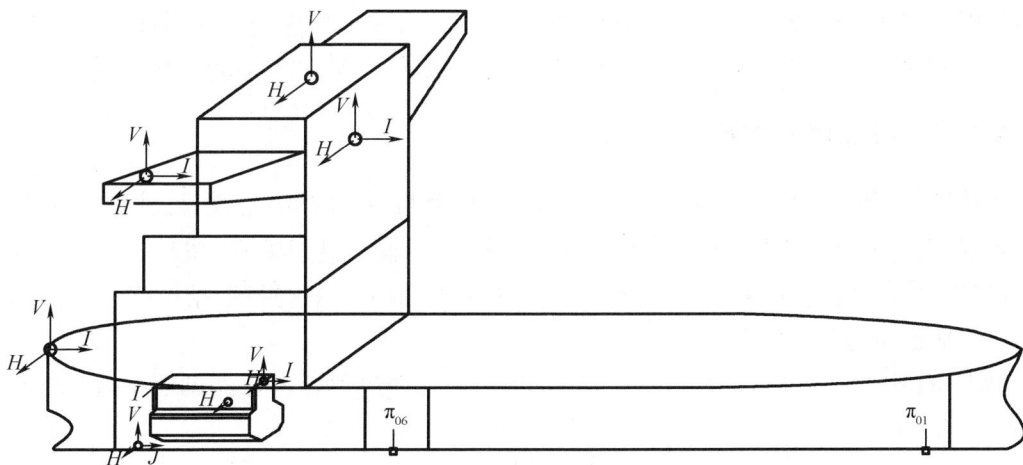

图 8−8 某大型油船振动测试点布置情况

表 8 – 5　查找振源的船舶振动测量位置和测量方向

序号	处所名称	测量位置	测量方向
1	上(主)甲板上	纵中剖面与前缘围壁的交点	垂向、横向和纵向
2	船体尾部	甲板纵中剖面尾端处	垂向、横向和纵向
3	驾驶甲板	纵中剖面与前缘围壁的交点	垂向、横向和纵向

船体结构振动测量位置和测量方向见表 8 – 6。

表 8 – 6　船体结构振动测量位置和测量方向

序号	处所名称	测量位置	测量方向
1	船体尾部	甲板纵中剖面尾端处	垂向、横向和纵向
2	上层建筑	中央部位	垂向、横向和纵向
3	局部结构	可能产生振动的部位	垂向、横向和纵向
4	甲板横梁	足够测点	垂向、横向和纵向
5	基座结构	基座	垂向、横向和纵向
6	舵机舱	足够测点	垂向、横向和纵向
7	舱柜结构	中央部位	垂向、横向和纵向

2. 船体振动的评价标准

船体结构振动测量的目的为评价船舶是否处于"可接受区域",可查阅相关标准。对于人员暴露于振动环境,不同区域在 1 ~ 80 Hz 的加权均方根加速度或速度的评价标准不同,例如 ISO 20283 – 2 – 2008《机械振动 船上振动的测量. 第 2 部分:机械振动的测量》。

8.6.2　机械振动测量

机械设备的振动测量主要包括振动加速度级的测量、振动烈度的测量。同样根据评价类型不同,参照的方法不同,如轴系振动测量中涵盖了轴系纵向振动、扭转振动和回旋振动。但基本规定的内容包括:设备安装、工况运行、测点布置、数据处理、结果评价。

1. 机械振动的测点布置

测点布置应取在具有代表性的刚性较强的位置。典型机械设备振动测量位置和测量方向见表 8 – 7。

表 8 – 7　典型机械振动测量位置和测量方向

序号	项目名称	测量位置	测量方向
1	低速柴油机	机架顶部前后端	垂向、纵向和横向
2	中速和高速柴油机	机架顶部前后端	横向
3	柴油机传动的发电机和推进用的电动机	轴承前后端测量	横向

表 8 - 7(续)

序号	项目名称	测量位置	测量方向
4	涡轮机传动的发电机	轴承处	任何方向
5	增压器	压缩端顶部	任何方向
6	涡轮机	轴承处	任何方向
7	主推进齿轮箱	基座和输出轴承	任何方向
8	轴系轴承	轴中心线高度处	横向或垂向
9	电动机、分离器	轴承处	任何方向
10	螺杆心式或离心式压缩机	轴承处	任何方向
11	往复式压缩机	轴承处	任何方向

评价机械设备振动加速度级、振动烈度的振动测点布置方式如图 8 - 9 所示,可用于评价机械设备的结构振动量级、进出口管路的振级落差、隔振器的振级落差等。

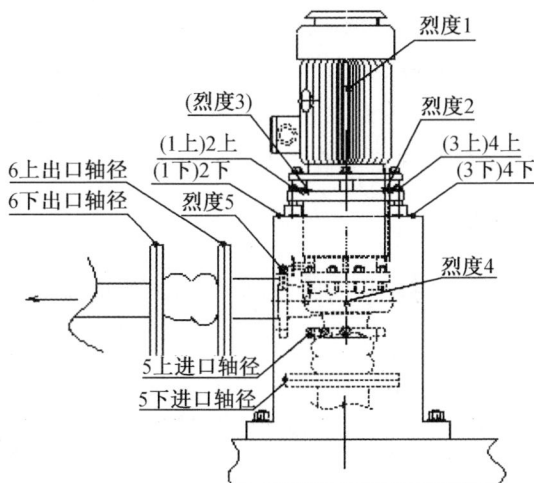

图 8 - 9　机械设备测点布置图

2. 机械振动的评价

典型测量方法有船用柴油机振动评级、旋转电机振动测定方法及限值、离心机分离机机械振动测试方法、船舶机舱辅机振动烈度测量方法,例如 ISO 10816 - 6 - 1995《机械振动 在非旋转部件上测量和评定机械振动. 第 6 部分:额定功率在 100 kW 以上的往复式机器》、ISO 20283 - 2 - 2008《机械振动 船上振动的测量. 第 2 部分:机械振动的测量》。

部分标准中规定的振动参数计算方式如下:

(1)平均振动加速度级

$$L = 10\mathrm{Log}((10^{0.1L_1} + 10^{0.1L_2} + 10^{0.1L_i} \cdots + 10^{0.1L_n})/n)$$

式中　L——平均振动加速度级,dB;

　　　L_i——单个测点振动加速度级,dB;

　　　i——测点编号;

　　　n——参与计算测点总数。

（2）隔振效果

$$L = L_上 - L_下$$

式中　L——隔振效果,dB;

　　　$L_上$——上层测点振动加速度级,dB;

　　　$L_下$——下层测点振动加速度级,dB。

（3）振动烈度

$$V_s = \sqrt{\left(\frac{\sum V_x}{N_x}\right)^2 + \left(\frac{\sum V_y}{N_y}\right)^2 + \left(\frac{\sum V_z}{N_z}\right)^2}$$

式中　V_s——振动烈度,mm/s;

　　　V_x、V_y、V_z——三个互相垂直方向上的振动速度有效值,mm/s;

　　　N_x、N_y、N_z——x、y、z方向测点数。

8.6.3　机架振动测量

机架振动测量的主要目的是防止机架、船体的固有频率与柴油机、设备等主要激励频率吻合而引起共振,造成结构损坏或者船体结构振动超标。机架振动测量的测点布置可采用三向传感器。

机架振动评价可参照柴油机或者设备给出的标准,以及其他相关标准。

8.6.4　轴系振动测量

轴系振动测量一般分为扭转振动、回旋（横向）振动、纵向振动测量。

1. 扭转振动测点布置

①测量角位移的仪器,测点一般应布置在柴油机的自由端。

②在实船测量时,如柴油机曲轴自由端布置测量点有困难,也可把测量点布置在轴系上相对振幅较大处。

③如两个不同振型的共振转速相近而相互干扰时,则除在自由端布置测量点外,一般还应在轴系其他位置布置测量点,以便把不同振型的振幅分开。

④如用应变片直接测量扭转振动应力,测点一般布置在中间轴或螺旋桨轴紧靠节点处。

2. 纵向振动及回旋振动测点布置

①纵向振动测量点应布置在柴油机曲轴自由端。

②回旋振动测量,如采用非接触式传感器测量时,一般应在振幅较大位置处布置垂向和横向测点。如采用应变仪测量时,测点应选在弯曲应力较大处。

3. 轴系振动评价

①轴系振动测量的主要目的是为了确定轴系临界转速,评价轴系转动时的应力是否超过许用值。

②当轴系实测频率和理论计算频率误差一般小于5%时,可用实测振幅或扭转振动应力,按计算振型推算系统各轴段的扭转振动应力、齿轮箱和弹性联轴器等处的振动扭矩。

③对高弹性联轴器和减振器的轴系,也可用综合法计算的振型推算轴段应力和部件扭矩;也可调整有关阻尼参数,使测点处的计算振幅与实测振幅相一致,用强迫振动计算结果来评价系统的振动特性。

④根据每一转速各测点的简谐次数、振幅或应变、固有频率、各轴段的扭转振动应力、各弹性联轴器或齿轮的振动扭矩,作出应力/扭矩与转速曲线图,且加绘其许用值。

⑤根据实测结果按有关规范要求确定转速禁区范围。

8.6.5　振动居住性测量

1.居住性振动的测点布置

船舶居住性(振动)衡准来源于 ISO 6954 - 2000,居住性(振动)衡准要求的处所范围与舒适性(振动)衡准要求的处所范围相同,所包括的处所为乘客处所、船员处所、工作处所。船舶居住性(振动)测量处所及其位置和测量方向一般位于舱室地板中央部位,布置垂向、横向和纵向测点。

2.居住性振动的评价

中国船级社发布的船上不同区域 1 ~ 80 Hz 振动频率加权均方根居住性衡准见表 8 - 8,高速和轻型船与水面舰艇船体结构振动衡准见表 8 - 9。详细内容可参考《船上振动控制指南》,涉及标准如 ISO 6954 - 2000。

表 8 - 8　船上不同区域 1 ~ 80 Hz 振动频率加权均方根居住性衡准

	A 乘客处所		B 船员处所		C 工作处所	
	加速度 /(mm·s^{-2})	速度 /(mm·s^{-1})	加速度 /(mm·s^{-2})	速度 /(mm·s^{-1})	加速度 /(mm·s^{-2})	速度 /(mm·s^{-1})
大于此值可能有问题	143.0	4.0	214.0	6.0	286.0	8.0
小于此值没有问题	71.5	2.0	107.0	3.0	143.0	4.0

表 8 - 9　高速和轻型船与水面舰艇船体结构振动衡准

区域		频率 1 ~ 5 Hz		频率 5 ~ 100 Hz
		加速度/(mm·s^{-2})	位移/mm	速度/(mm·s^{-1})
主要区域,人员一般可以到达的甲板和安装设备结构		160		5
局部区域,人员一般可以到达的甲板和安装设备结构		220		7
桅杆顶区域				15
其他结构,如不影响人员舒适性或熟练操作的结构,以及没有安装重要设备的结构,如舱柜和空舱	钢制		1.0	30
	铝合金		0.33	10

8.6.6　空气噪声的测量

舱室空气噪声测量的主要目的是评价舱室噪声等级是否满足人员居住的舒适性。

1. 空气噪声测点布置

舱室噪声主要受舱室内部吸声、混响、房间布置情况影响,目前的主要测量针对舱室内部人员站位附近进行测量,如根据站姿、坐姿等确定测量的位置。针对船用设备的空气噪声测量较为普遍,因而形成了一系列的标准,测量方法也包括实验室精密法和工程简易法,测量参数包括声压级、声功率级等。

本书简单介绍声功率测量的方法。声压级法测量声功率主要包括设备基准体的确定、测点布置、声压级的测量、声功率级的计算(以基准提尺寸小于等于 2 m 设备为例),如图 8 - 10 所示。

2. 空气噪声评价

船舶空气噪声的评价根据对象的不同有多种不同的标准,在船舶应用中,涉及的专业术语较广,如隔声量、吸声系数、混响时间、声压级、计权声压级、声功率级、环境修正、背景修正等。本节仅列举设备声压级及声功率级的计算公式。

(1)声压级计算

测点均匀分布时,声压级:

$$\overline{L}_{P} = 10\lg\Big[\frac{1}{N}\sum_{i=1}^{N}10^{0.1(L_{pi}-K_{li})}\Big]$$

式中　$\overline{L}_{P}$——测量表面平均声压级或频带声压级,dB(基准值为 20 μPa);

　　　N——测点总数;

　　　L_{pi}——第 i 点测得的声压级或频带声压级,dB;

　　　K_{li}——第 i 点测得的背景噪声修正量,dB。

当测点为不均匀分布时,声压级:

$$\overline{L}_{P} = 10\lg\Big[\frac{1}{S}\sum_{i=1}^{N}\frac{1}{S_{i}}10^{0.1(L_{pi}-K_{li})}\Big]$$

式中　$\overline{L}_{P}$——测量表面平均声压级或频带声压级,dB(基准值为 20 μPa);

　　　N——测点总数;

　　　L_{pi}——第 i 点测得的声压级或频带声压级,dB;

　　　K_{li}——第 i 点测得的背景噪声修正量,dB;

　　　S——等效测量表面积,m²;

　　　S_{i}——第 i 点所占有的测量表面积,m²。

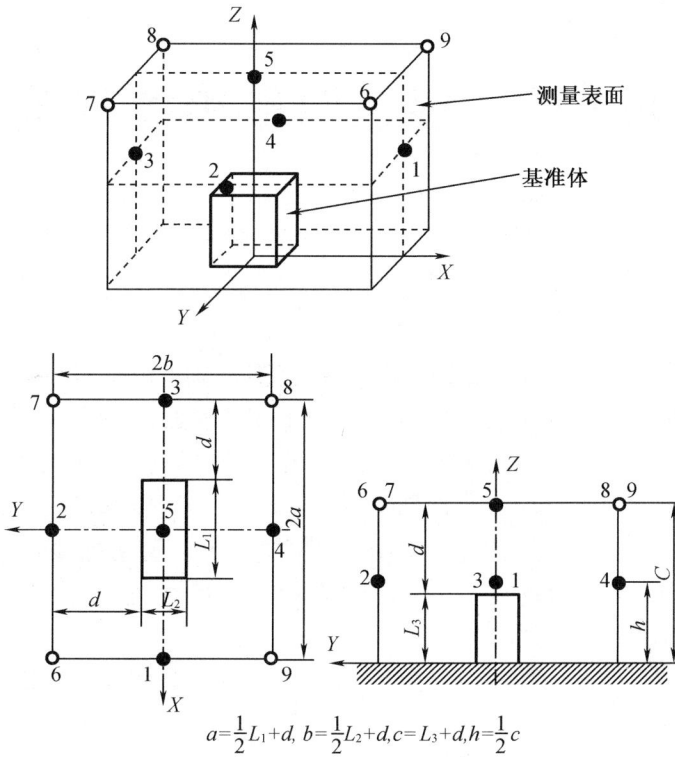

$$a=\frac{1}{2}L_1+d,\ b=\frac{1}{2}L_2+d, c=L_3+d, h=\frac{1}{2}c$$

图 8 – 10　典型设备空气噪声声功率测点布置

（2）声功率级计算

$$L_{\mathrm{W}} = (\overline{L}_{\mathrm{P}} - K_2) + 10\lg\left(\frac{S}{S_0}\right)$$

式中　L_{W}——声功率级或频带声功率级,dB(基准值为 1 pW)；

$\overline{L}_{\mathrm{P}}$——测量表面平均声压级或频带声压级,dB(基准值为 20 μPa)；

K_2——环境修正系数,可由 GB/T 3767 – 2016 附录 A 得到；

S_0——面积基准值,$S_0 = 1\ \mathrm{m}^2$。

第9章 绿色船舶相关规范

9.1 概　述

"绿色"是出现于20世纪90年代中期的一种制造概念,其核心是保护人体健康和人类赖以生存的环境,促进可持续发展。我国提出的"绿色"理念,则是以节约资源和保护环境为宗旨的设计理念和方法,它强调保护自然生态、充分利用资源、以人为本、善待环境。

"绿色船舶",是指在船舶全生命周期中(包括设计、制造、营运、报废和拆解),通过采用先进技术,满足用户功能和使用性能的要求,并节省资源和能源,减少环境污染,且对生产者和使用者具有良好保护的船舶。它代表着高能效、低排放、低污染、安全健康,其绿色度可从三个方面进行考量:

①环境协调性:指设计、建造、营运、回收等过程中对能源、资源利用程度及对自然环境和劳动者、使用者的影响;

②技术先进性:指设计、建造、营运、回收等过程中采用先进科学技术,如减少船舶阻力、提高推进效率等。

③经济高效性:指成本的经济合理性、运行高效性及高回收利用性等。

近来随着绿色可持续发展理念日益深入人心,船舶绿色化发展已经成为大势所趋,国际国内都对此提出了日益严格的技术要求,绿色船舶相关规范和标准应运而生,谁能把握先机尽早推出适应未来发展需要的绿色船舶技术,谁就能在新一轮竞争中获得优势。

目前,各大船级社均推出了各自的绿色船舶规范,总体均围绕《国际防止船舶造成污染公约》《国际船舶压载水和沉积物控制与管理公约》等国际海事公约,基本要素为能效、环保、工作环境(也包含船员和乘客起居环境)。

①能效目标:减少船舶营运所产生的二氧化碳排放量,提高船舶能效水平。

②环保目标:减少船舶对海洋、陆地、大气等环境造成的污染或破坏。

③工作环境目标:改善船员工作和居住条件、降低船员劳动强度,改善乘客生活娱乐条件,提高舒适性。

各家规范大同小异,以下仅以中国船级社规范指南和相关标准为例进行介绍。

9.2 绿色船舶相关规范

9.2.1 绿色船舶要素

绿色船舶规范是现有规范体系的一个组成部分,如图9-1所示,其基础是安全,是入级规范及主管机关的相关法定要求。

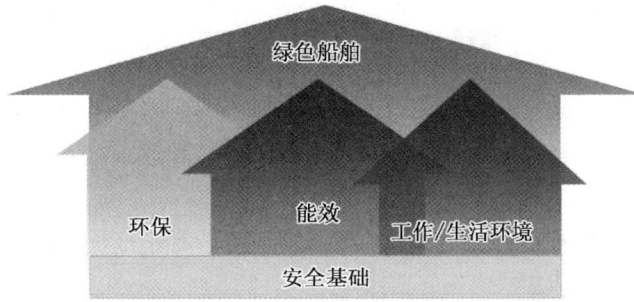

图 9 - 1 绿色船舶规范

船舶绿色要素的子要素见表 9 - 1。

表 9 - 1 绿色船舶要素的子要素

绿色要素	子要素
能效	船舶能效设计指数(EEDI)
	船舶能效管理计划(SEEMP)
环保	防止油类污染
	防止生活污水污染
	防止餐饮污水污染
	防止船舶垃圾污染
	防止散装有毒液体物质污染
	防止运输包装的有害物质污染
	防污底系统
	发动机排气污染(NO_x、SO_x)
	压载水控制
	制冷剂
	灭火剂
	防止噪声污染
	防止固态粉尘污染
	有害物质的禁用和限用(拆船控制)
工作环境	自动化
	振动与噪声

注:工作环境也包含起居环境。

绿色船舶规范体系中,根据航行水域不同,其绿色等级划分略有不同,包括国际海船绿色等级、国内海船绿色等级、内河船舶绿色等级,与之相关的还有海船的舒适性等级,下面将逐一介绍。

9.2.2 国际海船绿色等级

对于国际海船,《绿色船舶规范》(2015)以 Green Ship 标志体现绿色等级,分为Ⅰ、Ⅱ、Ⅲ三级(Ⅲ级最高),但在振动和噪声方面要求没有区别,如下:

1. 船舶振动

船舶振动应满足 ISO 6954 – 2000《机械振动 客船和商船适居性振动测量、报告和评价准则》的相关要求,见表 9 – 2。

表 9 – 2　振动加速度和速度限值

位置	加速度/(mm·s⁻²)	速度/(mm·s⁻¹)
A(客舱)	[71.5, 143]	[2, 4]
B(船员居住区)	[107, 214]	[3, 6]
C(工作区)	[143, 286]	[4, 8]

注:①1~80 Hz 全频率计权加速度均方根;

②1~80 Hz 全频率计权速度均方根。

2. 船舶噪声

船舶噪声应满足国际海事组织(IMO) MSC.337(91)决议通过的《船上噪声等级规则》的相关要求,见表 9 – 3 和表 9 – 4。

表 9 – 3　各处所可接受的最大噪声量级(dB(A),ISO 2923:1996)

舱室和处所的名称	1 600 至 10 000 总吨	≥10 000 总吨
工作处所		
机器处所	110	110
机器控制室	75	75
并非机器处所组成部分的工作间	85	85
未规定的工作处所①(其他工作区域)	85	85
驾驶处所		
驾驶室和海图室	65	65
瞭望位置,包括驾驶室两翼和窗口	70	70
无线电室(无线电设备工作,但不产生声响信号)	60	60
雷达室	65	65
起居处所		
居住舱室和医务室②	60	55
餐厅	65	60
娱乐室	65	60

表9-3(续)

舱室和处所的名称	1 600 至 10 000 总吨	≥10 000 总吨
露天娱乐区域(外部娱乐区域)	75	75
办公室	65	60
服务处所		
厨房(食物加工设备不工作)	75	75
备膳室和配膳间	75	75
通常无人处所		
一般指上述以外的处所	90	90

注:①例如非机器处所的露天甲板工作处所以及与通信相关的露天甲板工作处所。
②设有床铺的医疗室。

表9-4　起居处所之间最小空气隔声指数 R_w(ISO 717-1)

位置	dB(A)
居住舱室到居住舱室	35
餐厅、娱乐室、公共处所和娱乐区域到居住舱室和医疗室	45
走廊到居住舱室	30
居住舱室到带有交通门的居住舱室	30

注:隔声的目的是以便即使在相邻处所内进行诸如音乐、谈话、装卸货物等活动,船员和乘客仍能够得到休息和娱乐;声隔指数是指入射声级与透射声级的差值。

9.2.3　国内海船绿色等级

对于国内海船,《绿色船舶规范》(2015)以 Green Ship 标志体现绿色等级,分为1,2,3三级(3级最高)。振动方面与国际海船一致,各级要求没有区别。噪声方面与国际海船不同,各等级要求有所差异,如下:

1. Green Ship 1

船舶噪声应满足 IMO A.468 决议通过的《船上噪声等级规则》的相关要求,见表9-5和表9-6。

表9-5　各处所可接受的最大噪声量级(dB(A),ISO 2923:1996)

舱室和处所的名称	dB(A)
工作处所	
机器处所(连续有人值班)	90
机器处所(非连续有人值班)	110
机器控制室	75

表 9 - 5（续）

舱室和处所的名称	dB（A）
修理车间	85
非规定的工作处所	90
驾驶处所	
驾驶室和海图室	65
瞭望位置,包括驾驶室两翼和窗口	70
无线电室(无线电设备工作,但不产生声响信号)	60
雷达室	65
起居处所	
居住舱室和医务室	60
餐厅	65
娱乐室	65
露天娱乐区域	75
办公室	65
服务处所	
厨房(食物加工设备不工作)	75
备膳室和配膳间	75
通常无人处所	
一般指上述以外的处所	90

注:与 IMO MSC.337(91)决议的主要区别是工作处所,以及 10 000 总吨以上船舶的起居处所。

表 9 - 6　起居处所之间最小空气隔声指数 R_w（ISO 717 - 1）

位置	dB（A）
居住舱室到居住舱室	30
餐厅、娱乐室、公共处所和娱乐区域到居住舱室和医疗室	45

注:与 IMO MSC.337(91)决议通过的《船上噪声等级规则》的主要区别是"居住舱室到居住舱室",且没有对"走廊到居住舱室"和"居住舱室到带有交通门的居住舱室"进行明确规定。

2. Green Ship 2

船舶噪声应满足中国船级社《钢质海船入级规范》第8篇第16章 COMF(NOISE,3)的相关要求,详见后续"海船舒适性等级"章节。

3. Green Ship 3

船舶噪声应满足中国船级社《钢质海船入级规范》第8篇第16章 COMF(NOISE,2)的相关要求,详见后续"海船舒适性等级"章节。

9.2.4 内河船舶绿色等级

对于国际海船,《内河绿色船舶规范》(2020)中,以 Green Ship 标志体现绿色等级,分为 1,2,3 三级(3 级最高),不同等级分别针对乘客和船员处所的振动与噪声提出了相应的适居性/舒适性要求,振动量级(见 ISO 20283 - 5:2016)和噪声量级(见 ISO 2923:1996)具体要求如下:

1. 客船乘客处所

客船乘客处所允许的最大振动量级和允许的最大噪声量级见表 9 - 7、表 9 - 8。

表 9 - 7 允许的最大振动量级(mm/s)

位置	Green Ship 1	Green Ship 2	Green Ship 3
乘客高级舱室	2.2	2.0	1.8
乘客标准舱室	3	2.5	2
乘客公共处所	4	3.5	3

表 9 - 8 允许的最大噪声量级(dB(A),ISO 2923:1996)

位置	Green Ship 1	Green Ship 2	Green Ship 3
乘客高级舱室	55	52	49
乘客标准舱室	60	55	52
乘客公共处所	65	62	59
医务室	65	62	59
露天甲板休闲场所[1][2][3]	75	72	69

注:[1]当在距离通风进出口 3 m 内测量时可接受 5 dB(A)的偏差;

[2]对运动和娱乐场所可接受 5 dB(A)的偏差;

[3]露天甲板休闲场所噪声量级应为船舶所产生的噪声,不考虑风、浪等其他噪声。

2. 船员处所

船员处所允许的最大振动量级和允许的最大噪声量级见表 9 - 9、表 9 - 10。

表 9 - 9 允许的最大振动量级(mm/s)

位置	Green Ship 1	Green Ship 2	Green Ship 3
船员舱室	3.2	3	2.8
驾驶室、报务室(如有时)	4	3.5	3
船员公共处所、办公室、餐厅	4	3.5	3
机舱控制室	6	5	4

表 9 – 10　允许的最大噪声量级(dB(A),ISO 2923:1996)

位置	Green Ship 1	Green Ship 2	Green Ship 3
船员卧室	65	60	55
办公室、会议室、娱乐室、餐厅	70	65	62
露天甲板休闲场所①	80	75	72
机舱控制室	80	75	70
驾驶室、报务室(如有时)	69	65	60
连续有人值班机器处所	90	90	90
非连续有人值班机器处所	110	110	110

注:①露天甲板休闲场所在此专指货船主甲板区域,当在距离通风进出口 3 m 内测量时可接受 5 dB(A)的偏差。

9.2.5　海船舒适性等级

船舶舒适性以振动等级 COMF(VIB n) 和噪声等级 COMF(NOISE n) 来体现($n = 1,2,3$),1 级表示舒适性最好(与绿色等级的高低顺序相反)。

1. 乘客处所

乘客处所允许的最大振动量级、允许最大噪声量级和最小空气隔声系数 R_w 见表 9 – 11、表 9 – 12 和表 9 – 13。

表 9 – 11　允许的最大振动量级(mm/s)

位置	COMF(VIB 1)	COMF(VIB 2)	COMF(VIB 3)
乘客高级舱室	1.7	2	2.2
乘客标准舱室	2	2.5	3
乘客公共处所	3	3.5	4

表 9 – 12　允许的最大噪声量级(dB(A),ISO 2923:1996)

位置	COMF(NOISE 1)	COMF(NOISE 2)	COMF(NOISE 3)
乘客高级舱室	45	47	50
乘客标准舱室	49	52	55
乘客公共处所	55	58	62
医务室	49	52	55
露天甲板休闲场所①②③	53	55	60

注:①当在距离通风进出口 3 m 内测量时可接受 5 dB(A)的偏差;
②对运动和娱乐场所可接受 5 dB(A)的偏差;
③露天甲板休闲场所噪声量级应为船舶所产生的噪声,不考虑风、浪等其他噪声。

表9-13 最小空气隔声指数 R_w(ISO 717-1)

位置	COMF(NOISE 1)	COMF(NOISE 2)	COMF(NOISE 3)
乘客高级舱室间	45	42	40
乘客标准舱室间	40	38	36
乘客高级舱室与走廊间	42	40	37
乘客标准舱室与走廊间	38	36	34
乘客高级舱室与楼梯间	50	47	45
乘客标准舱室与楼梯间	47	45	43
乘客高级舱室与船员公共处所间	55	50	50
乘客标准舱室与船员公共处所间	52	48	48
乘客舱室与舞厅间	60	60	60
乘客舱室与机器处所间	55	53	50
舞厅与楼梯间以及乘客/船员公共处所间	52	52	52

2. 船员处所

船员所处允许的最大振动量级、允许的最大噪声量级和最小空气隔声指数 R_w 见表9-14、表9-15 和表9-16。

表9-14 允许的最大振动量级(mm/s)

位置	COMF(VIB 1)	COMF(VIB 2)	COMF(VIB 3)
船员舱室	2.8	3	3.2
驾驶室、报务室	3	3.5	4
船员公共处所、餐厅	3	3.5	4
医务室	2.8	3	3.2
办公室	3	3.5	4
机修间	5	6	6.5
机舱控制室	4	5	6

表9-15 允许的最大噪声量级(dB(A))

位置	COMF(NOISE 1)	COMF(NOISE 2)	COMF(NOISE 3)
船员卧室	49	52	55
医务室	49	52	55
会议室、办公、船员餐厅	55	57	60
船员公共处所	57	60	65
厨房、更衣室、洗衣房、浴室	70	73	75
露天甲板休闲场所[①]	70	73	75

表 9 – 15（续）

位置	COMF(NOISE 1)	COMF(NOISE 2)	COMF(NOISE 3)
机舱控制室	70	73	75
驾驶室	60	63	65
报务室	55	57	60
机修间	85	85	85
机器处所	110	110	110

注:①当在距离通风进出口 3 m 内测量时可接受 5 dB(A)的偏差。

表 9 – 16　最小空气隔声指数 R_w (ISO 717 – 1)

位置	COMF(NOISE 1)	COMF(NOISE 2)	COMF(NOISE 3)
船员舱室间	40	38	35
船员舱室与走廊间	35	32	30
船员舱室与楼梯间	35	32	30
船员舱室与乘客/船员公共处所间	45	45	45

9.3　测评标准与控制指南

9.3.1　振动测量与评价标准

船舶在海上运行时会产生振动,剧烈的振动会导致船舶结构和机械部件的疲劳损坏,妨碍机器和设备的正常使用,影响船上人员的工作与生活,这样的振动称为有害振动。为了限制船舶有害振动的干扰与影响,确保船员与乘客具有适当的工作(起居)环境,国内外的专家、学者、工程师以及科研机构对此展开了大量理论、数值和实船验证等研究,由此制定了一系列船舶振动测量与评价标准,船舶工程中在不同时期使用过的标准有 ISO 6954：1984、ISO 6954:2000 和 ISO 20283 – 5:2016 三个国际标准或其国内相应标准。

1. 第一版:ISO 6954:1984《商船振动综合评价基准》

该标准适用于 100 m 以上以透平和柴油机驱动的商船,适用频率范围为 1 ~ 100 Hz,主要用于评估船体和上层建筑中正常工作和居住处所的振动,但不作为验收或检验机器设备的振动标准,对应的国标为 GB/T 7452.1—1996(100 m 以上商船)和 GB/T 7452.2—1996(100 m 以下商船)。

标准中规定船舶适居性应满足 ISO 2631/1:1985《人体处于全身振动的评价——第一部分:通用要求》,但实际这两个标准在评价体系上并不一致。

该标准以最大重复值来综合评价船上振动,为了与均方根值(ISO 2631/1 的评价值)进行比较,应考虑波峰因数(由测量确定或假定等于 1.8),商船垂向和水平振动评价基准(峰值)见表 9 – 17。

表 9 – 17 商船垂向和水平振动评价基准(峰值)

曲线	1 ~ 5 Hz	5 ~ 100 Hz
上限	峰值加速度 = 285 mm/s²	峰值速度 = 9 mm/s
下限	峰值加速度 = 126 mm/s²	峰值速度 = 4 mm/s

针对船舶振动的耦合作用,要求进行垂向、纵向和横向振动的单独振动评估。

2. 第二版:ISO 6954:2000《机械振动 客船和商船适居性振动测量、报告和评价准则》

该标准是 ISO 6954:1984 的修订版,是目前国际国内使用最为广泛的标准,对应的国标为 GB/T 7452—2007。相较于 1984 版有了实质性的改进,主要体现在考核内容从对船体振动的评估转移到对人体舒适性的评估,与经修订的 ISO 2631/1:1997 达成一致。

该标准将船舶的考核区域划分为三类:A(客舱)、B(船员居住区)、C(工作区),评价指标从单一峰值修改为 1 ~ 80 Hz 频率计权均方根(振动加速度和速度),见表 9 – 2,其中高于上限值认定为有害振动,低于下限值认定为无害振动,介于上、下限值间的船上振动环境认为在可接受范围内。

对实船测量条件也进行了明确规定:①直线航程下的自由航行测试,即船舶在一定速度下,且舵角在 ±2° 范围内;②主机运行为额定转速或营运转速;③海况应不大于 3 级;④螺旋桨完全浸没;⑤水深不小于船舶吃水的 5 倍。

不过实际操作中,仍然常常由于对区域类型定义混淆,而导致出现考核区域选择错误或衡准值界定不明等情况:是否将机器区域划分到考核范围内一直是船东与船厂争论的问题之一;通常容易忽略一些工作区,即维修间、洗衣间等。

3. 第三版:ISO 20283 – 5:2016《客船和商船适居性振动测量、评价和报告准则》

该标准是 ISO 6954:2000 的修订版,新的标准将船员处所与乘客处所划分得更为详细,衡准值较 ISO 6954:2000 更严格,即提高了振动标准。此外,ISO 20283 – 5:2016 还针对装有动力定位装置的船舶增加了动力定位模式下的测量要求。

从舒适性角度衡量振动问题,考虑人体对不同频率下的振动响应产生的不同反应程度,考核区域为人长时间工作或者休息的处所,考核区域细化见表 9 – 18。明确机器区域不属于人长期工作与生活区域,不应包含在考核范围内。保证每层甲板工作区测量点数量,从而为乘客与船员提供更为优质的生活与居住环境。

表 9 – 18 ISO 20283 – 5:2016 中处所的定义与分类

处所	定义	分类
船员居住区	船员娱乐、行政房间	卧室、会客厅、休息室、医务室、餐厅、娱乐室、吸烟室、电影院、健身房、图书馆、游戏房、健身房等
办公区	处理船上事务的区域或房间	甲板办公室、船舶办公室、会议室等
工作区	主要日常工作区	维修间、洗衣间、厨房和实验室(不包括机器区)

表 9 - 18（续）

处所	定义	分类
机器区	装有蒸汽机/内燃机、泵、空气压缩机、锅炉、燃油单元、主要的发电设备、加油站、推进装置、制冷装置、防摇装置、舵机、通风和空调系统、管弄等区域	
职能区	通常船员长时间(4 h 以上)监视航行或机器的区域	驾驶室、集控室
开放甲板娱乐区	开放甲板上为船员和乘客提供娱乐的区域	
房间与公共区	主要为乘客提供的区域	乘客房间、餐厅、休息室、阅读和游戏室、健身房、商店等

为使试验环境与船舶运营情况相符,并兼顾不以主机为推进装置的商船,修改了测试条件:

①推进装置持续运转功率为在合同中通常航行状态下的功率;

②试航时推进装置转速设置恒定;

③船上所有系统应处于正常额定工作状态(例如空调通风系统、辅机、稳定装置等系统)。

评价指标方面,不再设下限值,只设上限值,当测量结果超过衡准值时则认为船舶结构产生有害振动,较 ISO 6954:2000 的上限值有很大程度的降低,见表 9 - 19。对于具有二冲程、长冲程、低转速的主机或细高型上层建筑等船舶而言,满足上述要求无疑是对船舶的设计与建造提出了新的挑战。

表 9 - 19　振动加速度和速度限值

位置	加速度/(mm·s⁻²)	速度/(mm·s⁻¹)
船员区域		
船员居住区	125	3.5
工作区	214	6.0
办公区	161	4.5
驾驶室和集控室	179	5.0
开放甲板娱乐区	161	4.5
乘客区域		
房间和公共区	125	3.5
开放甲板娱乐区	161	4.5

9.3.2　噪声测量与评价标准

噪声测量方面,国内外业界基本均采用 ISO 2923:1996《船上噪声测量》,国内对应标准为 GB/T 4595—2000。该标准适用于内河船和海船噪声级的测量,规定了测量的技术和条件。按标准测量所得的等效连续 A 计权声压级的可重复性小于等于 1.5 dB,可用于交接船时作为与国内外法规规范和船东合同中规定指标的比较。

噪声评价方面,国内外业界基本均采用 IMO A.468(XII)决议通过的《船上噪声等级规则》(1981)或 IMO MSC.337(91)决议通过的《船上噪声等级规则》(2012),该规则不仅对船上处所本身的噪声级规定了上限,见表 9 - 3 和表 9 - 5,而且对相邻处所之间的隔声指数(入射声级与透射声级之差)规定了下限,见表 9 - 4 和表 9 - 6。

新版《船上噪声等级规则》主要修订内容如下:

①将原来非强制性提高为强制性,并整体纳入《国际海上人命安全公约》(SOLAS)II - 1/36(部分要求为推荐性、选择性遵守或仅起参考作用),2014 年 7 月 1 日及以后签订建造合同的船舶应满足规则的要求。

②适用于载有海员的在港或海上的船舶,但不适用于动力支撑艇、高速船、渔船、铺管驳船、起重驳、移动式海上钻井装置、非商用游艇、军舰和运兵船、非机械推进船舶、打桩船、挖泥船。

③对 10 000 总吨以上的船舶提出了更严格的噪声控制要求,将工作、休闲等处所的噪声标准普遍降低 5 dB(A)。

④取消了连续有人值班机器处所的规定,统一放宽等同于非连续有人值班,IMO 基于以下考量:机电设备的噪声大多分布在 10 ~ 110 dB,就目前的设计和建造技术而言,对某些柴油机机型大幅降低噪声值很困难,依赖专利技术的配合。

⑤对于隔声指数提出了更严格的要求——居住舱提高 5 dB,对于界定模糊的区域(如走廊)进行了细化和明确。

9.3.3　船上振动控制指南

为了保证新建船舶能够满足振动方面的最新要求,有效控制船上振动,保证船舶的居住性、安全性和功能性,中国船级社制定了《船上振动控制指南》(2012),适用于海上民用船舶、高速船、轻型船和水面舰艇,其主要内容如下。

1. 振动控制原理与主要措施

指南将船上振动的有害影响归纳为三个方面:

①船体结构和机械部件的疲劳损坏;

②影响到机器和设备的正常运转;

③影响到船上人员(船员、乘客等)正常工作和生活。

与之相关的主要的振动现象包括:

①船体梁、上层建筑和艉部的振动;

②板格、板架、桅杆和机舱部位结构等的振动;

③推进轴系的振动;

④机架和机械设备的振动。

船上振动控制就是对各种振动现象逐项进行控制,以达到预期的居住性、舒适性、安全性:

①设计阶段,可按照所完成的图纸与已知数据进行相应的振动计算,分别采用估算和详细计算方法,预报船舶振动特性,然后根据有关衡准进行评价,继而采取措施消除或降低有害振动。

②营运阶段,可根据现有图纸资料进行必要的计算分析及实船测量,如振动量级超过允许值,则在实际可行的条件下,采取合适的减振措施,改善船舶振动的特性。

两个阶段的减振措施,仅是对象不同以及处理角度有些不同,其基本原理是一样的,主要包括改变振动体固有频率、改变激励源、增加阻尼三个方面。

振动控制过程中,首先要分析原发性激励源和继发性激励源,然后研究激励源的传递途径,再计算分析与振动体产生共振的可能性,如产生共振或强迫振动,应判断振动量级是否超过衡准,如超过衡准,则应分析原因,提出经济有效的解决方案,如图 9 - 2 所示。

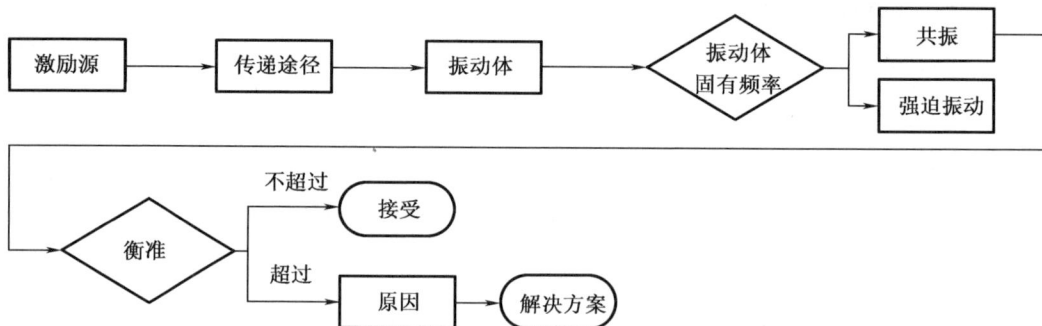

图 9 - 2　解决振动问题的技术路线

2. 振动预报、计算、控制、测量详细方法

①螺旋桨激励;

②柴油机不平衡力矩、柴油机机架振动;

③轴系扭转振动、纵向振动、回旋振动、轴系校中;

④机械振动、船体梁总振动、上层建筑振动、局部振动;

⑤振动测量。

9.3.4　船舶及产品噪声控制与检测指南

为更好地配合 IMO MSC. 338(91) 决议 SOLAS 公约修正案噪声防护条款的实施,提升我国船舶设计、建造领域的噪声控制水平,中国船级社对船上噪声控制、实船与产品检测技术等进行了研究,并结合我国造船实际编制了《船舶及产品噪声控制与检测指南》(2013),提供船舶噪声预报方法、控制措施以及船舶和相关产品的噪声检测方法,包括以下五部分内容:

①通则:主要包括指南的目的与范围、通用定义及噪声符合性验证要求等。

②船上噪声控制:主要依据当前船上噪声控制工程技术实践多年应用经验和科研成果

制定,给出建议性的船舶噪声控制流程、噪声控制技术和噪声预报方法,为船舶设计阶段进行噪声控制提供指导。

③船用产品噪声检测:主要依据经 IMO MSC.337(91)决议通过的《船上噪声等级规则》以及适用的相关工业标准,规定船舶噪声源产品声学指标、舱室分隔结构隔声指数的检验和测试方法,以及相关检测机构认可的基本要求,为申请船用产品噪声检测和发证提供依据。

④船舶噪声检测:主要依据 SOLAS Ⅱ - 1/3 - 12、经 IMO MSC.337(91)决议通过《船上噪声等级规则》、ISO 2923:1996 标准和业界实践经验制定,规定了船舶噪声检测方面应遵循的程序和技术要求,为船舶建造过程中执行噪声检测提供指导。

⑤附录:提供了《指南》相关的标准清单和 IMO MSC.337(91)《船上噪声等级规则》文本。

9.4　其他规范标准

9.4.1　公约船

《国际海上人命安全公约》(SOLAS)2016 修正案对船舶噪声提出了基本要求:

①应采取措施(IMO A.468 决议通过的《船上噪声等级规则》)将机器处所内的机器噪声减至主管机关确定的可接受水平。如果不能充分减少该噪声,应对过度噪声源进行适当绝缘或隔离,如果该处所要求有人值班,应提供噪声庇护所。如必要,应对被要求进入该类处所的人员提供听力保护器。

②船舶的构造应按 IMO MSC.337(91)决议通过的《船上噪声等级规则》降低船上噪声并保护人员免受噪声伤害,其中第 1 章的建议性部分为非强制性。

9.4.2　高速船

《2000 年国际高速船安全规则》对国际高速船提出了基本要求:

①公共处所和船员起居舱室的噪声应尽可能轻微,以便能听到广播系统的广播,一般不应超过 75 dB(A)。

②操纵室的最大噪声一般不应超过 65 dB(A),以方便在室内通话,并与外部进行无线电通信。

9.4.3　邮轮

中国船级社《邮轮规范》(2017)对申请 Cruise 附加标志的邮轮规定了振动噪声的基本要求:

①所有乘客舱室和公共处所的噪声等级应符合 IMO MSC.337(91)《船上噪声等级规则》对船员舱室的要求。

②允许的振动量级应满足 ISO 6954:2000《机械振动 客船和商船适居性振动测量、报告和评价准则》的要求。

③邮轮的设计建造过程中,振动和噪声的预报和测量方法应按照中国船级社《船上振动控制指南》与《船舶及产品噪声控制与检测指南》对船上振动与噪声进行控制。

9.4.4 游艇

中国船级社《游艇建造规范》2012 对游艇规定了振动噪声的基本要求:

如采用单臂艉轴架,则可采用中国船级社《船上振动控制指南》的近似计算方法,计算艉轴架的振动固有频率。计算所得的振动固有频率应比螺旋桨叶频高 80%。如采用有限元方法计算,则计算所得的艉轴架横向第一阶振动固有频率应比螺旋桨叶频高 20%。

9.4.5 海上移动平台

中华人民共和国海事局《海上移动平台法定检验技术规则》(2016)对海上移动平台的生活区噪声和振动提出基本要求:

①平台上应尽可能减少噪声,避免人员置身于其不利影响中。

②进行风险分析并减少所有居住舱室及娱乐和膳食服务设施,以及机舱和其他机器处所的噪声水平。

③起居舱室和娱乐设施及膳食服务设施应充分考虑到防止人员被暴露于达到有害水平的噪声、振动和其他环境因素以及平台化学品中的风险。

④居住和娱乐及膳食服务设施的位置应尽可能远离主机、舵机室、甲板绞盘、通风设备、取暖设备和空调设备以及其他有噪声的机器和装置。

⑤发出声音处所内的舱壁、天花板和甲板应使用隔音材料和其他适当的吸音材料制造和装修,并应为机器处所安装隔音的自动关闭门。

⑥在可行时,应在机舱和其他机器处所为机舱人员设立隔音的中心控制室。工作场所,例如机修间,应尽实际可能隔离普通机舱的噪声,并应采取措施减少机器运转时的噪声。

⑦居住舱室、娱乐或膳食服务设施不应暴露于过度振动中。

⑧人员住所和医务室不宜超过 55 dB(A);公共处所不宜超过 60 dB(A);餐厅不宜超过 60 dB(A);其他服务处所不宜超过 65 dB(A);走廊噪声比相邻房间的噪声不应高出 5 dB(A)。

参 考 文 献

[1] 黄迎春. 船艇振动与噪声[M]. 哈尔滨:哈尔滨工程大学出版社,2015.

[2] 金咸定,夏利娟. 船体振动学[M]. 上海:上海交通大学出版社,2011.

[3] 中国船级社. 绿色船舶规范[S]. 北京:人民交通出版社,2015.

[4] 中国船级社. 钢质海船入级规范[S]. 北京:人民交通出版社,2018.

[5] 中国船级社. 内河绿色船舶规范[S]. 北京:人民交通出版社,2018.

[6] 中国船级社. 船上振动控制指南[S]. 北京:人民交通出版社,2012.

[7] 中国船级社. 船舶及产品噪声控制与检测指南[S]. 北京:人民交通出版社,2013.

[8] 中国船级社. 邮轮规范[S]. 北京:人民交通出版社,2017.

[9] 中国船级社. 游艇建造规范[S]. 北京:人民交通出版社,2012.

[10] 中国海事局. 海上移动平台法定检验技术规则[S]. 北京:人民交通出版社,2016.

[11] 付佳,徐智言,王铭. 船舶振动 ISO 20283 - 5 新标准研究[J]. 噪声与振动控制,2018,38
(2):239 - 242.

[12] 吴嘉蒙,夏利娟,金咸定,等. ISO 6954 振动评价标准新旧版本的比较研究[J]. 振动与
冲击,2012,31(10):177 - 182.

[13] 牟易巍. 船上噪声级规则对船舶配界的影响[J]. 天津航海,2013(2):34 - 35.

[14] 邱盛兴. 船舶噪声防护技术未来发展趋势分析研究[J]. 造船技术,2013(3):5 - 9.

[15] 周启学,毛奇志,任晋宇. 科考船机械设备减振降噪措施的应用[J]. 船海工程,2019,48
(4):42 - 46.

[16] 张润华. 某集装箱船上层建筑振动控制方法[J]. 船舶工程,2019,41(8):20 - 25.

[17] 周文建,叶林昌. 科考船振动噪声综合控制技术[J]. 柴油机,2018,40(5):44 - 49.

[18] 闫秋莲,李卫华,杨佑宗. 10000kW 多功能守护船振动分析与改造[J]. 中国造船,2013,
54(4):38 - 44.